托尼·本尼特的大众文化和文化治理研究

周海玲 著

WUHAN UNIVERSITY PRESS
武汉大学出版社

图书在版编目(CIP)数据

托尼·本尼特的大众文化和文化治理研究/周海玲著.—武汉：武汉大学出版社，2020.9(2022.4 重印)
ISBN 978-7-307-21564-1

Ⅰ.托…　Ⅱ.周…　Ⅲ.①托尼·本尼特—群众文化—文化管理—研究　②马克思主义—文化理论—研究　③马克思主义美学—研究
Ⅳ.①G24　②A811.67　③B83

中国版本图书馆 CIP 数据核字(2020)第 096503 号

责任编辑:李　琼　　责任校对:汪欣怡　　整体设计:韩闻锦

出版发行：**武汉大学出版社**　(430072　武昌　珞珈山)
(电子邮箱:cbs22@ whu.edu.cn　网址：www.wdp. com.cn)
印刷:武汉邮科印务有限公司
开本:720×1000　1/16　印张:17.5　字数:252 千字　插页:1
版次:2020 年 9 月第 1 版　2022 年 4 月第 2 次印刷
ISBN 978-7-307-21564-1　定价:58.00 元

前　言

托尼·本尼特是继威廉斯、霍尔之后的英国文化研究重要领军人物，在20世纪80年代，他帮助定义了大众文化研究领域并促进了“转向葛兰西”的学术范式转向。同时他是20世纪90年代兴起的澳大利亚文化研究的核心人物，他引领的文化政策研究成为文化研究多元格局中重要的一翼。本尼特的文化研究始终与英国文化研究的兴起、发展、转向等兴衰变迁紧密联系在一起，托尼·本尼特的个人专案研究，对于厘清文化研究在20世纪80年代之后发展演变的内在机理，以及文化研究的一些基本问题、重要概念，推进国内文化研究的深度和广度具有重要意义。

本书采用历史与逻辑相互演进的方法，以文化研究发展的历史顺序，贯穿文化研究发展转向中面临的问题和争议，比较托尼·本尼特与同期文化研究学者的理论应对，分析托尼·本尼特从马克思主义文学理论向文化研究、大众文化研究再到文化治理性研究的几个关键点理论转轨的内在逻辑。

本书分为绪论、上编、下编和结语四个部分。

绪论部分介绍托尼·本尼特的学术轨迹、研究领域、理论贡献、研究现状、研究价值，以大量的资料和事实论证托尼·本尼特的研究意义。

上编“文本、读者与阅读构形”论述托尼·本尼特从1975年至20世纪80年代末期的大众文化研究。托尼·本尼特是把英国文化研究从“文化研究”拓展到“大众文化研究”的重要推动者，威廉斯、霍加特等人的早期文化研究并未与利维斯主义形成完全的决裂，这留给霍尔、托尼·本尼特等后继文化马克思主义者的任务是如何为大众文化的学理性作出解释。托尼·本尼特用马克思主义语言学的方法确立了大众文化的文本学研究价值，围绕着大众文化、文本、读者的关系，提出了“历史中的文本”“阅读构形”“转向葛兰西”“受限的积极读者”等理论观点。

第一章“尚未完成的决裂”分析托尼·本尼特的学术研究起点，即文化研究面临着从文学理论中决裂进而向大众文化研究理论转轨的使命。第二章“大众文化作为文本研究的发生学分析”阐述托尼·本尼特接受巴赫金的马克思主义语言学理论，解构利维斯主义、西方马克思主义、英美新批评派等具有形式主义美学倾向文论，建立大众文化的文本学研究地位。第三章“历史中的文本”研究托尼·本尼特建构的马克思主义大众文化文本理论。托尼·本尼特提出“阅读构形”(reading formation)概念说明文本与文本、文本与读者(大众)、文本与社会之间存在着动态性相互生产的构形关系，文本是处于构形中的“历史中的文本”。第四章“转向葛兰西与大众文化文本研究的限度”阐述阅读构形中的文本是葛兰西的文化领导权发生卷入、争夺、赢取、丧失、协商、谈判的斗争场域，并分析在转向葛兰西之后大众文化文本研究的泛化和去政治化倾向，这引发了托尼·本尼特对大众文化文本研究限度的思考。第五章“阅读构形中的读者与受限的积极读者”研究了托尼·本尼特的“阅读构形”中的读者理论，托尼·本尼特认为读者的话语实践活动是在物质性机制和机构的组织和调节下进行的，因而是受限的积极读者。托尼·本尼特在阅读构形研究中发现了物质性要素(文化机构和话语制度)对文本和读者的限定性生产作用，这预示着托尼·本尼特的理论框架从葛兰西文化领导权向福柯政府治理性的延伸。

下编“文化治理性：塑造审美主体的文化技术”论述托尼·本尼特从20世纪90年代初到当下的文化治理性研究。福柯关于自由主义政府、审美与主体之间关系的政府治理性理论(Governmentality)特别符合阐释20世纪80年代以来的社会变迁。托尼·本尼特将福柯的这个政治哲学概念拓展为文化美学概念，文化治理性是自由主义政府利用文化机构和文化政策运作审美知识去塑造公民主体的一种文化技术。托尼·本尼特从治理实践(practices of governance)的角度来研究文化以及美学的实践作用，将治理性延伸到文化机构(博物馆和其他收藏机构)、文化政策、知识分子研究中。

第六章“转向福柯：文化治理的发生学研究”探讨托尼·本尼特从葛兰西文化领导权转向福柯理论框架的现实需要和理论必然。第七章“从政府治理性到文化治理性”，从福柯的政府治理性出发，说明托尼·本尼特文化治理性对福柯治理性理论的发展，探讨托尼·本尼特文化治理性的内涵。第八章“文化治理性与审美历史化”将托尼·本尼特的文化治理性研究放在英国文化批评传统和英国马克思主义的审美意识形态理论两条链条上比较和审视，说明托尼·本尼特的文化治理性研究的理论贡献。第九章“博物馆与文化治理”探讨了文化治理性如何实现的问题，公共博物馆作为知识生产和主体塑造的表征空间，实践着自由主义政府的审美治理功能。

结语部分对托尼·本尼特的文化研究进行评价和反思，评价托尼·本尼特的文化研究在英国马克思主义谱系中的位置和贡献，反思托尼·本尼特文化治理性研究的得失。

附录1《托尼·本尼特的文化治理理论——兼论英国文化马克思主义20世纪90年代以来问题、方法和策略》是对托尼·本尼特最具有理论建树的文化治理理论进行总结。将托尼·本尼特的文化治理理论放在20世纪90年代以来文化研究的问题意识、学术范式转换和如何发展、调整英国文化马克思主义的批判策略等学术环境中进行审视，应该说文化治理研究还是坚持了英国文化研究传统、文化唯物主义和文化马克思主义政治实践观念，是具有实用主义色彩的文化马克思主义实践策略。

附录2《群体记忆、审美仪式与治理性——以侵华日军南京大屠杀遇难同胞纪念馆和渡江战役纪念馆新馆为例》对托尼·本尼特文化治理理论的美学实践进行阐释，以现代战争纪念馆的审美观感来说明托尼·本尼特的文化治理性理论的现实意义。

目　　录

绪论：托尼·本尼特的学术轨迹及其研究价值

第一节　批判的轨迹
——托尼·本尼特的学术道路以及研究领域

一、学术轨迹

托尼·本尼特(Tony Bennett)全名弗雷德里克·安东尼·本尼特(Frederick Anthony Bennett)，1947 年 12 月 2 日生于英国曼彻斯特市。托尼·本尼特是英国继威廉斯、霍尔之后英国文化研究学界的重要领军人物。这种评价来自于以下三个事实：(1)托尼·本尼特对 20 世纪 80 年代兴起的大众文化研究的贡献。他自 1978 年开始在开放大学开设的学科代号为 U203 的“大众文化”(Popular Culture)课程曾轰动一时，当代文化研究专家哈瑞斯和麦克盖根高度评价托尼·本尼特领导的“大众文化”课程在整个英国文化研究发展中的重要地位①，“就像伯明罕大学当代文化研究中心其他的出版品一样，这门‘流行文化’的课程和读本已经帮助定义‘文化研究’这个领域”②。特纳评价说：“开放大学的流

① David Harris. *Form Class Struggle to the Politics of Pleasure*: *The Effects of Gramscianism on Cultural Studies*. London: Routledge, 1992; Jim McGuigan. *Cultural Populism*. London: Routledge, 1992.

② 格雷姆·特纳:《英国文化研究导论》，唐维敏译，台湾亚太图书出版社 2000 年版，第 91~92 页。

行文化课程(U203)与伯明罕大学当代文化研究中心，两者的重要性可以说是等量齐观。"[1]1979年霍尔因学术分歧而离开伯明翰大学加入开放大学，他与托尼·本尼特联袂实现了英国文化研究史上的一次重要学术范式转向——"转向葛兰西"(turn to Gramsci)[2]，因此开放大学被称为仅次于伯明翰大学当代文化研究中心(伯明翰中心)的文化研究重镇。(2)托尼·本尼特在澳大利亚文化研究中的领导地位。1983年至1998年托尼·本尼特任澳大利亚格里菲斯大学人文学院院长，澳大利亚文化与媒体政策重点研究中心主任，在他的带领下形成了国际上占有重要地位和有影响力的"澳大利亚文化研究"。"澳大利亚文化研究后来居上，在20世纪90年代辉煌一时，成为世界文化研究共同体中最为重要的成

---

① Graeme Turner：《英国文化研究导论》，唐维敏译，台湾亚太图书出版社2000年版，第92页。

② turn to Gramsci，学界通行翻译为"葛兰西转向"。托尼·本尼特于1982年撰写 *Popular Culture and Turn to Gramsci* 此文的写作背景是，霍尔将以威廉斯、霍加特和汤普森为代表的马克思主义人道主义者的文化思想称为"文化主义"，他认为伯明翰中心第一代学者探索的是特定文化实践如何表达了特定阶级经验，关注大众积极建构共享意义和实践的能力；而以霍尔为代表的伯明翰中心第二代学者就开始钟情于结构主义，关注文化如何在特定的结构形态中获取意义，这个时期霍尔撰写的《解构"大众"笔记》和《电视话语：制码和解码》，倾向于关注大众文化的意义生产是如何受社会结构的形构和限制。后来霍尔离开伯明翰中心加入开放大学托尼·本尼特的"大众文化"课程建制，托尼·本尼特以及《银幕》杂志的一些文化研究学者用阿尔都塞结构主义的方法研究电影、电视、广告等大众传媒对受众主体意识的影响。所以，在20世纪70年代末期的英国，文化研究处于结构主义和文化主义的范式冲突之中。托尼·本尼特在 *Popular Culture and Turn to Gramsci* 这篇文章中总结，英国文化研究对葛兰西文化领导权的引介带来的是对这两种学术范式整合，并产生英国本土特色的新葛兰西派，国内很多文章都关注英国文化研究中的这次学术范式的重大转向，一般称之为"葛兰西转向"。陆杨把托尼·本尼特的文章 *Popular Culture and Turn to Gramsci* 翻译为《大众文化与"转向葛兰西"》(陆杨、王毅选编：《大众文化研究》，上海三联书店2001年版)，这篇文章同时被翻译为《通俗文化与"葛兰西转向"》(奥利弗·博伊德-巴雷特、克里斯·纽博尔德编：《媒介研究的进路》，汪凯、刘晓红译，新华出版社2004年版)。所以，用"转向葛兰西"更符合历史情境，本书采用"转向葛兰西"这种翻译。

员之一。”①(3)托尼·本尼特在90年代文化研究多元格局中的地位。托尼·本尼特是20世纪90年代以来代表文化研究重要转向的“文化政策”(cultural policy)倡导者，也是当今国际学界后福柯理论“政府治理”的重要研究专家。“文化政策研究是文化研究自20世纪80年代末期到20世纪90年代的新发展，先是由于福柯著作中的‘政府治理’，随后与名噪国际的托尼·本尼特的研究联系起来。”②在文化研究领域，托尼·本尼特被视为霍尔的接替者。

托尼·本尼特学术生涯的起点是社会学，后来转向进行文学、艺术、文化与社会之间关系的研究，并承续了英国马克思主义研究的传统。托尼·本尼特在大学阶段取得牛津大学政治学和经济学哲学方面的学位，研究生阶段在苏塞克斯大学攻读社会学，在此期间托尼·本尼特运用社会学方法研究艺术和文学社会学，并对卢卡奇产生了浓厚的兴趣，其博士论文就是关于卢卡奇的现实主义文学和阶级意识的研究。在20世纪70年代早期，托尼·本尼特与当时文化研究的领袖人物威廉斯和汤普森有私人交往，当时的托尼·本尼特正在英国的布里斯托尔大学从事成人教育工作，他参加了威廉斯等伯明翰学派③关于马克思主义和文学关系的

---

① 徐德林：《英国文化研究的形成与发展》，北京大学2008年博士学位论文，第192~193页。

② John Hartly. *A Short History of Cultural Studies*. London：Sage，2003：106.

③ 伯明翰学派(Birmingham School)是由聚集在伯明翰大学当代文化研究中心(The Center for Contemporary Cultural Studies，简称CCCS)周围的一些知识分子组成，成员构成主要有两类：第一类是直接在CCCS工作、学习过的成员，包括CCCS历任主任理查德·霍加特(Richard Hogart)、斯图亚特·霍尔(Stuart Hall)、理查德·约翰生(Richard Johnson)和乔治·拉朗(Jorge Larrain)，也包括那些被称作“伯明翰帮”(Birmingham Mafia)的在CCCS毕业的硕士生和博士生，如菲尔·科恩(Phil Cohen)、托尼·杰斐逊(Tony Jefferson)、保尔·威利斯(Paul Willis)、迪克·赫伯迪格(Dick Hebdige)、安吉拉·麦克卢比(Angela McRobbie)、劳伦斯·格罗斯伯格(Lawrence Grossberg)、约翰·克拉克(John Clarke)、戴维·莫利(David Morley)、保罗·吉尔罗伊(Paul Gilroy)等；第二类是虽然没有在CCCS学习和工作过，但与伯明翰学派有很深学术渊源的学者。他们或极大地影响了伯明翰学派，如雷蒙·威廉斯；或曾经参加过伯明翰学派学术活动的学者，如格雷厄姆·默多克(Graham Murdock)、西蒙·弗里斯(Simon Frith)、约翰·费斯克(John Fiske)和托尼·本尼特(Tony Bennett)。参见陈立旭：《大众文化研究转向——费斯克理论之考察》，《文化艺术研究》2009年第5期。

周末研讨会。① 托尼·本尼特自己肯定了他与英国马克思主义者之间的关系，“在英国新左派接触和熟悉欧洲大陆马克思主义过程中，卢卡奇著作激发我的研究兴趣的诸多方面所在”②。

大学毕业后，从1975年到1983年，托尼·本尼特先后担任英国开放大学的社会学助教、跨学科研究课程讲师。1978年，托尼·本尼特负责开创“大众传播和社会”课程，这门课程是后来影响更为广泛的“大众文化”(Popular Culture)③课程的前身。学科代号为U203的“大众文化”课程是

① 托尼·本尼特：《我的学术之路和理论方法——为中国读者而写》，《文化与社会》，王杰等译，广西师范大学出版社2007年版，第18页。

② 王杰、徐方赋：《美学·社会·政治——托尼·本尼特访谈录》，《文艺研究》2011年第3期。

③ 对英国的“Popular Culture”的翻译有三种：第一种翻译为“通俗文化”，例如John Storey. *Cultural Theory and Popular Culture* 被翻译为约翰·斯道雷的《文化理论与通俗文化理论》(南京大学出版社2001年版)；第二种翻译为“大众文化”，例如John Fiske. *Understanding Popular Culture* 被翻译为约翰·费斯克的《理解大众文化》(中央编译出版社2001年版)，在托尼·本尼特的《文化与社会》(广西师范大学出版社2007年版)中被翻译为“大众文化”；第三种翻译是“流行文化”，此种译法中国台湾用得较多，在 *British Cultural Studies*：*An Introduction*(格雷姆·特纳：《英国文化研究导论》，台湾亚太图书出版社2000年版)中“Popular Culture”被翻译为“流行文化”。如果将Popular Culture翻译为“大众文化”，则和Mass Culture相混淆。Mass Culture和Popular Culture两者既有交叉又有区别，它们都是指称与高雅文化精英文化相对立的诸如电影、电视、摇滚音乐等文化形式，Mass Culture联系着商品化、共同文化、消费文化、工业生产，同时也包含通俗文化形式(popular culture)；popular culture联系着审美、狂欢、商品化、文化政治和文化领导权等概念。法兰克福学派用Mass Culture来称谓大工业生产模式下生产出的大众文化产品，并对这种大众文化的商业化进行了激烈的批判。而Popular Culture强调文化的消费性，一般用在20世纪60年代以后英国文化研究中。Chris Barker. *The SAGE Dictionary of Cultural Studies*. London：SAGE，2004。托尼·本尼特对Popular Culture的讨论集中在两个方面，其一是对Popular Culture的词源学分析，Popular Culture一词最早出现于18世纪，指称民间的文化，这里就隐含了它在20世纪的用法，指以人民为主体的受众文化(an “anthentic” culture of the people)；其二是从托尼·本尼特在这个课程中的对葛兰西的接受来看，他将Popular Culture视为统治阶级与被统治阶级之间以及主导文化与从属文化之间意识形态斗争的场所，结合20世纪80年代英国文化研究对葛兰西“民族—人民”概念的接受传播来看，Popular Culture的翻译更强调大众文化的意识形态性质，根据此门课程研究成果《文化、意识形态和社会过程读本》和《通俗文化与社会关系》的内容，本书认为，Popular Culture翻译为“大众文化”更准确。

面对成人教育的一门跨学科的课程，“大众文化”课程一开始就吸引了超过千人的学生。1979年霍尔离开伯明翰大学当代文化研究中心到开放大学任职，他成为托尼·本尼特“大众文化”课程的重要合作者，他们一起将“大众文化”课程发展成为“除了伯明翰中心之外的，最重要的、最有雄心能全面参与到文化研究中去的课程”①。“大众文化课程先后培养出5000多名文化研究实践者和推广者。”②托尼·本尼特一直是“大众文化”课程的领导者，在此期间编著了两部重要的大众文化研究著作：《文化、意识形态和社会过程读本》(1981)和《通俗文化与社会关系》(1986)。霍尔在80年代的重要论文《文化研究：两种范式》就作为“大众文化”课程的重要论文成果被收录于托尼·本尼特编著的《文化、意识形态和社会过程读本》中。③ 同时，这个读本收录了葛兰西《狱中札记》中的精粹文摘，“这本书也是‘文化霸权’这个概念开始‘进入人民’的起点。班乃特、霍尔、梅色(Colin Mercer)、瓦拉寇特(Janet Woollacott)、柯蓝(James Curran)……和其他许多人的研究成果，都相继进入开放大学的课程，一旦结集成书后，便能够定义整个文化研究”④，这门课程的重大影响在于，它为拥有经验主义传统的英国文化研究与蓬勃的大众文化实践的结合提供了契机，实现了阿尔都塞的结构主义与本土文化主义的理论融合，并在这种融合中吸收葛兰西的文化领导权理论创造了“新葛兰西派”(Neo-Gramscian)⑤。托尼·本尼特以马

① A. Easthope. *British Post-Structuralism Since* 1968. London：Routledge，1988：74.

② 陈光兴：《英国文化研究的谱系学》，《思想文综》第4辑，暨南大学出版社1999年版，第10页。

③ Andrew Milner. *Reimagining Cultural Studies：The Promises of Cultural Materialism*. London：SAGE，2002：113.

④ 格雷姆·特纳：《英国文化研究导论》，唐维敏译，台湾亚太图书出版社2000年版，第91~92页。

⑤ 影响文化研究领域的重要人物例如约翰·斯道雷、约翰·费斯克以及拉克劳和墨菲被称为新葛兰西派，他们无不受葛兰西文化领导权理论的影响，结合英国经验主义传统解释当下的文化实践，以区别于欧陆理性主义传统的葛兰西文化领导权理论。

克思语言学方法确立了大众文化的文本学价值，与大众传播紧密相连的大众文化研究正式入驻学院，并成为80年代以来英国文化研究的重点领域。英国文化研究也才真正开始全面转向对大众文化积极的肯定性评价，出现了不同于法兰克福学派文化工业理论的大众文化研究。应该说，整个英国文化研究自20世纪80年代以来的格局的形成，与托尼·本尼特在开放大学开设的“大众文化”课程而带来的学术范式的“转向葛兰西”和其对大众文化研究领域的学院化的开拓是密不可分的。

从1983年到1994年，托尼·本尼特受聘于澳大利亚格里菲斯大学，任社会学高级讲师、副教授，1994年到1998年升至文化研究课程教授。1987年到1990年担任格里菲斯大学人文学院院长，领导文化政策研究所工作。1995年到1998年在昆士兰担任澳大利亚文化与媒体政策重点研究中心(Australian Key Centre of Cultural and Media Policy)主任。而且，自20世纪80年代中期以来，托尼·本尼特一直是澳大利亚人文学科研究协会(the Australian Academy of the Humanities)的特别会员。20世纪90年代以来，托尼·本尼特受英国政府和澳大利亚政府、联合国教科文组织以及欧洲理事会等组织的委托，承担了许多研究项目。1998年，因为托尼·本尼特在开放大学“大众文化”课程和澳大利亚文化政策研究上的显著成绩，他回到英国，接替霍尔在开放大学担任社会学教授。① 回到英国，托尼·本尼特还一直担任英国社会与文化变迁研究中心(Certre for Research on Socia-Culture Change，由联合国经济社会理事会资助的大型国际性研究中心)的主任，这个中心是英国第一个集中研究文化变迁及其经济、社会和政治含义的大型研究机构。2009年托尼·本尼特又回到澳大利亚，担任悉尼大学社会文化研究中心(the Centre for Cultural Research at the University of Western Sydney)社会学和文化理论学科的教授，同时兼任墨尔本大学艺术学院(the Faculty of Arts at the University of Melbourne)的教授。

---

① Andrew Milner. *Reimagining Cultural Studies: The Promises of Cultural Materialism*. London: SAGE, 2002: 122.

二、研究领域

托尼·本尼特的学术著作涉及马克思主义文学理论、大众文化理论、文化政策研究、知识分子研究和博物馆研究等方面：(1)马克思主义美学、文学理论方面的著作和论文：《形式主义与马克思主义》(*Formalism and Marxist*, 1979)、《文学之外》(*Outside Literature*, 1990)。(2)大众文化研究以及通俗文学文本与社会的关系方面的著作：《大众文化：主题和论文》(*Popular Culture*: *Themes and issues*, 1982)、《邦德及其超越：一个大众英雄的政治生涯》(*Bond and Beyond*: *The political Career of a Popular Hero*, 1988, 与 J. Woollacott 合著)。关于文本与社会之间关系讨论的重要论文：《马克思主义与通俗小说》(*Marxism and Popular Fiction*, 1981)、《文本、读者、阅读构形》(*Text*, *Readers*, *Reading Formations*, 1983, 也译为《文本、读者、语境》)、《历史中的文本》(*Texts in History*, 1985)、《文化领导权、意识形态、快感：黑泽欢乐世界》(*Hegemony*, *Ideology*, *Pleasure*: *Blackpool*, 1986)。(3)博物馆理论：《博物馆的诞生》(*The Birth of the Museum*, 1995)、《超越记忆的过去：进化论、博物馆、殖民主义》(*Past Beyond Memory*: *Evolution*, *Museums*, *Colonialism*, 2004)。(4)文化研究：《文化：改革者的科学》(*Culture*: *A Reformer's Science*, 1998)、《批评的轨迹：文化、社会、知识分子》(*Critical Trajectories*: *Culture*, *Society*, *Intellectuals*, 2007)。合著的有：《品位的考量：澳大利亚人的日常生活文化》(Bennett Tony, Mike Emmison and John Frow. *Accounting for Tastes*: *Australian Everyday Cultures*, 1999)、《文化、阶级、区隔》(Bennett Tony, Mike Savage, Elizabeth Silva, Alan Warde, Modesto Gayo-Cal and David Wright. *Culture*, *Class*, *Distinction*, 2009)。

作为开放大学"大众文化"课程的领导者和澳大利亚文化研究的重要机构布里斯班的文化政策研究所的领军人物，托尼·本尼特与其他学者一起编写了文化研究方面的著作，这些编著作为文化研究的集体成果，也构成了托尼·本尼特文化研究的重要部分：《文化、意识形态和社会过程读本》(*Culture, Ideology and Social Process*, 1981)、《文化、社会和媒介》(*Culture, Society and the Media*, 1982)、《通俗文化与社会关系》(*Popular Culture and Social Relations*, 1986)、《通俗小说：技术、意识形态、生产、阅读》(*Popular Fiction: Technology, Ideology, Production, Reading*, 1990)、《摇滚和流行音乐：政治、政策、制度》(*Rock and Popular Music: Politics, Policies, Institution*, 1993)、《澳大利亚文化：政策、公众、计划》(*Culture in Australia: Policies, Publics, Programs*, 2001)、《文化政策和文化的多样性：描绘政策版图》(*Cultural Policy and Cultural Diversity: Mapping the Policy Domain*, 2001)、《当代文化和日常生活》(*Contemporary Culture and Everyday Life*, 2004)、《新关键词——文化和社会词汇表修订》(*New Keywords—A Revised Vocabulary of Culture and Society*, 2005)、《文化分析Sage手册》(*The Sage Handbook of Cultural Analysis*, 2008)、《物质的力量：文化、历史和物质转向》(*Material Powers: Culture, History and the Material Turn*, 2010)。

托尼·本尼特于1998年接替霍尔担任社会学教授之后，同时担任英国开放大学社会与文化变迁研究中心的主任，他的工作围绕以下方面展开：(1)从皮埃尔·布尔迪厄的《区隔：趣味判断的社会批判》(*Distinction: A Social Critique of the Judgment of Taste*)中获得启发，采取统计学和社会学的方法对澳大利亚和英国的文化品位与阶级之间的关系进行研究。[①] (2)与开放大学和曼彻斯特大学的学者一起通过长期大规模的实证调查，研究当代英国社会各种消费行为与不同阶级之间的组织形态，考察当代英国社会中阶级、文化资本和特权延续机制之间的关系，并讨论年龄、性别和民族性等因素如何使以上关系进一步复杂化。(3)主持“构建文化、变革社会”(Making Culture, Changing Society)课题，研究福柯的治理性理论对文化研究具有何种影响，具体说来，不同

---

① 参见托尼·贝内特(即托尼·贝尼特，此处遵从原文作者译法，后英文译名皆遵从此法)：《英国文化研究的另一种范式——托尼·贝内特学术自述》，黄望译，《洛阳师范学院学报》2007年第4期。

形式的文化技术和知识同福柯所谓的“行为管理”如何联系？不同的文化知识体系如何在特定的机构环境中（诸如博物馆、艺术馆、电台、电影院等文化机构）构建出不同形式的文化？（4）与英国经济和社会研究委员一同组织举办主题为“政府和自由：历史和未来”系列学术讨论会，主要研究文化知识和技术如何通过社会分布构成“自由文化技术”，这种自由的文化技术作为一种工具，促使民众积极地、主动地、自主地参与到政府对自身行为和思想的监督、调节，在改变的过程中，去契合政府管理的特定理性规范和要求。

三、阶段分期

纵观托尼·本尼特的整个学术历程，我们可以将他的学术研究分为两个阶段。第一阶段从1975年至20世纪80年代末期，大众文化是这个时期的研究重点，托尼·本尼特积极地把英国文化研究从“文化”拓展到“大众文化”，他用马克思主义方法确立了大众文化的研究价值，围绕着大众文化、文本、读者的关系，提出了“历史中的文本”“阅读构形”“转向葛兰西”“受限的积极读者”等理论观点。

早期文化马克思主义者汤普森、霍加特、威廉斯在20世纪五六十年代已经确立了文化研究理论，但大众文化研究直到70年代末期才开始被关注。如何从学理上为大众文化的研究价值作出说明？这是摆在70年代末期文化马克思主义学者面前的理论问题。托尼·本尼特在欧陆结构主义语言学转向的影响下，解构文本形而上学和形式主义文本观念，关注符码从文化层面成为文本的机制，关注文本的历史形成过程，探索文本生产的政治、历史、经济等社会语境如何作为历史条件将文本与之关联的过程。在这个过程中，当时占据英国学院研究主导地位的利维斯精英主义文学理论和西方马克思主义文论中具有形式主义美学倾向的“自足性文本”概念，被改造为关于文本再生产、文本接受的“历史性文本”概念。托尼·本尼特在解构无历史维度的形式主义美学的自足性文本观的基础上，提出“阅读构形”①概念，用文本、读者与社会历史之间动态性相互生成的理论模式，从文本学的角度实现文学的文化批评研究向大众文化研究的理论转轨。

大众文化文本学确立的同时也是托尼·本尼特努力整合文化主义与结构主义两种范式冲突而“转向葛兰西”的时候，托尼·本尼特的《大众文化与转向葛兰西》是英国马克思主义的理论资源从阿尔都塞转向葛兰西的代表作。在解决结构主义与文化主义的“范式冲突”之后，英国文化研究涌现出富有本土特色的“新葛兰西”研究。这些新葛兰西派的“文化研究在霸权主义范式下，更多地把权力理解为通过话语符号化运行。严肃的演说或声明，在系统化的表达中构成了福柯的‘话语’”②。他们将阶级斗争和政治经济学等马克思主义的核心概念，转化为语言学象征世界里的表征、接合等概念，现实世界的抵抗和统治转化为话语想象界的颠覆和游戏。费斯克等文化民粹主义学者对大众文化的颠覆性和抵抗性能量过于乐观，拉克劳、墨菲等后马克思主义学者以大众文化话语政治观代替阶级斗争的去政治化色彩，大众文化文本成为多义性和开放性的符号斗争场域，文化研究囿于话语论述中的政治、消费主义的符号民主从而失去了批判性和介入现实的力量，这是英国马克思主义学者在扩展文本的内涵和外延，将大众文化纳入学院化研究时始料未及的事情。大众文化文本研究的限度在哪里？如何限定文本政治和文本策略在文化研究中的运用范围，成为文化研究进一步发展需要理清的问题，这促使托尼·本尼特将大众文化研究的目光投向了大众文化的物质性要素——意识形态国家机器运作的机制和体制的研究。

① 在王尔勃翻译的威廉斯《马克思主义与文学》中，将 formation 翻译为“构形”，因为威廉斯用 formation 指那些体现在精神生活和艺术生活中的富有成效的运动和趋势，它与习俗机构共同作用形成文化结构。托尼·本尼特的 Reading Formation 是在阿尔都塞的社会构形(Social Formation)和威廉斯的构形论的基础上形成的，指阅读与社会结构的改造活动是动态和相互的，所以本书采用“阅读构形”的译法，也有翻译为“阅读构成”和“阅读型构”的，但不如“阅读构形”更贴切原意。

② 斯科特·拉什：《后霸权时代的权力——变化中的文化研究》，程艳译，《江西社会科学》2009 年第 8 期。

第二阶段从20世纪90年代初一直延伸到当下，文化治理性研究是这个阶段的研究核心。发生这种学术转向(从葛兰西的文化领导权转向福柯的政府治理性)是托尼·本尼特阅读构形理论延伸的必然趋势。因为大众文化文本符号学理论的盲目乐观，忽视了大众文化生产的最基本的政治经济学意义上的物质维度的批判力量，阅读构形理论中就包含着对大众文化文本生产的物质性要素——文化机构、文化政策、代理人的关注：阅读构形关注文本与历史、文本与意识形态、文本与制度性话语的相互生产关系，将文本研究限定在意识形态的物质性要素——意识形态国家机器的机制、制度下进行。所以说，托尼·本尼特的大众文化文本研究从经验和实践的维度将意识形态理论具体化，他由关注文本与意识形态国家机器的机制、制度、机构和代理人的关系，将大众文化拓展到文学、艺术、审美的整体文化领域与意识形态国家机器的关系，转向福柯的治理性理论，并最终形成了20世纪90年代文化治理性(Cultural Governmentality)的理论。托尼·本尼特从意识形态国家机器的机制和体制来规定文本的生产和接受，对大众文化文本的泛化和去政治化倾向起到一定的遏制和纠偏作用。

托尼·本尼特转向福柯的政府治理性理论也是英国文化研究和澳大利亚文化研究进入20世纪90年代的现实需要。英国20世纪80年代以来的撒切尔夫人新自由主义以及布莱尔的第三条道路等政治环境变化，英国后福特主义的社会结构变化带来的传统工人阶级的消失，以及澳大利亚在后殖民时代特殊的文化政治需要，促使托尼·本尼特需要寻找可以解释文化与社会关系的新的理论阐释方式，福柯关于自由主义政府、审美与主体之间关系的政府治理性理论特别符合20世纪80年代以来的社会变迁。文化治理性研究来源于福柯的政府治理性研究，托尼·本尼特将福柯的这个政治哲学概念拓展为文化美学概念，运用文化治理性理论阐释自由主义政府如何将美学、艺术、文化等学科的知识演化为塑造主体的文化技术，具体说来，托尼·本尼特运用福柯的政府治理性理论，采用布尔迪厄的社会学方法，与政府的文化部门和机构、制度合作，考察文化、美学、艺术如何以知识的形式构成了社会性(the social)[①]，承续了威廉斯的“文化和社会”的研究传统，试图回应在阶级消亡论和阶级分析失效论的理论压力下如何保持文化研究的实践精神和批判力统一的问题。

在上述基础上，托尼·本尼特提出应该发挥文化研究的实用主义功能，将文化政策研究、文化机构研究引入到文化研究之中，文化研究的知识分子是一种集技术、实践与批判于一身的“实践型知识分子”(Practical Intellectual)[②]，他们在文化机构中充当文化技术的代理人和行动者而与政府合作。应该说，这种文化实用主义的观点是英国马克思主义的大众文化研究从法兰克福学派批判性模式到英国文化研究建设性模式探索道路的一次尝试。[③] 托尼·本尼特发现威廉斯在《漫长的革命》(1965)中已提出文化的人类学意义上的实用主义观点，威廉斯认为文

① 托尼·本尼特区别使用 society 和 the social 两个词，后者更强调一种历史化的视角，认为文化和社会的关系不是固定不变的。随着社会的变化，文化研究关注的问题也应发生变化。参见托尼·本尼特：《我的学术之路和理论方法》，《文化与社会》，王杰等译，广西师范大学出版 2007 年版，第 11 页。

② 托尼·本尼特的实践型知识分子观点是对葛兰西的有机知识分子、福柯的特殊知识分子、布尔迪厄体制内的知识分子相关研究的融合和推进，托尼·本尼特批评哈贝马斯的公共空间理论、萨义德的知识分子理论和詹姆逊的政治无意识的观点中认为知识分子的认知是“普遍性的知识分子”，他认为这种观点忽视了知识分子与国家政府的关系，托尼·本尼特认为权力不是简单的权威压制型的，所以他认为，知识分子在他的专业领域内拥有某种特殊现代知识技术，可以有限地与政府合作开展批判性的实践活动，知识分子因此就是“技术的、实践的和批判的”，是具有批判性和与政府有限合作的实践型知识分子。具体可参见托尼·本尼特的文章《知识分子、文化与政策：技术的、实践的与批判的》(收录于托尼·本尼特《文化与社会》第十四章，广西师范大学出版社 2007 年版)。

③ 西方马克思主义对大众文化研究有两种态度：一种是法兰克福学派将大众文化定位为文化工业而持批判态度；另一种就是汤普森、威廉斯、霍加特等人开拓的英国文化研究，他们认为大众文化中工人阶级的文化、民间文化和共同文化存在着建设新文化的可能性，正如王杰教授所言：“英国马克思主义文论的学者们，对当代文化，特别是大众文化和审美活动的深入研究中，努力寻找一条建设新的文化和新的社会生活的方式和道路，实现西方马克思主义从批判模式向建设性模式的转变。”(王杰：《漫长的革命：20 世纪英国马克思主义文论的问题与理论立场》，《湖北大学学报》2008 年第 1 期)英国文化研究对大众文化具有建设性的观点与法兰克福学派对大众文化的批判性研究应该具有同样的研究价值和地位。

化对“人类进化，意味着人这个物种的整体成长的过程”①具有建设性意义，在这个基础上，托尼·本尼特把文化视为自由主义政府实现管治的当代工具，同时文化、艺术和审美也是人类进化的机制和公民自身完善的主动性需要，因而具有积极的意义。与一般理论家不同的是，托尼·本尼特认为知识分子既需要批判精神，又需要从实用主义的角度出发与政府合作的“文化改革(治理)者”。托尼·本尼特在1987年创办了格里菲斯大学文化政策研究所，开始吸收福柯的“政府治理”(Governmentality)及“管治”(Police)等概念，批评在英国“文化与文明”的文化研究传统以及英国文化研究兴起之后反吸收阿尔都塞、葛兰西的理论，这两种模式文化研究因为无历史的普遍性假设而脱离了实践的物质层面以及与此相关的制度层面的研究。因此，托尼·本尼特说：“文化政策对于从事社会学和文化研究的知识分子而言，无论在理论活动上还是实践活动上都愈来愈成为一个重要的领域。这一点已引起大量争论，来探讨知识分子的角色和他们究竟与行政体制和政治程序保持什么样的关系，因为文化政策的形成和付诸实施都要经过行政体制和政治程序。”②所以，托尼·本尼特呼吁“将‘政策’理论地、实践地、制度地引入‘文化研究’之中”③，考察权力在实际运作之时与文化研究之间既合作又对立的关系，“文化应该被看作技术政府统治的工具又是统治的对象，文化和政府在同样程度上既在同一方又是对立面”④。托尼·本尼特的文化研究因为与政府合作型的文化政策研究而被称为“另一种范式的文化研究”，它在文化研究进入20世纪90年代之后的多元格局中占据着重要的地位。

---

① Raymond Williams. *The Long Revolution*. Harmondsworth: Penguin, 1965: 65.

② 托尼·本尼特：《文化与社会》，王杰等译，广西师范大学出版社2007年版，第313页。

③ 托尼·本尼特：《把政策引入文化研究之中》，《文化与社会》，王杰等译，广西师范大学出版社2007年版，第159页。

④ 托尼·本尼特：《我的学术之路和理论方法》，《文化与社会》，王杰等译，广西师范大学出版社2007年版，第25页。

第二节 英国文化研究与澳大利亚文化研究的接驳者

一、英国文化研究在澳大利亚文化的理论旅行

因为举办文化研究的国际会议和出版发行跨国的文化研究刊物，以及英国学者经常在国外大学进行周期性的演讲和访问，还有一些英国学者的海外移民“导致了专职的学术职务的产生，尤其是澳大利亚和北美”①，英国文化研究在20世纪80年代初就开始了理论的环球之旅。通过与其他国家的学术对话和交流，文化研究作为一种理论方法在世界各地得到广泛传播，进入学院体制之内并逐渐成为显学，美国和澳大利亚成为继英国之后新的文化研究重镇，形成了具有影响力的“美国文化研究”和“澳大利亚文化研究”。1964年成立的伯明翰大学当代文化研究中心迫于伯明翰大学的施压，在1987年化身为伯明翰大学文化研究与社会学系的一部分，而且该系于2002年被关闭。面对英国文化研究在体制内生存的窘迫现状，霍尔不无感慨地承认“与英国的情形相比较之下，美国的文化研究领域内容相当趋向异质化，而且可以获得大量经费补助。……目前真正在文化研究领域上扮演领导角色的，并不是英国，而是美国。从目前的实践来说，美国主导了文化研究的发展”②。

“英国文化研究在澳大利亚的影响如同在美国一样深远。”③英国文化研究国际化的另一个成果是“澳大利亚文化研究”，澳大利亚文化研究的兴起与英国学者赴澳大利亚的大学任职和澳大利亚学者赴英国学习密切相关。许多英国文化研究学者经常往来于英国、澳大利亚和美国之

① 丹尼斯·德沃金：《文化马克思主义在战后英国》，李丹凤译，人民出版社2008年版，第341页。

② Stuart Hall、陈光兴：《文化研究：霍尔访谈录》，唐维敏译，台湾远流出版社1998年版，第74页。

③ 格雷姆·特纳：《“为我所用”：英国文化研究、澳大利亚文化研究和澳大利亚电影》，陶东风编：《文化研究精粹读本》，中国人民大学出版社2006年版，第48页。

间：格雷姆·特纳(Graeme Turner)，是第一本系统地研究英国文化研究发展史并得到公认的专著《英国文化研究导论》的作者，他先是在英国开始文化研究的学习，后来与托尼·本尼特一同到澳大利亚并成为托尼·本尼特的重要合作伙伴，与托尼·本尼特一并成为澳大利亚文化研究的重要人物。他在澳大利亚的大学任职并担任《澳大利亚文化研究期刊》《澳洲文学研究》《澳洲新闻学研究》《悉尼科技大学评论》等期刊的编辑，一直在澳大利亚从事文化研究；英国大众文化研究重要论著——《理解大众文化》和《电视文化》的作者费斯克在澳大利亚也与特纳和豪吉合编《澳洲神话：解读澳洲流行文化》(*Myths of Oz*: *Reading Australian Popular Culture*, 1987)，此书被评价为“是英国、澳大利亚和美国理论传统的一个大融合”①。文化研究在美国的形成及壮大，与劳伦斯·格罗斯伯格(Lawrence Grossberg)、约翰·费斯克等学者的活动密不可分：曾经身为“伯明翰的美国人”的格罗斯伯格在1983年和1990年组织召开了两次世界文化研究大会②，并将会议论文结集出版，极大地推进了文化研究在美国的传播以及文化研究在美国的学院体制化进程。托尼·本尼特在澳大利亚期间就与格罗斯伯格等人合编《摇滚与流行音乐》(*Rock and Popular Music*: *Politics*, *Policies*, *Institutions*, 1993)。

托尼·本尼特、费斯克(John Fiske)、哈特利(John Hartly)、弗劳(John Frow)、莫里斯(Meaghan Morris)等都是澳大利亚文化研究领域里极其活跃的领军学者，从英国来的文化研究学者费斯克、哈特利和托尼·本尼特“为文化研究形成与崛起于20世纪80年代的澳大利亚起到了无可替代的催化作用。由于‘外来和尚’的倡导得到了本土学者特纳、弗柔、墨美姬等人的积极配合，澳大利亚早在1992年便成立了澳大利亚文化研究学会(The Cultural Studies Association of Australia)；学会每年

① 格雷姆·特纳：《“为我所用”：英国文化研究、澳大利亚文化研究和澳大利亚电影》，陶东风编：《文化研究精粹读本》，中国人民大学出版社2006年版，第49页。

② Lawrence Grossberg. “The Formations of Cultural Studies: An American in Birmingham”. *Relocating Cultural Studies*. London: Routledge, 1993: 21-66.

选取不同学校举办的文化研究会议，始终成功地吸引着澳大利亚乃至亚洲地区的文化研究实践者"①，英国文化研究的研究模式进入澳大利亚大学的学科内部，改造了澳大利亚一直以来注重英国文学研究的传统，这些文化研究的接驳者艰难地"在左翼保守主义历史传统中从事研究工作，或者在文学研究内部批判的和民族主义的运动中求发展，或者由于受到民族电影产业复兴的激励从事电影和媒体研究，或者在澳大利亚研究的多学科领域寻找归属"②，这样就形成了澳大利亚文化研究的一个显著特点——电影和媒体的大众文化研究成果丰硕。

二、创设文化政策研究

澳大利亚文化研究的另一个突出特色就是托尼·本尼特领导的文化政策研究的出现。托尼·本尼特对20世纪80年代以后澳大利亚的文化研究崛起功不可没，"澳大利亚的文化研究对澳大利亚本土的问题有着特殊的理论和方法定位……澳大利亚文化研究的最重要的一股流派是文化政策的研究，文化政策研究的领导者是托尼·本尼特"③。托尼·本尼特等文化研究学者积极参与到澳大利亚政府资助的当代文化研究课题项目中，这是因为澳大利亚在"20世纪60年代开始实施的多元文化政策、经济问题需要文化手段解决，这一新自由主义修辞在20世纪80年代的盛行"④，托尼·本尼特自1983年来到澳大利亚遂转向关于文化政策、文化机构的研究方向，从1987年到1990年他在格里菲斯大学领导文化政策研究所开展文化政策的研究，从1995年到1998年他领导澳大

① 徐德林：《英国文化研究的形成与发展》，北京大学2008年博士学位论文，第192页。

② 格雷姆·特纳：《"为我所用"：英国文化研究、澳大利亚文化研究和澳大利亚电影》，陶东风编：《文化研究精粹读本》，中国人民大学出版社2006年版，第51~52页。

③ Marjorie Ferguson and Peter Golding (eds.). *Cultural Studies in Question*. London: SAGE, 1997: xvii.

④ John Frow and Meaghan Morris (eds.). *Australian Cultural Studies: A Reader*. Urbana and Chicago: University of Illinois System, 1993: vii-xxiii.

利亚文化与媒体政策重点研究中心的工作。霍尔高度评价了托尼·本尼特将英国文化研究引入澳大利亚在地化的“接驳”工作：“Ien Ang，Tony Bennett，Edward Said，Gayatri Spivak，Homi Bhaba 都具有这种‘双重空间’的身份。这种流离知识分子处于一个转移的顶端，这种转移到边陲是兼具经济性、政治性和文化性的……文化研究可以完成这种翻译，是非常重要的事。”①文化研究国际化的结果，使得文化研究所处理的问题延伸到更大的范围，但是不管文化研究者挪用哪种典范观点，针对他们自己的关切问题进行实践或转化工作，都必须持续进行“翻译”转换的过程。②

文化与权力的关系一直是文化研究的核心问题，但是这个核心问题不是抽象的，而是权力在文化实践中的具体演绎，“文化研究一贯坚持的关注就是，文化和权力如何在不同脉络中彼此接合”③。托尼·本尼特思考澳大利亚文化研究的政治性需要，有效地将英国文化研究中富有创见的成果(从文化唯物主义观点来看待文化对社会的积极构形作用)结合到澳大利亚特殊的民族主义文化意识和澳大利亚政治需求中去，完成了英国文化研究世界旅行的重要一站——澳大利亚，形成了澳大利亚文化研究中最在成果的部分——对日常生活、大众传媒、博物馆的文化政策和文化治理性研究，所以说托尼·本尼特是英国文化研究和澳大利亚文化研究的接驳者。澳大利亚的学术、政治和文化坐标在很多方面完全不同于英国，由于澳大利亚特殊的被殖民历史，不同于英国文化研究面对的是 20 世纪 70 年代和 80 年代的阶级、青年亚文化等问题，澳大利亚的文化问题是关乎民族和后殖民的治理问题。托尼·本尼特的具体贡献在于以一种实用主义的立场，针对文化研究学科化后有机知识分子

① Stuart Hall，陈光兴：《文化研究：霍尔访谈录》，唐维敏译，台湾远流出版社 1998 年版，第 89 页。

② Stuart Hall，陈光兴：《文化研究：霍尔访谈录》，唐维敏译，台湾远流出版社 1998 年版，第 67 页。

③ Stuart Hall，陈光兴：《文化研究：霍尔访谈录》，唐维敏译，台湾远流出版社 1998 年版，第 72 页。

介入现实问题能力的衰退现状而提出"将政策引入文化研究之中"。在1987年创立代表澳大利亚文化研究成就的"格里菲斯大学文化政策研究所"之时，托尼·本尼特开始文化研究与文化政策的政府合作关系研究，"迄今为止，它的工作的成果是，发展了与较大范围的地方和政府或半政府机构的各种各样的合作关系，这些机构在博物馆、艺术，电影、语言以及教育政策领域运转"①。

三、托尼·本尼特文化研究的争议及其影响

托尼·本尼特将文化政策引入到学院化的文化研究中的文化实用主义思路引发了两种不同的学术争论。司图亚特·库宁汉姆（Stuart Cunningham）就曾撰文《结构文化——澳大利亚的批评与政策》②讨论"从文化政策角度考察文化研究"③现象；也有批判托尼·本尼特的文化政策研究的，例如澳大利亚的文化研究学者汤姆·奥里根（Tom O'Regan，托尼·本尼特于1998年回英国之后，他继任托尼·本尼特在澳大利亚文化与媒体政策重点研究中心的主任职务）批评说"（错误的）政策研究——关于文化政策争议的笔记"④，汤姆·奥里根主持的《澳大利亚电视文化》期刊也展开过关于文化政策的讨论。托尼·本尼特的文化政策研究在整个文化研究学界引起了讨论，例如英国的布伦戴和加拿大文化研究学者编著的《重新定位文化研究》将托尼·本尼特的文化政策研究视为文化研究从政治层面撤退的一种表现。⑤ 菲利普·戈登斯汀

① 托尼·本尼特：《文化与社会》，王杰等译，广西师范大学出版社2007年版，第159页。

② Alison Beale. *Framing Culture: Criticisim and Policy in Australia*. Sydny: Allen&Unwin, 1992.

③ Stuart Cunningham. "Cultural Studies from the Viewpoint of Policy". Graeme Turner (ed.) Sydney *Nation, Culture, Text: Australian Cultural and Media Studies*. London: Routledge, 1993: 126-139.

④ Tom O'Regan. "(Mis) Taking Policy: Notes on the Cultural Policy Debate". *Australian Television Culture*. Sydney: Allen&Unwin, 1993.

⑤ Valda Blundell. John Shepherd and Ian Taylor (eds.). *Relocating Cultural Studies*. London: Routledge, 1993: 9.

把托尼·本尼特的研究视为后马克思主义者的文本策略。① “美国文化研究的一盏明灯，弗雷德里克·詹姆逊最近和澳大利亚文化研究学者托尼·本尼特关于知识分子的论战中，詹姆逊指责托尼·本尼特和霍尔引导的葛兰西版本的文化研究向政治利益集团的靠拢。”②但是，从现实的效果来看，托尼·本尼特的文化政策研究获得了成功：文化政策研究成功地解释了政策研究与澳大利亚政治、经济、媒体与文化产业、新闻及相应规章制度的关联，澳大利亚文化研究因媒体研究关注性别和种族表征、美学与日常生活的关联、大众文化的用途、公众的政治空间的实践等领域而取得了一系列引人注目的成果。

托尼·本尼特的文化研究在英国本土和澳大利亚、美国都产生了很大的影响，目前活跃在文化研究领域的很多重要人物都对托尼·本尼特的研究成果有所借鉴或者进行研究，他们分别与托尼·本尼特早期的马克思主义文论、美学以及通俗文化研究和托尼·本尼特移居澳大利亚时的文化政策、博物馆研究展开对话：斯道雷对“通俗文化”的词源学分析就重点借鉴了托尼·本尼特对大众文化的研究成果③；斯道雷运用托尼·本尼特“阅读构形”(Reading Formation)的概念去探讨戏剧的意义被读者和文本以及文化相互构成的情形④，并在另外一篇文章中讨论作为体制内的学术活动的文化研究如何保持实践性和政治性统一，最后认同托尼·本尼特关于“实践型知识分子”(Practical Intellectual)的观点⑤；

① Philip Goldstein. *Post-Marxist Theory: An Introduction*, Chapter 6. New York: State University of New York Press, 2005.

② Gavin Kendall. Gray Wickham. *Understanding Culture: Cultural Studies, Order, Ordering*. London: SAGE, 2001: 21.

③ 参见斯道雷：《文化理论与通俗文化导论》(第二版)，杨竹山等译，南京大学出版社2006年版。

④ 参见斯道雷：《文本、读者与阅读生成：〈我的保尔与我的伙伴乔〉在1841年的曼彻斯特》，斯道雷：《记忆与欲望的耦合》，徐德林译，广西师范大学出版社2007年版。

⑤ 参见斯道雷：《文化研究：一种学术实践的政治/作为政治的一种学术实践》，陶东风编：《文化研究精粹读本》，中国人民大学出版社2006年版。

麦克盖根在《文化民粹主义》中从托尼·本尼特的通俗文化概念开始界定什么是通俗文化，并撰写专文分析托尼·本尼特文化政策研究和博物馆研究是由于对英国的“新葛兰西文化政治”的不满意而转向福柯治理性研究①；特纳的《英国国文化研究导论》在涉及“文本”和“意识形态”的讨论中，大量引介了托尼·本尼特的“文本”的观点和托尼·本尼特在“葛兰西转向”过程中的努力和贡献②；马尔赫恩认为当下马克思主义文学理论的发展要解决的难题之一就是文本与历史的关系，托尼·本尼特对这个理论问题的回应是将克里斯蒂娃的“Intertextuality”概念中加入一个连接线的方法论上的“文本实践是内在于历史的，它居住在历史中。……探索文本的历史性……就是要探究其直接的社会关系、写作和阅读的构成情况……当作实践本身的实质性因素”③。约翰霍普斯金大学的《文学理论和批评导论》教材将托尼·本尼特的阅读理论放在发展马克思主义读者理论的框架下分析。④《重新想象文化研究：文化唯物主义的未来》将托尼·本尼特的“文化研究与文化政策研究”视为威廉斯的文化主义和霍尔引导的葛兰西转向之后文化研究在 20 世纪 90 年代的新发展。⑤ 美国文化研究学者劳伦斯·格罗斯伯格同样在《文化研究》期刊中关注托尼·本尼特对文化政策的研究。⑥ 对于托尼·本尼特的博物馆研究，当代博物馆研究学者珍妮特·马斯汀（Janet Marstine）评价

---

① 参见吉姆·麦克盖根：《文化政策研究》，陶东风编：《文化研究精粹读本》，中国人民大学出版社 2006 年版。

② Graeme Turner. *British Cultural Studies: An Introduction*. London: Routledge, 2003.

③ 弗朗西斯·马尔赫恩：《当代马克思主义文学批评引言》，《当代马克思主义文学批评》，刘象愚等译，北京大学出版社 2002 年版，第 22 页。

④ “Reader-Response Theory and Criticism”. Michael Groden and Martin Kreiswirth (eds.) *The Johns Hopkins Guide to Literary Theory and Criticism*. Baltimore and London: The Johns Hopkins University Press, 2005.

⑤ Andrew Milner. *Reimagining Cultural Studies: The Promises of Cultural Materialism*. London: SAGE, 2002: 122-128.

⑥ Lawrence Grossberg, Cary Nelson and Paula Trieichler(eds.). *Cultural Studies*. London: Routledge, 1992.

说，“将博物馆作为市场主导产业的论述受到了马克思主义理论的影响有了改变，以一种批评的姿态来关注着文化的经济和社会基础。……托尼·本尼特(Tony Bennett)已经展示了博物馆、娱乐公园、博览会与19世纪百货公司之间的紧密关系”①。托尼·本尼特关于博物馆的意识形态和消费文化纠合的景观社会的论述成为新博物馆学重要的理论来源。

第三节　国内研究现状与研究价值

20世纪90年代托尼·本尼特曾应邀前往中国香港、台湾参加文化研究方面的学术研讨会。台湾“清华大学”曾于1992年和1995年两次主办“轨迹”国际文化研究会议，文化研究领域的重要人物——霍尔、托尼·本尼特、斯道雷、费斯克、哈特利等都曾赴中国台湾讲学。大陆文化研究学者李陀和陶东风也非常重视托尼·本尼特在文化研究领域的贡献，李陀就指出：“在阿尔都塞之后，英国的斯图亚特·霍尔(Stuart Hall)、托尼·贝内特(Tony Bennett)等一批理论家，不仅对以往有关意识形态的经典论述进行了批判和分析……提出了新的理论。这些理论活动深刻影响了文化研究的发展”②。2005年8月，托尼·本尼特与斯道雷等著名国外文化研究学者一起受邀到中国召开“文化研究的多元阐释”的学术研讨会。2009年5月，托尼·本尼特再次到中国就“文化研究的关键问题”与中国文化研究学界进行学术讨论。但总体说来，国内对托尼·本尼特的研究仍然只是起步阶段。

从翻译情况来看，托尼·本尼特在马克思主义文论方面的论著《形式主义与马克思主义》中的第二、四、五、六章分别在90年代初期就已经翻译出来了：《俄国形式主义与巴赫金的历史诗学》(《黄淮学刊》

① Janet Marstine (ed.) *New Museum Theory and Practice: An Introduction*. Hoboken: Blackwell Publishing, 2006: 13.

② 李陀：《理解大众文化·序》，约翰·费斯克：《理解大众文化》，王晓珏等译，中央编译出版社2001年版，第1~2页。

1991 年第 2 期)、《形式主义与马克思主义文学批评》(《黄淮学刊》1992 年第 2 期)、《西方马克思主义文学批评与美学遗产》(《黄淮学刊》1993 年第 3 期)、《科学、文学与意识形态》(《辽宁大学学报》1994 年第 4 期)。随着 90 年代中期以来我国文化研究的深入，托尼·本尼特的文化研究方面的单篇文章也被翻译：1999 年第 1 期《文艺研究》上陶东风译的《托尼·贝内特谈文化研究与知识分子》；2000 年罗钢、刘象愚主编的《文化研究读本》选译了《置政策于文化研究之中》一文；2001 年《文化研究》第 2 辑选译了《知识分子、文化与政策：技术的、实践的与批判的》一文(此文为托尼·本尼特受此刊之邀而写的专稿)；学术杂志《视点》2001 年第 1 期《大众文化研究》选译了《通俗文化与“葛兰西转向”》，《视点》2003 第 6 期《表象的叙述》辑录了《文本、读者、语境》；2002 年北京大学出版社出版的弗朗西斯·马尔赫恩《当代马克思主义文学批评》中收录了托尼·本尼特的《马克思主义与通俗小说》一文；2004 年汪凯、刘晓红译的《媒介研究的进路》中辑录了托尼·本尼特的《通俗文化与“葛兰西转向”》一文；2006 年陶东风组织编译的《文化研究精粹读本》辑录了《走向文化研究的语用学》一文。2009 年托尼·本尼特在参加南京大学主办的“文化研究关键问题国际学术研讨会”时提交的三篇论文也被翻译出来：托尼·本尼特的新作《审美·自由·治理》发表在 2009 年第 5 期《南京大学学报》，《马克思主义美学研究》第 12 卷第 11 辑刊登了《分裂的惯习》和《文化、历史与习性》，除《分裂的惯习》在外国期刊《新文学历史》①已经发表之外，另外两篇均是托尼·本尼特为参会而首次发表的论文。托尼·本尼特的专著已经翻译出来的有《文化与社会》(托尼·本尼特自选集)，《形式主义与马克思主义》《文学之外》《博物馆的诞生》《新关键词》正在翻译之中。

国内对托尼·本尼特的研究也零星散见。张一兵的《意识形态：永存的想象之镜》中赞同托尼·本尼特对阿尔都塞的想象性误识的评定；

---

① Tony Bennett. *Habitus Clivé: Aesthetics and Politics in the Work of Pierre Bourdieu*. New Literary History, 2007(1): 201-228.

陶东风的《知识分子并非一种角色》和曹成竹的《知识分子：一个从批判到实践的社会群体》对托尼·本尼特“实践知识分子”进行了讨论；汪正龙和杨建刚从文学内部研究和外部研究相结合的角度谈托尼·本尼特对形式主义文论与马克思主义文论的对话关系的推进；曾军的《文化战略：把政策引入文化研究》敏锐地将托尼·本尼特的文化政策研究视为80年代以来文化研究的一种转向；王杰的《托尼·本尼特的马克思主义美学研究》、强东红的《理论与实践：托尼·本尼特的马克思主义文论研究》等文章则从整体上论述了托尼·本尼特的马克思主义美学和文论的特征。托尼·本尼特两次来中国讲学，扩大了他的影响，带动了国内学者对他的研究，例如北京语言大学罗昔明的硕士学位论文《托尼·贝内特及其政治文化观念》是托尼·本尼特第一次来国内的影响成果之一，《马克思主义美学研究》第11辑刊登的文章则是中国学界与托尼·本尼特对话的汇集。

相较于托尼·本尼特在英语世界的学术地位和影响程度，国内对托尼·本尼特的关注程度显然是不够的，这也暴露了我国目前文化研究的深度、广度。自20世纪90年代以来，市场经济大潮下的中国进入了大众文化时代，在这种情况下，“媒介文化、视觉文化、消费文化、多元文化、亚文化或反文化、全球文化、文学的边缘化、政治的道德化等，都不可能直接地从现象学或法国后结构主义那里得到答案，或者说我们要绕很多弯子以后才能有所发现，而这些却是20世纪60年代以来英国文化研究非常成熟的主题”①。英国文化研究对消费文化生活极具渗透力的阐释能力，使文化研究作为一种研究范式迅速进驻中国学术界。纵观文化研究的现状，专题研究已经有了突破，如：北京大学博士学位论文《英国文化研究的形成与发展》、黑龙江大学博士学位论文《“文化研究”思潮中的反权力话语研究》、山东大学博士学位论文《伯明翰学派的文化观念与通俗文化理论研究》，但显然还是有很大的研究空间。国内

① 黄卓越等：《“英国文化研究与中国”研讨会纪要》，《外国文学》2006年第6期。

对文化研究的专人个案研究存在着两头倾斜的现象：一头倚重于文化研究的起源说，集中于伯明翰学派繁盛时期的代表人物霍加特、威廉斯、霍尔的研究；另一头倚重于文化研究的转向说，热衷于关于媒介文化下的传播理论者麦克唐纳或者费斯克、斯道雷和拉克劳、墨菲等人的文化研究。但是，相较于其他国家和地区，中国学术界对英国文化研究的介绍和了解起步较晚，在缺乏资料积累和系统研究的情况下，国内的文化研究不可避免地存在着以下一些问题：

第一，对文化研究的同一性假设抹杀了对文化研究复杂性的考量。谈起文化研究，我们仅局限于伯明翰学派的研究领域，理所当然地以1964年为时间起点，从理论上假设存在着一个从霍加特、汤普森、威廉斯到霍尔关于"大众文化"对抗精英文化的谱系描述，而往往忽视不同文化研究学者之间的争论。实际上，伯明翰学派的第二任领导者霍尔在任期间就开始在女性视角研究方面与之前的文化研究学者产生了分歧。并且霍尔之后的继任者与霍尔风格完全不同，1979年接任霍尔的伯明翰大学当代文化研究中心主任约翰生(Johnson)就放弃了霍尔编码/解码文本分析模式的媒体研究，"江森(即约翰生)本身的兴趣在于，了解主体性的历史建构，而不是分析媒体文本"①。约翰生还指责霍尔在《识字的用途》中建立起来的"民族志"的研究方法具有精英父权主义的倾向。这些说明在伯明翰大学当代文化研究中心并不存在着统一的知识分子的认同目标：理查德·约翰生和乔治·拉雷恩(Jorge Larrain，约翰生的接任者)的工作溢出了伯明翰大学当代文化研究中心的早期工作，最终还将伯明翰大学当代文化研究中心并入"文化研究和社会学系"。而进入90年代之后，文化研究的多元格局更是证明了文化研究的方法本身存在着很多的可能性。

第二，除了伯明翰中心，国内的文化研究对英国其他文化研究团体和其他国家的文化研究缺乏了解。除了伯明翰中心，英国还存在着其他

① 格雷姆·特纳：《英国文化研究导论》，唐维敏译，台湾亚太图书出版社2000年版，第88页。

的研究中心：例如利兹大学的文化研究中心、莱斯特大众传播研究中心和(澳大利亚)布里斯班的文化政策研究所。① “文化研究由多元的声音和多种语言组成，绝没有足够的证据表明文化研究形成了清晰可辨的‘家族’或者与之相关的‘亲属’关系……套用霍尔的福柯主义式的语言，文化研究是思想、想象和实践的分散性的星丛(或者说构形)，它提供社会中的特定主题、社会活动和机构位置相关的行为和知识之间关系的言说方式。”②现在大量的研究表明，文化研究既没有绝对的开端，也没有固定的理论模式，它以伯明翰中心为立足点，聚集了一大批理论家，多向度地分析文化与权力的关系。

在这种知识背景下，我们来看看托尼·本尼特对于文化研究的认识：“我应当说明，文化研究现在和过去都不可能被界定为一个特定的民族传统，或是固定为一个特殊制度场所的思想来源。尤其需要指出的是，即便在英国语境中，由于某种原因认为文化研究产生于伯明翰中心这种起源神话，那么分布于其他学术机构的多样化文化研究也同样是有价值的，起源神话和谱系说无助于我们理解现在被置于‘文化研究’名义下的一系列争论。这个术语现在不得不被视为一个用来标识一整套研究方法的便利标签，尽管它们之间在研究方法或者其他方面存在着抵牾和分歧，然而，它们都是从文化与权力之间错综复杂关系来审视文化实践。相应地，这也说明了这些多样化的文化研究所关注的内容是区别于各种审美化的、道德化的或形式主义文化分析属性”③。从托尼·本尼特对文化研究的理解和定义中，我们可以看出，国内在缺乏资料的收集整理和没能认真梳理西方文化理论基本问题和基本概念的前提下，遗漏了对文化研究比较整体和全面的把握，就比如说，大众文化作为 20 世纪 80 年代以后重要的文化研究领域，在英国马克思主义学者那里是怎

① Andrew Milner. *Reimagining Cultural Studies: The Promises of Cultural Materialism*. London: SAGE, 2002: 111-112.

② Chirs Barker. *Making Sense of Cultural Studies*. London: SAGE, 2002: 2.

③ 托尼·本尼特：《文化与社会》，王杰等译，广西师范大学出版社 2007 年版，第 157 页。

样被确立起来的？威廉斯、霍加特等第一代英国马克思主义学者对大众文化的真实态度是什么？以及大众文化研究为什么在“新左派”就开始受到关注而一直到20世纪70年代末期才开始繁盛？当前，对于文化研究的转型的内在机理的分析还是很缺失的。对此，有学者评价说：“从某种程度上说，中国学界一些学者是在没有完全搞清楚什么是文化研究的时候，就开始‘大搞特搞’文化研究了。”①

第三，文化研究缺乏演变史的梳理，特别缺乏对20世纪80年代以来文化研究的逻辑趋向和当下的理论困境的学理分析。在法兰克福学派看来，批判的理论就是革命实践，而在英国文化研究中却是致力于理论与实践的结合，英国文化研究就与20世纪五六十年代的学生运动，70年代的女权主义运动和反种族歧视等社会政治事件密切联系在一起，英国文化研究走上历史舞台就具有理论与实践相统一的文化政治品质。也正因为理论与实践的紧密关系，在20世纪六七十年代已经完成学科建制的文化研究进入80年代以后，在保持理论与实践的互动关系之时，面对撒切尔夫人执政后的政治环境的变化以及全球化运动，文化研究在吸收后现代主义理论的同时走向多元化。文化研究的开放性、松散性也带来了研究边界的消失，文化研究成为“备受怀疑的文化研究”而处于一种范式危机之中。如何厘清文化研究与其他理论流派如经典马克思主义、当代西方马克思主义、结构主义、符号学之间的关系？“经过几十年的发展，文化研究及其理论自身也日益面临着再体制化的命运：研究对象相对固定化、研究方法更加学院化、研究成果走向经典化……文化研究如何才能实现新的理论突围？当伯明翰当代文化研究中心关门的时候，曾一度引发‘文化研究怎么了’的悲观之音。”②如何处理反学科的理论诉求与学制化的现实矛盾？如何使文化研究保持激进的革命实践品质？文化研究的核心主题、主要对象是什么？“文化研究”的学科概念，包括其学科系脉、延伸逻辑是怎样的？如何解释文化研究在经历后现代

① 马征：《文化研究在中国》，《文艺理论与批评》2005年第1期。

② 肖军：《文化理论的理论突围》，《西北师大学报》2005年第1期。

转向之后，又重新回到“资本”与“阶级”分析的马克思主义立场?① 文化研究如何在经历后现代主义之后寻找新的理论方法？“文化理论必须要能够对自己在历史上的兴起、茁壮与停顿作出某种解释。”②“进入21世纪后，文化研究到了该反思它所占据的学术空间和未来发展方向的时候了。”③

在这种知识背景下，托尼·本尼特作为专人个案研究就非常具有价值：

第一，从时间上看，托尼·本尼特的文化研究贯穿了文化研究兴盛的20世纪七八十年代，一直延伸到文化研究多元化的当下，托尼·本尼特的文化研究始终与英国文化研究的兴起、发展、转向等兴衰变迁紧密联系在一起。以格尔茨的“深描法”深入分析托尼·本尼特的文本与其他文化研究文本的互文性关系，可以深入分析文化研究的范式变化的历史逻辑，可以勾连起目前文化研究中的论争，从学理上解剖英国文化研究困境以及缘由。

第二，英国马克思主义是在批评经济简约论和经济决定论的庸俗马克思主义过程中确立起来的，英国马克思主义作为西方马克思主义发展

① 随着伯明翰当代文化研究中心的萧条直至关闭，对文化研究进行反思的论著也不断问世：Chirs Barker. *Making Sense of Cultural Studies*. London：SAGE，2002；Marjorie Ferguson. *Cultural Studies in Question*. London：SAGE，1997；Terry Eagleton. *After Theory*，New York：Basic Books，2002. Paul Bowman.（ed.）*Interrogating Cultural Studies*. London：Pluto Press，2003；Valda Blundell. *Relocating Cultural Studies*. London：Routledge，1993；Gavin Kendall，Gray Wickham. *Understanding Culture：Cultural Studies. Order，Ordering*. London：SAGE，2001. Andrew Milner. *Reimagining Cultural Studies：The Promises of Cultural Materialism*. London：SAGE，2002. Nick Couldry. *Culture：RE-imagining the Method of Cultural Studies*. London：SAGE，2000. Susan Bassnett. *Cultures：An Introduction*. London：Routledge，2003. Giuseppe Mantovanic. *Understanding Culture and Psychology*. London：Routledge，2000.

② Terry Eagleton. *After Theory*，New York：Basic Books，2002：23.

③ Nick Couldry. *Culture：Re-imagining the Method of Cultural Studies*. London：SAGE，2000：1.

的一支重要脉络，在整个马克思主义研究史中具有重要意义。斯图亚特·霍尔将马克思主义理论和文化研究的关系定义为："在马克思主义周围进行研究，研究马克思主义，反对马克思主义，用马克思主义进行研究，试图进行发展马克思主义研究。"①因而英国文化研究也被称为文化马克思主义研究。在80年代中期，英国新自由主义退潮之后，英国出现了以拉克劳和墨菲等为代表的公然自我宣称为后马克思主义者的学者。托尼·本尼特始终与英国文化研究与马克思主义之间保持着复杂关系；托尼·本尼特的学术起点就与"新左派"、与工人阶级的成人教育结合在一起，他开始是以马克思主义文学理论批评学者的身份而蜚声学界；在80年代后期被英国本土学者视为"后马克思主义者"②；在90年代他吸取与马克思主义关系比较难以界定的福柯、布尔迪厄的理论资源，同时他又批判葛兰西、哈贝马斯、萨义德、伊格尔顿、詹姆逊等马克思主义者。考察托尼·本尼特与英国马克思主义之间的关系，对于辨析目前马克思主义发展的现状与问题具有一定的研究价值。

第三，托尼·本尼特的文化政策研究本身包含大量的研究资讯：一方面它是英国文化研究国际化的现象之一，它微妙地显示了在文化理论的环球旅行中，体制内学者如何实现理论在地化生存的策略。托尼·本尼特面对澳大利亚特殊的殖民地历史和民族认同的文化现实，从文化与政府治理之间的关系入手考察博物馆在殖民化治理过程中的机制作用，从文化政策、知识分子研究中寻求文化研究批判与文化研究实践之间的"接合"。另一方面，文化政策研究作为20世纪90年代文化研究多元

① 丹尼斯·德沃金：《文化马克思主义在战后英国》，李凤丹译，人民出版社2008年版，第4页。

② 托尼·本尼特在《文学之外》的《序言》中写道："我的论述在观念上是后马克思主义者的，然而，并不是说就一定要成为反马克思主义者(尽管毫无疑问，要抛弃一些顽习痼疾)，而是为了更加选择性、局部性地运用马克思主义的观念与范畴。"在《文学之外》的第二章"历史唯物主义的断裂"中，托尼·本尼特解释了什么是后马克思主义，并探讨马克思主义与后马克思主义之间的关系。在菲利普·戈尔斯坦的《后马克思主义理论导论》第六章中，菲利普将托尼·本尼特作为后马克思主义者来论述。

化的面向之一，足以与费斯克、拉克劳、墨菲等学者的文化民粹主义、后现代主义的快感政治形成鼎足而立的理论坐标，具有深入研究的价值。

第四，托尼·本尼特是问题意识和理论创新意识特别强的学者，在一些局部研究上，对于我们的文学理论研究和文化研究具有启示：(1)他关于形式主义与马克思主义之间对话关系的思考，至今仍是马克思主义文学理论中融合文学外部研究与内部研究不可跨越的思路。(2)他关于文本、读者与社会结构之间相互历史地生产的阅读构形理论，在马克思主义文论领域内推进了威廉斯关于文学是审美情境写作实践的后黑格尔文学观，而且为目前各执一词的读者中心论、文本中心论或者回归作者论提供了一个整合的框架视角。(3)他对大众文化文本学的建构以及对大众文化文本的限定，远远超出了费斯克、拉克劳和墨菲等人的微观政治学和文本政治的视野，区别于这些新葛兰西主义学者在大众文化研究中渐失去马克思主义唯物主义和政治经济学的立场。(4)在托尼·本尼特的文化研究中，通俗文化与高雅文化、文学研究与文化研究之间并不存在着对立关系，审美经验是高雅文化与通俗文化的复合体，他用社会学方法考察审美自治如何发挥审美他律的历史联结，这对于国内争论不止的文化研究与文学研究的范式冲击说具有转换思维方式的启示。(5)他以文化实用主义理论发展了文化既是批判也是合作的观点，对如何实现将马克思主义美学从批判模式向建设模式转变作出了有益的尝试。与霍加特、威廉斯等人不同的是，他对于大众文化和工人阶级文化的交叉性、模糊性、复杂性有比较全面的认识，从而对思考在传统的阶级分析失效之后如何实现文化领导权(即文化研究如何在理论和实践上回应撒切尔夫人的新自由主义政策和布莱尔政府提出的“第三条道路”)提出了理论构想。(6)他从美学、艺术的学科知识产生与治理术的诞生的关系方面阐释了文化治理性，从理论上发展了福柯的政府治理性研究，他对文化治理与博物馆关系的研究为当今新博物馆学提供了重要的理论资源。

上编：文本、读者与阅读构形

第一章　尚未完成的决裂

英国文化研究是英国新左派运动的直接产物，它更深的根基是英国的文化批评传统。经验主义传统的英国“把审美与认知等同，把美与真等同，这是经验主义自然科学思维方式在美学研究中的表现之一”①。也就是说，诞生于19世纪的英国文化批评传统的一个深层模式就是相信通过文学审美认知实现教育功能，通过阅读文学经典可以实现道德的培养。英国文化批评传统是从浪漫主义文学中萌发的，由柯勒律治、阿诺德形成的“文化与文明”的传统，在20世纪得到新批评和利维斯主义的进一步阐发。学界已经达成的一个共识是，英国文化研究以大众文化立场批判、颠覆了利维斯派精英主义文化，伟大的传统与经典文学被电影、电视、流行音乐、通俗小说、身体政治、青年亚文化、女性主义、种族主义等大众文化形式所取代。“目前，我们国内许多倾向威廉斯与利维斯对立起来，似乎威廉斯就是关注大众文化而利维斯就是提倡精英文化。这样黑白分明的对立是否真的存在呢?”②我们过于笼统地概括了两者之间的颠覆和割裂关系，而粗暴地忽略了英国文化研究这位“弑父者”在理论发生阶段的学术生存状况，以及它与“文化与文明”传统在理论主题和理论方法上的精神继承。2002年伯明翰大学当代文化研究中心的倒闭引起学界对文化研究作为一种学术范式的反思，重新思考和挖掘利维斯派和英国文化研究的发生之间的关系是一个很有必要的工作，

---

① 章辉：《经验的限度》，中国社会科学出版社2005年版，第23页。

② 黄卓越：《“英国文化研究与中国”研讨会纪要》，《外国文学》2006年第6期。

当代英国文化研究的重要人物约翰·斯道雷重新评价两者的关系："'文化与文明'传统，特别是利维斯主义，为研究大众文化创造了一个教育空间。"①从利维斯主义决定着早期文化研究的发端并影响着其理论模式的构形来看，两者之间并不是完全的决裂。

托尼·本尼特步入文化研究领域正是威廉斯等马克思主义者吸收语言学模式改造文学概念之时，威廉斯从语言学角度审视文学，"'文学'都应被认为是形式化的写作过程及其结果，而且这种写作具有语言的社会属性和形式属性"②。这开启了托尼·本尼特的研究思路，但是他认为，威廉斯等人在早期文化研究中并未与利维斯主义完全决裂，他们不过是以左派新立场复活19世纪以来的文化道德批判传统，"威廉斯相对于此前英国文学批评传统所持有的立场，与欧洲大陆的西方马克思主义相对于马克思主义之前的美学所持有的立场有着重大的相似性……先前传统的理论结构如同哈姆雷特的幽灵一样，对后来宣称与其断裂的思想传统产生持续不断的影响。"③托尼·本尼特认为早期英国马克思主义者威廉斯的观点与利维斯主义、西方马克思主义美学一样都存在着形式主义的"文学性"、"文本形而上学"等文学自治性的逻辑，威廉斯等人对大众文化的态度并未彻底地贯彻马克思主义历史化的原则，马克思主义历史化原则要求将文学和艺术的生产、流通和接受都放入特定的历史条件下去分析，并要求将文学放入与机构、体制等物质性要素的复杂的纽结、制约关系下思考，大众文化应该解释为文学的文本形式在20世纪新兴的传媒社会条件下的新形式和必然延伸。这就形成了托尼·本尼特学术道路的起点：完成"与美学决裂"——与利维斯主义、西方马克思主义美学等精英主义文论决裂，通过批判形式主义与西方马克思主义

① John Storey. *Cultural Theory and Popular Culture: An Introduction*. Pearson Longman, 2009: 34.

② 威廉斯：《马克思主义与文学》，王尔勃、周莉译，河南大学出版社2008年版，第48页。

③ 托尼·本尼特：《我的学术之路和理论方法》，《文化与社会》，王杰等译，广西师范大学出版社2007年版，第17页。

内部的“文本形而上学”的文本自足性逻辑，建构马克思主义历史化文本的概念，为大众文化作出文本学价值上的论证。在这个环节上，托尼·本尼特的历史化文本的观念覆盖了纯粹自治的文学文本的概念，早期文化马克思主义学者对盘旋于脑际中的利维斯主义的幽灵，唯有经历一场“与美学决裂”的驱逐幽灵的仪式，方能在清理好的新地基上建构马克思主义的大众文化文本理论。

第一节　文化与文明的传统的形成

英国文学和文学批评具有辉煌和灿烂的历史，英国除了亚历山大·浦柏、菲利普·锡德尼、约翰·德莱顿等古典主义文论家之外，还诞生了著名的浪漫主义文学流派以及雪莱、济慈、华兹华斯和柯勒律治等浪漫主义诗人兼文学评论家。这些浪漫派艺术家普遍感受到工业革命带来了“政治、社会、经济的变迁的时代，艺术、艺术家和艺术家社会地位的观念已发生剧烈的变化”①。这种变化表现为，商业化的艺术生产与工业革命社会结构中的“公众”(the public)的出现，“艺术家负载着创造性的想象，自视为‘生活革命’的代理人”②，这些“有教养的少数人”应成为“暴民”的文化教育者，柯勒律治在《教会与国家政体》第五章提及：“国家的长久存在……国家的进步性和个人自由……依赖于一个持续发展、不断进步的文明。但是，这个文明如果不以教养为基础，不与人类特有的品质和能力同步发展，那么文明本身如果不是一种具有很大腐化作用的影响力，就是一种混乱低劣的善，是疾病的发热，而不是健康的焕发”③。柯勒律治把工业革命带来的边沁功利主义和物质化、机器化

① 威廉斯：《文化与社会》，吴松江、张文定译，北京大学出版社 1991 年版，第 60 页。

② 威廉斯：《文化与社会》，吴松江、张文定译，北京大学出版社 1991 年版，第 72 页。

③ 威廉斯：《文化与社会》，吴松江、张文定译，北京大学出版社 1991 年版，第 95 页。

称为"文明"，认为这种工业文明是"不健康"的"混乱低劣的善"，所以，需要"教养"把"文明"转为"文化"，因为"文明是抽象的、孤立的、碎片的、机械的和功利的，拘泥于对物质进步的一种愚钝的信念，而文化则是整体的、有机的、美感的、自觉的和记忆的"①。柯勒律治的这种关于文明和文化的区分和对立关系的观点，形成了对资本主义工业文明的批判的"文化与文明"传统的起点，"'文化'的观念是从柯尔律治的那个时代起就确凿地进入到英国的社会思想的"②。

伊格尔顿在《文学理论引论》中考察了维多利亚时代英国文学研究的兴起与宗教的衰落、新兴的中产阶级和工人阶级的道德教化之间的关系，"'英国文学'作为一门学科首先并不是在大学里制度化的，而是在工程学院、工人的学院和广泛的巡回演讲里制度化的"，"实际上，'英国文学'的兴起多少有些伴随着'道德'一词本意的历史变化"。③马修·阿诺德痛心旧传统已然破碎而新传统尚未建立的过渡社会中的价值失衡和道德滑坡，在《文化与无政府状态》(1869)中表达希望"推广基督知识协会"这个组织，通过"让理性与上帝的意志传播"以消除"无政府状态"④。阿诺德把维多利亚时代的英国人分为野蛮人(贵族)、非利士人(中产阶级)和群氓(平民)，在批判他们的拜金主义的同时，为了对抗工业主义所导致的缺乏秩序、准则和无方向感的无政府状态，倡导通过阅读、观察和思考回归贵族化和希腊化的文化以提高粗俗的中产阶级修养。阿诺德在《文化与无政府状态》中给文化下这样的定义："文化是甜美，是光明，甜美是艺术，光明是教育，文化因光明而甜美，因甜美而光明；它是我们思想过和言说过的最好的东西，它从根本上说是非功

① 特里·伊格尔顿：《文化的观念》，方杰译，南京大学出版社2003年版，第9页。

② 威廉斯：《文化与社会》，吴松江、张文定译，北京大学出版社1991年版，第93页。

③ 特里·伊格尔顿：《当代西方文学理论》，王逢振译，中国社会科学出版社1988年版，第49页。

④ Matthew Arnold. *Culture and Anarchy*. London：Cambridge University Press，1961：3.

利的，它是对完善的研究，它内在于人类的心灵，又为整个社群所共享，它是美和人性的一切构造力量。”①文化作为精神生活，是通过文学的审美认知来达成人格的完善，进而论之，达成社会的完善。通过 F. D. 莫里斯、查尔斯·金斯莱、马丁·阿诺德等人对英国文学传播道德的功能定位，英国文学迎来了维多利亚时代的大放光彩的时刻。

第二节　学院文学研究中的精英文化批判

英国文学学术地位的确立是在第一次世界大战之后，其标志是文学研究进入牛津大学和剑桥大学，并形成了英国文学研究的新批评派和利维斯主义。老牌资本主义国家——英国在第一次世界大战之后逐渐被新兴的竞争对手美国和德国赶超，这引起了英国社会对民族使命感和统一感的迫切需求，人们普遍怀念伊丽莎白时代英国有机社会，“伟大的民族诗人”莎士比亚和弥尔顿的人道主义作品让人们认识到蕴含其中的民族统一性，这一切促成人们去重新审视形成有机社会的英国文学的学科定位。之前遭受轻视的被标签为“女性的”、“工人阶级的”和“业余的”英国文学研究，借由着肩负培养民族统一感的使命进驻了牛津大学和剑桥大学。“英国文学亦由此成为建构一个统一的民族文化的巨大宝库，成为民族文化最好的象征，甚至成为大英帝国殖民开拓的先头部队，成为文化帝国主义的一个直接组成部分。”②在 20 世纪的二三十年代，进入大学体制后的英国文学，“不仅是一门值得研究的学科，而且是最高文明化的追求，是社会构成的精神实质”③。因此，艾略特、利维斯等人确立了“英国文学”这门学科，“英国文学不仅是一门值得研究的学

① 马修·阿多诺：《文化与无政府状态》，韩敏中译，三联书店 2002 年版，第 6~11 页。

② 陆扬：《利维斯主义与文化批判》，《外国文学研究》2002 年第 1 期。

③ 特里·伊格尔顿：《当代西方文学理论》，王逢振译，中国社会科学出版社 1988 年版，第 54 页。

科，而且是最富于教育作用的事业”①，“《细察》不仅是一份杂志，而且是一场道德和文化改革运动的中心”②。

新批评最早在英国的大学讲坛发端，其代表人物艾略特和理查德传承了阿诺德的“文化与文明”的传统。理查德像阿诺德一样忧心忡忡于工业化社会的“人口众多”和“组织解体”等公共制度的危险，他认为价值经验重组的希望在于文学和艺术，“诗能拯救我们”，“这是克服混乱的一种晚期可能的手段”。③ 理查德受英国教育部委托撰写的文化档案《纽波特报告》，其主要内容就是论述文学教育在大学人文教育中的作用。而写下《含混七种》以文学理论而著名的燕卜逊，其后期并非将文本绝对化地孤立起来研究，他“非常注意挖掘文本的社会文化内涵及文本与特定社会文化语境之间的互动关系”④，从某种意义上说，燕卜逊是20世纪英国文学批评从文学文本批评走向文化批评的一个重要人物。

艾略特有感于“工业主义如果不加节制，其趋势不是创造一个社会，而是创造一群暴民”⑤，所以希望通过区分“精英阶层”和“阶级”来维护社会安定，“阶级本身具有一种功能，即维护社会的全部文化中与自我阶级相关的那部分文化”，“对一个特定阶层的文化的维持，不断对该阶层有益，而且对整个社会有益”，⑥ 所以“比较高级的文化”对整个社会和多数人都是有益的。艾略特进一步阐释文化作为整个生活方式的含义：“文化这一术语包括一个民族的所有独特活动及兴趣：德比马

① 特里·伊格尔顿：《二十世纪西方文学理论》，伍晓明译，陕西师范大学出版社1987年版，第39页。

② 特里·伊格尔顿：《二十世纪西方文学理论》，伍晓明译，陕西师范大学出版社1987年版，第42页。

③ 威廉斯：《文化与社会》，吴松江、张文定译，北京大学出版社1991年版，第318页。

④ 黄卓越：《“英国文化研究与中国”研讨会纪要》，《外国文学》2006年第6期。

⑤ 威廉斯：《文化与社会》，吴松江、张文定译，北京大学出版社1991年版，第297页。

⑥ T. S Eliot. *Notes Towards the Definition of Culture*. New York：Harcourt，Brace and Company，1949：35.

赛、亨利划船比赛(Henley Regatta)、考斯赛船会(Cowes)、猎鸡日(the Twelfth of August)、奖杯决赛、赛狗会、弹球游戏、飞镖、温斯利戴尔干酪(Wensleydale Cheese)、清水碎白菜(Boiled Cabbage Cut into Pieces)、腌甜菜、19世纪哥特式教堂，以及埃尔加(Elgar)的音乐。"①艾略特提出文化作为"整个生活方式"，意图是通过精英阶层的文化扩大而实现"精英阶层来代替阶级"②。

剑桥学派的文学文本批评走向道德和文化批评始于利维斯，"在20世纪，阿诺德的观点在F. R. 利维斯的作品及方案之中得到了最充分的体现"③。在1930年出版的《大众文明和少数人的文化》中，利维斯就提出了维护少数人精英文化的观点，"一个能认识和欣赏但丁、莎士比亚、邓约翰、波德莱尔、哈代等作家以及他们的继承者的是少数派，他们组成了一批人的时代意识"。少数派"对艺术理论，科学、哲学有着敏捷的反应……依靠这些少数派，我们才有能力吸收过去人类经验的精华，他们保存了传统中最精华的和最容易毁灭的那些部分。依赖他们，一个时代才会有安排更为美好的生活的固定标准"④。利维斯提出精英少数派的文化是因为他感到他面临着比阿诺德的时代更为严峻的灾害性的"文化困境"——随着工业化进程的深入，"以更高的效益、更多的销售、更多的批量生产与标准化为特征"的美国化⑤文化形式的泛滥，电影、广告、报刊、流行小说、广播等大众文化挤压排斥高雅文化和民间文化，切断了现在与传统的联系，导致古罗马和古希腊的那种高雅文化与大众文化完美结合的有机社会的消逝，因此少数派的文化与大众的文

---

① T. S Eliot. *Notes Towards the Definition of Culture*, New York: Harcourt, Brace and Company, 1949: 30.

② 威廉斯：《文化与社会》，吴松江、张文定译，北京大学出版社1991年版，第309页。

③ John Hartley. *A Short History of Cultural Studies*, London: Sage, 2003: 32.

④ F. R Leavis. *Mass Civilisation and Minority Culture*. Cambridge: The Folcroft Press, 1930: 4.

⑤ F. R Leavis. *Mass Civilisation and Minority Culture*. Cambridge: The Folcroft Press, 1930: 7.

明以及它的大众文化形式是敌对的，“‘文明’与‘文化’逐渐成为相互对立的术语”①。利维斯在《伟大的传统》(1956)中继续着少数派文化与伟大的经典文学传统关联的观点。为了挽救少数派文化被大众文化吞噬的文化危机，利维斯和利维斯夫人意识到问题在于英国大众失去对诗歌、戏剧等经典文学作品的阅读兴趣，消遣性的和标准化的大众阅读模式“毁掉大众去阅读可以被最广义地归类为‘文学’的东西的欲望，而代之以被标准封面最佳地刻画的东西”②，因此利维斯与邓尼斯·汤普森(Denys Thompson)合作的《文化与环境：批评认知的培养》(1933)中提出了文学教育的救赎方案，提供了一套文学鉴别能力和批评意识的训练方法——细读法，建议国家用文化教育来培养大众去自觉抵制大众文化的泛滥。

相比较而言，利维斯的少数派文化比柯勒律治以及阿诺德更具精英主义立场。对于柯勒律治而言，少数派是国家资助的那些普及各类学科履行文化教养的知识分子阶层；对于阿诺德而言，少数派是所有社会阶级能找出来的部分克服阶级局限而具有向往光明和美好的智识之士；但是，“对利维斯来说，这少数派本质上是有一个文学上的少数派，其功能是保持文学传统和最优秀的语言能力”③。与剑桥学派的艾略特将文化定义为整体生活方式的文化概念相比，利维斯的精英文学概念的文化范围缩小了。利维斯后来反思自己精英主义的立场与英文文学的大学体制化有一定的关系，学院化的英文文学批评更是囿于阶级的文化视野而自觉维护本阶级的文化，精英主义的剑桥大学和布鲁姆斯伯里文化圈(Bloomsbury Group)在提倡“伟大的传统”的时候，漠视“同时出现的19世纪二三十年代的工人阶级教育运动、工人阶级作家组织和被文化政治

① F. R Leavis. *Mass Civilisation and Minority Culture*. Cambridge: The Folcroft Press, 1930: 26.

② Q. D Leavis. *Fiction and the Reading Public*, London: Chatto & Windus, 1932: 17.

③ 威廉斯：《文化与社会》，吴松江、张文定译，北京大学出版社1991年版，第327页。

性地遮蔽掉的工人阶级文学遗产，他们开始出版和最后形成了左派‘文学构型’”①，故有学者批评利维斯是“一种小资产阶级的反抗，反抗一个它无以从根本上加以改变或者替代的文化秩序……因此，它是既定文化内部的一种道德主义的反抗，不是标举另一种秩序，而是坚持现存的秩序应当遵守它的诺言”②。

第三节　利维斯主义与文化研究的发端

“文化研究直到20世纪50年代末才成形。它是英国文学批判主义的产物，文学批判这一领域在思想社会中起了非常独特和重要的作用。它不仅是人文科学的中心，是大学教育的核心，而且创造了英国社会的总体性图景。”③利维斯主义对英国马克思主义者文化研究的形成具有四个方面的影响：

第一个方面是直接的影响，进入学院的文学研究提升了文学研究的学术价值和地位，也使得这些学生派的早期马克思主义者接受了严格的文学训练或者文学熏陶，正是在对文学研究的兴趣中，萌发了对苏联共产党的基础与上层建筑的关系反思。利维斯主义在英国“马克思化的十年”的20世纪30年代与发展中的英国共产主义马克思主义批评相结合。④ 活跃于20世纪三四十年代的反法西斯主义的人民阵线是一批大学生，“30年代——大部分历史学家的学生时代——左派激进文化被作家控制，那时许多最有声望的左翼杂志都是文学杂志。40年代末最关键的共产主义理论辩论之一是聚焦于文学和文化批评家克里斯托弗·考德威尔的工作。最重要的是，英国知识分子在对英国文学的阅读中被严

---

① Sally Munt(ed.). *Cultural Studies and the Working Class*. London and New York: Cassell, 2000: 4.

② Francis Mulhern. *The Moment of "Scrutiny"*. London: NLB, 1979: 322.

③ 丹尼斯·德沃金：《文化马克思主义在战后英国》，李凤丹译，人民出版社2008年版，第112页。

④ F. R Leavis. *The Common Pursuit*. Harmondsworth: Penguin, 1962: 182.

格训练”①。实际上，文学文化在整个英国知识分子文化中占有统治地位，如雷蒙德·威廉斯所说，“这种情况在50年代时达到顶峰”②。著名马克思主义历史学家克里斯托弗·希尔就说他对马克思主义学说的最初兴趣来源于马克思主义阐明了玄学派诗歌，并且他承认，由于对17世纪英国文学资料的历史性了解，启发了他拒绝基础/上层建筑的简单二分模式；同样，“维克托·基尔南对马克思主义理论的兴趣与他热爱和尊重英国文学传统密不可分”③，他最早的历史学研究之一是运用马克思主义方法去解读莎士比亚；霍布斯鲍姆在早期就创作短篇小说并发表文学批评，从唯物主义的角度研究包括文学在内的文化生活；爱德华·汤普森的整体思想结构源于文学文化，从汤普森的精神气质和家庭氛围、大学的专业选择以及在他的成人教育的课程中讲授自己的人生经历来看，汤普森是“一名始终力图将文学与历史学融合起来的历史学家”④。

“英国马克思主义思想根源于英国文学文化。”⑤英国马克思主义者从英国文学滋养中获得历史经验，使他们可以很快发现苏联共产党中存在的机械论和教条主义的弊端，“甚至在斯大林制度的最教条化时期，英国共产主义历史学家也从来没有将上层建筑看成仅仅是对经济基础的反映，他们也没有极度轻视政治和意识形态的影响”⑥。这可以视为英国马克思主义者批评经济决定论和还原论、简约论，建立文化唯物主义

① 丹尼斯·德沃金：《文化马克思主义在战后英国》，李凤丹译，人民出版社2008年版，第60页。

② Raymond Williams. *Politics and Letters: Interviews with New Left Review*, London: Verso, 1979: 85.

③ 丹尼斯·德沃金：《文化马克思主义在战后英国》，李凤丹译，人民出版社2008年版，第61页。

④ Harvey Kaye. *The British Marxist Historianss: An Introductory Analysis*. Cambridge: Polity Press, 1984: 171.

⑤ 丹尼斯·德沃金：《文化马克思主义在战后英国》，李凤丹译，人民出版社2008年版，第60页。

⑥ 丹尼斯·德沃金：《文化马克思主义在战后英国》，李凤丹译，人民出版社2008年版，第39页。

的早期工作。事实证明，对马克思主义的基础/上层建筑模式形成颠覆性改造的威廉斯，在1947—1948年与人共同编辑《政治与文学》①杂志的时候，就反对用马克思主义的经济决定论去解读文学文本。

第二个方面的影响是，从柯勒律治、阿诺德到利维斯形成的“文化与文明”传统用“文化”批判对抗资本主义工业现代“文明”的理论模式，与20世纪自卢卡奇以来的人文马克思主义美学对资本主义的批判精神是契合的，本土的文化批判传统极易与“文化”“上层建筑”“意识形态”维度的马克思主义美学研究形成理论共振。所以说，利维斯主义对英国文化研究形成的第二个意义是，利维斯对大众文化的批评和关注，使得工人阶级和马克思主义者关注这个特殊的疆域。这种形成于英国本土文化的《细察》“运用批判的方法普遍地考察社会和文化实践，使对广告、通俗音乐、大众传媒和消费主义的批判考察成为可能”②。利维斯对大众传媒、通俗文化的批判力度远远超过柯勒律治和阿多诺的文学文化批判，利维斯与马克思主义对于资本主义文化的批评是一致的，从客观效果看，利维斯对发生在消费社会的文化变迁和整体生活方式的思考，触发了很多马克思主义者关注大众文化这个领域，威廉斯在《文化是普遍的》一文中深情回忆《细察》杂志对他的影响：“它没有告诉我，我的父亲和祖父是无知的工资奴隶；它没有告诉我，时髦的、繁忙的商业文化（这种文化，我以为它是极其陌生的，以至于很多年来，每当我经过伦敦并看到地下广告和晚报时，我都会有剧烈的头痛）正是我必须追赶的。”③

利维斯主义对大众文化的学院式批判引发了马克思主义者用建设性

① 《政治与文学》因为登载与社会问题有关的“世界上被思考和被了解的最好的思想”，也因为它的文学批判意识而被认为是“左派利维斯主义者”的杂志。参见丹尼斯·德沃金：《文化马克思主义在战后英国》，李凤丹译，人民出版社2008年版，第121页。

② 丹尼斯·德沃金：《文化马克思主义在战后英国》，李凤丹译，人民出版社2008年版，第115页。

③ 丹尼斯·德沃金：《文化马克思主义在战后英国》，李凤丹译，人民出版社2008年版，第124页。

的思路去研究大众文化，“商品经济、传媒技术、现代文化机制本身是一个丰富而充满多种可能性的现实”，英国马克思主义者“对当代文化，特别是大众文化和审美活动的深入研究中，努力寻找一条建设新的文化和新的社会生活的方式和道路”①。英国马克思主义者并不是反对利维斯对消费主义和大众传媒的当代社会图景作出的诊断，也不反对有机社会这个观念本身，而是在给出的处方上发生了分野：《细察》致力于文学教育革命，通过文学精英的少数派这个“文化传教士，就是一支小规模、秘密的文化知识分子队伍，在大学里建立文化前沿阵地”②；而英国马克思主义者却是从工人阶级本身的文化能动性、可能性上找出路，霍加特认为“尽管特别让外人觉得严峻的当代灾难确实存在，但如果工人阶级的群众仍然拥有某些先前的内在抵制，这些灾难的影响就不会始终如外部判断所暗示的那样，始终很严峻”③。反而，霍加特相信工人阶级频繁接触广告和大众传媒的时候，阶级斗争发生了从经济抵抗向文化抵抗的转变。威廉斯以马克思主义历史的观点看待利维斯所警示的当时文化标准的堕落现象，他将这种文化视为与资产阶级相联系的“垂死的文化”，知识分子的任务就是拥护和努力创造“新兴的文化”，“新的意义和价值、新的实践、新的关系及关系类型总是在不断地被创造出来”④。所以，威廉斯批评利维斯忽视了“新的可喜的工作形式、社会进步、教育计划、社会组织的进步形式”⑤，并评价利维斯对有机社会的怀念是一种过去都市幻想症。霍加特和威廉斯对利维斯主义文学批评的

① 王杰：《20世纪英国马克思主义文论的问题》，《湖北大学学报》2008年第1期。

② 约翰·斯道雷：《文化理论与通俗文化导论》(第二版)，杨竹山等译，南京大学出版社2006年版，第45页。

③ Richard Hoggart. *The Uses of Literacy*. New York：Oxford University Press，1970：15-16.

④ 威廉斯：《马克思主义与文学》，王尔勃、周莉译，河南大学出版社2008年版，第132页。

⑤ 丹尼斯·德沃金：《文化马克思主义在战后英国》，李凤丹译，人民出版社2008年版，第125页。

批判和吸收，被他们的继承者伯明翰大学当代文化研究中心第三任领导者约翰生总结为，“在文化研究史上，最早出现的是文学批评。雷蒙·威廉斯和理查德·霍加特在不同方面发展了利维斯强调的文化的社会评价功能，但却把评价从文学转向了日常生活”①。

利维斯主义不仅启发了英国马克思主义从“文化”的研究领域进入马克思主义对资本主义社会的批判，而且利维斯主义对普通大众的文学审美教育思想，启发了英国马克思主义者如何实现马克思主义革命性力量聚集的大众审美启蒙机制的研究。这是利维斯主义对文化研究的形成的第三个方面的影响。利维斯与柯勒律治、阿诺德一样，认为解救工业文明的腐蚀和文化堕落之道在于国家或者教会对大众的文学教育：“学院式文学品位培养看似一桩被人遗忘的事业”，“如果人们还能相信什么，人们就必须相信教育。我们不能……让大众无意识地任由环境熏化；如果想要拯救而使生活令人满意和使思想有价值，人们便必须接受鉴别与抵制的培养”②。利维斯在这里使用的是“大众”而不是柯勒律治的“暴民”，也不是阿诺德的“非利士人”和“群氓”，这种具有模糊色彩的语词代替了贬义词，表达了一种微妙的变化。利维斯主义另一个重要人物利维斯的夫人——Q. D. 利维斯不无感慨地说，“在过去有教养的人认为值得欣赏的小说作品与那些娱乐没有文化的人的作品之间，并不存在明显的或者可以做出明显的二分”③。

进入20世纪以来的大众成为一种非常模糊的概念，“实际上不存在大众，只有作为人民形式的民众”④。随着工业化进程的发展，进入20世纪社会结构的一个显著变化是，劳资对立并不像早期资本主义阶

① 理查德·约翰生：《究竟什么是文化研究》，罗钢、刘象愚主编：《文化研究读本》，中国社会科学出版社2000年版，第4页。

② F. R Leavis. and Thompson. *Culture and Environment*：*The Training of Critical Awareness*. London：Chatto and Windus，1977：3-4.

③ Q. D Leavis. *Fiction and the Reading Public*. London：Chatto and Windus，1932：42-43.

④ Raymond Williams. *Culture and Society* 1780-1950. London：Harper Torchbooks，1958：325.

段表现得那么泾渭分明。这说明了大众文化与工人阶级生活在现实情境中很难决断地区分，“尽管威廉斯相信民众并不有机地与工人阶级生活相联系，他仍然认识到工人阶级从民众文化中得到享受和快乐，民众文化是大众文化的形式”①，“在工人阶级与现存资本主义社会的整合过程中，大众文化扮演了重要角色”②，一种全新的消费文化和传媒文化正在构建出的大众文化抹杀了工人阶级文化与资产阶级文化的差异，大众文化表现为普遍共享的文化形式。早期英国马克思主义者霍加特、汤普森、威廉斯倡导用工人阶级文化抵抗大众文化，“他们认为，产业工人阶级是当代社会的变革力量，动员和组织这支力量，可以与现行资本主义社会的不平等展开斗争，建立一个更加平等的社会”③。但在完成了工人阶级自我文化传统的理论追寻之后，威廉斯发现工人阶级的革命仍然是一场“漫长的革命”，其中一个很复杂的原因就是葛兰西提出的统治阶级对“文化领导权”的争夺过程同时也是与“市民社会”中普通“大众”协商的过程，“大众”模糊的无阶级特征成为葛兰西式有机知识分子文化政治的“飞地”④。英国马克思主义者在思考审美机制的形成过程中，从20世纪60年代文化主义研究范式转向70年代的结构主义，包括80年代转向葛兰西，利维斯主义对大众复杂性和模糊性发出的敏感的喟叹，应该可以说是英国马克思主义者思考阶级在现代文化条件下年龄、性别、种族等具体表征的先声。

利维斯主义对文化研究的第四个方面的影响是方法论上的。第一个方法是文学文本细读的方法。利维斯主义把文学文本的分析方法运用到

① 丹尼斯·德沃金：《文化马克思主义在战后英国》，李凤丹译，人民出版社2008年版，第128页。

② 道格拉斯·凯尔纳：《文化马克思主义和现代文化》，雷保蕊、张春美译，《上海行政学院学报》2006年第5期。

③ 道格拉斯·凯尔纳：《文化马克思主义和现代文化》，雷保蕊、张春美译，《上海行政学院学报》2006年第5期。

④ 飞地，是一个地理名词，指某国家或地区的一小部分，与主要地域单元相分隔，被邻近国家或地区的土地包围的地区。拥有飞地的行政主体，只能“飞”过其他行政主体的属地才能到达自己的飞地。

大众文化上，“甚至到了50年代中期……(仍是)‘利维斯主义’提供出日渐成熟的知识领域，在此基础上，研究大众文化才有可能。历史地看，利维斯主义者的工作非常具有开创意义，是他们首先尝试着把以前仅用于‘高雅’作品的文学分析方法运用到大众形式的分析上来……更为重要的是，利维斯派总的影响是——尽管吸取了‘高雅文化’和‘中产阶级’文化形式的研究方法，但它至少还是对这些文化形式进行了严厉的批评”①。威廉斯不但在授课过程中推崇理查兹、燕卜荪和F. R. 利维斯等人所倡导的文学文本批评，而且威廉斯于1947—1948年与人合作编辑的《政治与文学》被认为是左派利维斯主义者的杂志，它主张用文学文本研究的批判方法分析电影和大众文学。威廉斯的《文化与社会》无疑是用利维斯式文本细读方法解读“文化”观念形成史的典范。霍尔与人合作的成名作，也是他的第一本著作《大众艺术》(1964)，是“利维斯主义文学批评和和明确的(马克思主义)阶级分析有趣的混合”②。霍加特的《识字的用途》用文学批评的方法描绘的工人阶级文化，是利维斯所向往的、未受商业文化污染的有机社会的另一个版本，这“明显归功于利维斯”。③ 威廉斯、霍加特和霍尔等人被称为“左派利维斯”，不仅因为他们在研究领域上与利维斯主义的“大众文化”重合，也因为他们对其文学文本批评方法的吸收。

第二个方法是民族志的方法。在《小说与阅读大众》中，Q. D. 利维斯运用人类学的方法做了大量田野调查：对文学市场、大众的阅读兴趣的调查，包括设计、发放、收集和分析调查问卷，访问图书馆，光顾书摊或报亭等。这种对普通大众日常生活研究的田野调查的研究方法，与历史学和社会学相结合，开创了一种民族志的研究方法。“民族志文化

① Tony Bennett. Popular Culture: Themes and Issues. *Popular Culture U203*. Milton Keynes: Open University Press, 1982: 5-6.

② John Storey. *Cultural Theory and Popular Culture: An Introduction*. Pearson Longman, 2009: 32.

③ John Storey. *Cultural Theory and Popular Culture: An Introduction*. Pearson Longman, 2009: 32.

研究是从被官方学院著作压抑的那些人民的'声音'中，发掘出它们的文化价值、意义和生活世界。"①这种创新性的研究方法被霍加特等左派利维斯主义者所继承与发展，最后形成了文化研究声势浩大的"民族志"(Ethnography)研究。汤普森的《工人阶级的形成》和霍加特的《识字的用途》就是采用典型的民族志的方法，书写工人阶级自我的文化和自我传统的历史。后来伯明翰学派发展出多种不同形式的关于民族志的研究方法："收集和分析口述史，霍布森的媒体受众研究，一系列的民众运动和阶级形成史，以及科亨、威利斯、何博迪的城市亚文化的研究，麦克卢比强烈的女性主义形成意识"②。

第四节　从文化研究到大众文化研究

"面临20世纪较为新式的大众文化形式，马克思主义美学的反应是较为迟缓的。"③虽然英国马克思主义学者汤普森、霍加特、威廉斯在20世纪五六十年代已经确立了文化研究，但大众文化研究直到70年代末期才开始被关注，"从20世纪70年代末期到20世纪80年代初期，英国大专院校的媒体与传播的相关课程中，以符号学/结构主义为主的文本分析传统已经逐渐迈向建制化"④。其中英国马克思主义学者托尼·本尼特在开放大学的"大众文化"课程是大众文化在学院成功建制的标志性事件，随着托尼·本尼特等人正面大力肯定大众文化，大众文化研究在英国各大专院校如同雨后春笋般涌现，并因此出现了英国文化研究在20世纪80年代以"文本、读者(受众)和语境"为重要脉络的大

① Chris Barker. *The SAGE Dictionary of Cultural Studies*. London: SAGE, 2004: 64.

② Graeme Turner. *British Cultural Studies: An Introduction*. London: Routledge, 2003: 144.

③ 戴维·莱恩:《马克思主义的艺术理论》，艾晓明等译，湖南人民出版社1987年版，第138页。

④ 格雷姆·特纳:《英国文化研究导论》，唐维敏译，台湾亚太图书出版社2000年版，第82页。

众文化传媒研究热潮。至此，大众文化才真正得到英国文化研究学界的肯定。

托尼·本尼特在20世纪70年代末期进入文化研究之时，汤普森、霍加特、威廉斯等人的早期文化研究与英国的“文化与文明”传统以及利维斯主义，无论在批判主题还是批评方法上都没有形成完全的决裂。这些利维斯左派在70年代末期遗留给霍尔、托尼·本尼特等文化马克思主义者的任务是如何真正地为大众文化的学理性作出解释。

20世纪60年代英国岛内面对美国大众文化的全球性扩张，早期英国文化研究学者对美国式大众文化如同利维斯主义一样是基本持否定态度的，他们以民族志的方法确立工人阶级自我的文化传统和工人阶级文化，但是在大众传媒时代，大众文化(通俗文化)与工人阶级文化在现实上并不可能产生清晰的区分，所以，出现了早期文化研究学者对大众文化欲迎还拒的纠结的心态。真正对大众文化完全持非批评态度的是霍尔，“旧时的文化已经逝去，因为产生它们的生活方式已经逝去。工作的节奏已经永久性地改变，封闭的小范围的社区正在消失。抵制社区的不必要的扩张、重建地方独创性也许很重要。但是，假如我们想要重新创造一种真正的通俗文化的话，我们只能在现存的社会之内寻找生长点”①。1981年霍尔离开伯明翰大学来到开放大学，与当时正在开设“大众文化”课程的托尼·本尼特联袂，共同推动了大众文化向学院化迈进的进程。对于法兰克福学派的关注，伯明翰中心只有斯莱特写的《法兰克福学派的美学理论》发表在中心刊物《文化研究工作报告》(1974年秋季刊)上，文章中斯莱特对阿多诺文化工业理论提出批评，认为阿多诺文化工业的理论悲观地将大众视为听凭操纵的愚氓、将大众文化视为操纵愚氓的机器。后来托尼·本尼特发表《传媒理论、社会理论》和《“大众”的政治与大众文化》两篇文章批评法兰克福学派与英国的文化批评传统，认为阿诺德、利维斯对大众文化采取了悲观主义的敌对态

① 杨击：《抵制与救赎：两种批判策略的比较研究》，《新闻大学》2004年第4期。

度，“法兰克福学派没有就如何改变现实提出建设性的看法，这就使大众文化的研究，实际上难以为继，变得毫无意义”①。随着托尼·本尼特等人正面大力肯定大众文化，大众文化研究学院化地位得到了确立。

威廉斯等英国新左派继承了利维斯派的文化与文明传统研究的观点，提出工人阶级文化是与“文化与文明”与精英主义文学共存的文化形态，但是对于辨析工人阶级文化与大众文化却存在着困扰。“霍加特、汤普森和威廉斯作为‘文化研究之父’提出了通俗文化或者说工人阶级文化研究，但是他们谁也没有设想将文化研究扩展到‘通俗艺术’的研究领域”②。英国文学研究的学院建制在20世纪二三十年代形成，一直到20世纪六七十年代仍在英语世界的文学批评中牢牢地占据着霸权地位，利维斯主义构成了英国文化研究生长的空间背景。处于早期学术边缘地位的文化研究，并未明确标识出“大众文化”研究的范畴，“文化”实际上是文学、大众文化以及工人阶级文化混杂于一体的模式。英国新左派表现出对大众文化既批判又欢迎的复杂态度：虽然霍加特是从阅读通俗小说开始发生对文化研究的兴趣，但他是批判大众文化的。在霍加特看来，大众娱乐的旧形式是一种“过分富裕生活的表现”，大众娱乐的新形式是“奶酥作品，糕点内部是空的，是空洞的、光明的、无尽耗用”③。汤普森和霍加特就有强烈的工人阶级文化意识，“霍加特对本质上未受到大众文化影响的真正工人阶级经历的欢迎”④。威廉斯在《文化与社会》中并不同意汤普森和霍加特提出的工人阶级文化，他认为“把新的传播手段所产生的大量东西描述为‘工人阶级文化’，是不公平的，也是没有用处的。因为这些东西既不是专门为这个阶级而产生的

① 陆扬：《文化研究概论》，复旦大学出版社2008年版，第37页。

② Andrew Milner. *Reimagining Cultural Studies: The Promises of Cultural Materialism*. London: SAGE, 2002: 4.

③ Richard Hoggart. *The uses of Literacy*. New York: Oxford University Press, 1970: 232.

④ 丹尼斯·德沃金：《文化马克思主义在战后英国》，李凤丹译，人民出版社2008年版，第119页。

东西，也谈不上是这个阶级自己生产的东西”①。所以，威廉斯认为即使是英国传统文化已经支离破碎、萎靡不振，但绝不能制造出一个“‘工人阶级文化’以对立于这个共同的传统”②，这表明威廉斯认识到作为整体生活方式的文化的复杂性，大众文化与工人文化在现实层面很难区分。他从文化的民主性角度提出“共同文化”的构想，《漫长的革命》(1961)中“情感结构”概念继续了“共同文化”的设想，并以经验主义方法正当化了“共同文化”。但是，正如有些学者分析的那样，其概念具有经验的“厚重性”③，实际上威廉斯意识到“情感结构”经验主义模式的非科学性，从而在70年代中期转向语言学模式，最后形成他的文化理论的集大成著作《马克思主义与文学》。④ 70年代中期以来的文化研究的理论任务就是如何为新兴的文化形式“大众文化”的学理性作出说明。霍尔和托尼·本尼特不同于早期文化马克思主义这些“左派利维斯”，“伯明翰中心霍尔的工作和开放大学的工作，他们的‘交流和媒介研究’将通俗文化与文学研究联系起来从而发展出文化研究的新的范式，这成为文化研究重要的遗产”⑤。也就是说，随着托尼·本尼特和霍尔在开放大学的“大众文化”相关理论的建构，英国文化研究实现了从文学到文化再到大众文化的研究对象的确立，在托尼·本尼特看来，威廉斯等左派利维斯对大众文化的复杂和纠结心态在于他们过多地继承了利维斯主义传统，而托尼·本尼特的大众文化研究最初的工作就是要与利维斯主义实现决裂。

早期的英国马克思主义文化研究学者用文学批评的方法建立了一套

---

① 威廉斯：《文化与社会》，吴松江、张文定译，北京大学出版社1991年版，第398页。

② 威廉斯：《文化与社会》，吴松江、张文定译，北京大学出版社1991年版，第400页。

③ 斯图亚特·霍尔：《文化研究：两种范式》，《马克思主义美学研究》第3辑，广西师范大学出版社2000年版。

④ 曾军：《从“葛兰西转向”到“转型的隐喻”》，《学术月刊》2008年第4期。

⑤ Andrew Milner. *Reimagining Cultural Studies: The Promises of Cultural Materialism*. London: SAGE, 2002: 4.

相应的文本理论以及对媒体、大众文化的文本学研究方法。“文化研究发展出来最易辨识，也最重要的理论策略，就是将解读‘文本’的方式应用在‘解读文化产品、社会实践、社会机构’。文本分析原本借助文学研究，而后广泛受到各界重视。”①霍加特在《识字的用途》中，将文学批评的方法用于通俗文化，将流行音乐和通俗书刊等运用文学文本的解读方法加以分析，为早期的文化研究提供了方法上的范例；以文化唯物主义为中心论题的雷蒙德·威廉斯，将文学视为一种特定的语言表意实践，视为审美情境中的“写作”，从而将文学内部研究引入到文化社会学的研究中去。70年代，霍尔主持下的伯明翰学派的“媒介研究更多借鉴结构主义的思路，从文学文本到视觉文本到社会文本”②。托尼·本尼特在霍加特、威廉斯、霍尔的基础上，在当时英国语言学转向的影响下，运用符号学理论建构起一套从历史主义和唯物主义角度说明马克思主义的大众文化文本概念——历史中文本。托尼·本尼特引入葛兰西的文化领导权理论，将大众文化文本视为话语实践进行文化领导权争夺的场域。托尼·本尼特在吸收阿尔都塞的实践论、威廉斯的构形论和福柯的权力话语理论的基础上，把大众文化视为统治集团与从属集团之间发生权力游戏的策略颠覆和包容活动的场域，将文本视为话语符号体系的生产和运作，指出文本这个符号体系与读者、社会结构之间发生动态的相互生产的阅读构形活动。托尼·本尼特建构起文本形式与读者大众、社会历史语境相互生产的构形理论，从而以马克思历史主义的语言学方法，把自足性封闭文本（文本之内）与动态的文本的生产、接受、消费（文本之外）的具体社会历史条件关联起来，说明了大众文化是一种新的文本形式。

---

① 格雷姆·特纳：《英国文化研究导论》，唐维敏译，台湾亚太图书出版社2000年版，第100页。

② 曾军：《从“葛兰西转向”到“转型的隐喻”》，《学术月刊》2008年第4期。

第二章　大众文化作为文本研究的发生学分析

英国马克思主义文化研究学者对大众文化研究价值的确立，并不是简单地逆转法兰克福学派大众文化的批判立场，而是要从理论上阐释大众文化不同于文学经典的学术研究价值。英国马克思主义文化研究学者实现从文学研究到大众文化研究的学术范式的转变，马克思主义文化研究学者扩展了“文本”的内涵和外延，确立起大众文化具有与传统的文学作品一样价值和意义的文本研究地位。本章从历史发生学的层面分析英国马克思主义从文学研究转向文化研究的内在逻辑——20 世纪 70 年代在语言学转向的影响下，英国马克思主义者解构了视文学为文本唯一形态的文本观念，解构了文本是固定不变的“文本形而上学”，实现了将占据英国学院研究正统地位长达半个世纪的利斯主义文学研究向大众传媒的“文化”研究的转轨。英国马克思主义文化研究学者认为，唯有对各种深层逻辑为形式主义理论模式的文本形而上学进行清算与解构，才会迎来 20 世纪 80 年代大众文化研究在英国的鼎盛与繁荣。

大众文化文本学研究发生学分析分为三个层次：第一，20 世纪五六十年代新左派从“文化”主题方面推进的马克思主义在英国的发展，确立了“文化”在马克思主义研究中的重要地位，20 世纪七八十年代大众文化在学院内的成功建制是进一步推进英国马克思主义在“文化”领域对西方马克思主义的理论发展。第二，20 世纪 70 年代阿尔都塞结构主义为英国文化研究带来“从语言到话语”的语言学转向，直接掀起了大众文化的文本学研究热潮。与索绪尔共时性语言观相对应的是静止固化的文学文本观念，而巴赫金历史性语言观则认为，由于语言必须进入话语实践中去才能产生意义，所以语言本身是具有历时性变化的，语言的历史变化表征着意识形态的实践效果。它是由相对稳定的语言进入话语实践的符号系统中完成的，也就是文本进入社会网络中完成文本的意义生产。与历史性语言观相对应的是文本历史性观念，它认为文本作为一种历史范畴必然在新的社会物质条件下发生变化，20 世纪新兴的大众传媒文化就是一种新的文本形态。第三，由于英国“文化与文明”的传统影响，英国马克思主义学者与利维斯主义之间的关系既表现为批判也表现为继承，利维斯主义、阿尔都塞结构主义以及英美新批评归根结底是一种形式主义模式的文本理论，托尼·本尼特的“大众文化”课程的成功建制过程遇到的理论上的阻碍是文本固定化和非历史化的“文本形而上学”(Metaphysic of Text)。上一章已经阐释了英国马克思主义文化研究与利维斯主义精英主义文学研究之间是一种“尚未完成的决裂”，真正实现这种决裂、完成从文学研究向文化研究范式转化的是托尼·本尼特的“大众文化”课程建制以及从文本学角度确立起大众文化的研究价值。

第一节 “文化”主题的批判与超越

英国马克思主义因其在文化主题上的贡献而被丹尼斯·德沃金称为“文化马克思主义”，戴维·麦克莱兰则视英国马克思主义为阿尔都塞之后最重要的马克思主义，英国马克思主义的贡献在于文学和历史方面对西方马克思主义文化主题的继承性发展。不同于欧洲大陆马克思主义者是哲学家，英国马克思主义者多是历史学家、文学家和文化理论家，他们更受英国的经验主义美学传统的影响，反对对概念作一般化的理解。马丁·杰伊在《马克思主义和总体性》中指出：“大陆马克思主义与英国马克思主义的一个非常重要的区别，实际上是大陆马克思主义给予了总体性概念以更大的重要性。”①虽然英国马克思主义深受苏联共产党

① 丹尼斯·德沃金：《文化马克思主义在战后英国》，李凤丹译，人民出版社 2008 年版，第 9 页。

的影响，但是他们的马克思主义观并非全部是教条主义的，他们能够依据自己的历史经验和理论需要很快地进入马克思主义理论的内部，抓住马克思主义的方法论实质。英国文化研究最丰硕的成果是文化唯物主义，它的要旨是注重工人阶级文化经验在社会实践中文化意义生产的积极性，认为文化实践也像经济一样具有基础性的生产作用，这样就解构了庸俗马克思主义的基础与上层建筑的二元对立模式，批评了庸俗马克思主义的经济决定论、经济简化论和阶级结构论。

对于英国马克思主义与西方马克思之间的关系，汤普森早在1965年与佩里·安德森的论战中就表达了这样的观点："作为吸收和拒斥的模式之一，我们的文化中既弥漫着马克思主义也包括反马克思主义"①。这句话非常准确地指出了西方马克思主义与英国马克思主义的总体关系——一方面，它继承了西方马克思主义的"文化"主题，另一方面，英国马克思主义的成长是与对苏联模式庸俗经济决定论的马克思主义的反思联系在一起的。这具体表现为英国文化领域的两个著名的事件：其一是"考德威尔的论争"②。这场论争主要按照斯大林主义来讨论考德威尔是否一个严格意义上的"正统"马克思主义者。威廉斯评价这场论争的重点并不应该在于考德维尔是否属于马克思主义者。他认为考德维尔作为20世纪30年代的马克思主义文学批评家，不仅按照苏联共产党强调的政治和经济因素去思考文学现象，而且试图解释上层建筑的作用。其二是新左派的诞生。"大致说来，新左派产生于其间的环境便是消费资本主义与冷战"③，1956年的苏联共产党第二十次代表大会中（以下简称苏共二十大）赫鲁晓夫对斯大林的控诉，苏联军队入侵匈牙利、苏

① 戴维·莱恩：《马克思主义的艺术理论》，艾晓明等译，湖南人民出版社1987年版，第162页。

② 威廉斯在《文化与社会》中提到"考德维尔的论争"，指1947—1951年以当时英国马克思主义者的理论刊物《现代季刊》（*Modern Quarterly*）为阵地，就如何对待考德威尔的美学遗产问题而展开的激烈争论。参见威廉斯：《文化与社会》，吴松江、张文定译，北京大学出版社1991年版，第352~356页。

③ Lin Chun. *The British New Left*. Edinburgh：Edinburgh University Press，1993：1.

伊士运河事件，引发了新左派对社会发展道路的重新思考和深刻反省，他们不再盲目相信斯大林主义。新左派的诞生就是英国马克思主义历史学家面对苏联共产党带来的“政治上的精神崩溃”①的理论困境，思考英国共产党未来发展方向的结果。新左派“文学和历史批评的核心是对旧式马克思主义的批判。第一批新左派的主要冲动是反对斯大林主义和对‘价值’的重新发现，但后来贯穿整个‘马克思主义危机’的连续线索是对经济主义的批判”②。

从实践上看，英国马克思主义因英国文化研究的重要影响而成为马克思主义发展的当代形态。“马克思在英国工作和生活了 30 年以上，但是这一事实无补他的思想在英国左派中传播，在 1880 年以前除了极少数人以外，大多数不懂德语和法语的人都没有接触到马克思主义的学说。”③第一个在英国传播马克思主义的是 H. M. 海因德曼，他是 1883 年成立的社会民主联盟的领袖。一直到一战之前，社会民主联盟的成员也仅仅只有一千多人。但是，英国马克思主义者在 20 世纪 20 年代之后经历了很多重要的政治活动：20 世纪三四十年代的人民阵线、1946 年的共产党历史学家小组的成立、50 年代末 60 年代初的新左派运动和核裁军运动、1968 年的反正统文化政治活动和学生政治活动、70 年代的女权主义运动和反种族运动，英国马克思主义的重要特点就是理论与实践紧密结合。英国马克思主义者直接介入到工人阶级和激进的政治运动中去，使英国成为马克思主义发展的新的理论重镇，“尽管在英国还没有基础广泛的马克思主义政治运动，但对于马克思主义理论却作出了重大的贡献。这些贡献策中表现在英国知识分子历来所关注的焦点上，即

① 丹尼斯·德沃金：《文化马克思主义在战后英国》，李凤丹译，人民出版社 2008 年版，第 66 页。

② 理查德·约翰生：《究竟什么是文化研究》，罗刚、刘象愚主编：《文化研究读本》，中国社会科学出版社 2000 年版，第 4 页。

③ 戴维·麦克莱兰：《马克思以后的马克思主义》，林春、徐贤珍译，东方出版社 1986 年版，第 332 页。

文学、历史学和经济学这三个领域中”①，“英国文化研究者的成功，他们的国际性影响（尤其是在北美）创造了‘前所未有的国际性繁荣’”②。

从理论上看，英国马克思主义实现了在与西方马克思主义对话、反思、批判基础上的继承和发展关系。自 20 世纪 20 年代到 70 年代，一大批马克思主义理论家——葛兰西、卢卡奇、本雅明、阿多诺、霍克海默、马尔库塞、阿尔都塞、马歇雷、戈德曼都从不同的方面关注审美和文化分析问题，他们以“文化”“意识”为马克思主义理论的研究中心，这些理论被人们称为“西方马克思主义”，“西方马克思主义渐渐地不再从理论上正视重大的经济或政治问题了”③，这是区别于马克思的《1844 年经济学哲学手稿》未被发现之前的马克思主义的地方。我们可以看出西方马克思主义的几个特征：（1）试图将文化的解释纳入马克思的理论框架之中。（2）西方马克思主义要对一个重点问题作出解释：马克思曾预言革命是不可避免的，但至今革命仍未到来。（3）具有很强的人文主义特征。西方马克思主义吸收马克思《1844 年经济学哲学手稿》中的思想，在研究中关注的是人的经验、意识、自由、集体联系、异化、创造性。④“西方马克思主义作为一个整体，当它从方法问题进而涉及实质问题时，就几乎倾全力于研究上层建筑了。而且，最常为西方马克思主义所密切关注的，拿恩格斯的话来说，是远离经济基础、位于等级制度最顶端的那些特定的上层建筑层次。换句话说，西方马克思主义典型的研究对象，并不是国家或法律。它注意的焦点是文化。”⑤正是在这个基

---

① 戴维·麦克莱兰：《马克思以后的马克思主义》，林春、徐贤珍译，东方出版社 1986 年版，第 334 页。

② 丹尼斯·德沃金：《文化马克思主义在战后英国》，李凤丹译，人民出版社 2008 年版，第 3 页。

③ 佩里·安德森：《西方马克思主义探讨》，高铦等译，人民出版社 1981 年版，第 96 页。

④ 菲利普·史密斯：《文化理论：导论》，张鲲译，商务印书馆 2008 年版，第 58 页。

⑤ 佩里·安德森：《西方马克思主义探讨》，高铦等译，人民出版社 1981 年版，第 96~97 页。

础上，威廉斯、汤普森等英国马克思主义者不仅继承了审美、精神、文学、文化等西方马克思主义的核心主题，而且从理论上说明了文化作为上层建筑的相对独立性，“文化马克思主义者首要关注的是：重新定义结构和动力之间的关系……重新定义社会斗争，阐明与发达资本主义社会中民主的和社会主义的政治相适应的新的抵抗形式。在这个计划中，处于核心地位的是‘文化’。它一方面认识了这种政治被重新思考的领域，另一方面认识到与主流马克思主义传统——尤其是斯大林主义、机械主义和经济主义——划清了界限”①。霍尔谈到英国对阿尔都塞和葛兰西的马克思主义的接受，是因为“他们试图展开一个非化约论的马克思主义概念，从‘最终时刻的经济层面’来思考多元决定论，而不再拘泥于决定论。它们也尝试思考更多元、更民主、更具文化反思性的权力概念”②。

第二节　语言学转向与大众文化文本研究的热潮

“毋庸置疑，文化研究成功地成为大学里的一门学科或者学系，在于它借鉴了英国文学研究的文本中心的学科方法。”③文学研究的文本分析方法是英国文化研究的一种主要研究方法，并随着文化研究的兴起与建制化，原来利维斯主义用于文学研究的文本方法被广泛运用到大众文化研究。可以说，在早期英国文化研究阶段，精英主义的文学研究与平民色彩的大众文化研究是共存发展的。1963 年，伯明翰大学现代英国文学教授霍加特是作为诗人奥登的研究专家被评为教授的；霍加特的就职演说发表在《彼此言说》(*Speaking to each Other*)第二卷，就职演说的副标题为“论文学”(About Literature)；霍尔在成为《新左派评论》编辑

---

① 丹尼斯·德沃金：《文化马克思主义在战后英国》，李凤丹译，人民出版社 2008 年版，第 5 页。

② Stuart Hall，陈光兴：《文化研究：霍尔访谈录》，唐维敏译，台湾远流出版社 1998 年版，第 163 页。

③ Chirs Barker. *Make Sense of Cultural Studies*. London：SAGE，2002：183.

之前写的博士论文就是关于小说家亨利·詹姆斯的；在后殖民研究领域享誉赫赫的赛义德、霍米·巴巴和斯皮瓦克都是文学批评家。虽然霍加特以及伯明翰大学当代文化研究中心的计划远远超出了文学，但他创立该中心的本意却并非取消文学研究，而只是要扩展其边界，而真正实现从文化研究向大众文化研究拓展的学术工具则是结构主义语言学。

进入20世纪70年代以来，英国文化研究对西方马克思主义的接受主要表现为与阿尔都塞结构主义之间的对话关系。① “现在的激进理论在于马克思主义的历史视角的介入，得益于1968年的革命，包括克里斯蒂娃对英国的影响。”②菲利普·戈德斯坦(Philip Goldstein)将这些受结构主义马克思主义影响的英国马克思主义者称为“后马克思主义者”，“他们并没有形成一个流派或者运动，但是他们有一个共同点就是重新解读阿尔都塞和福柯的理论”③。阿尔都塞的《意识形态与意识形态国家

① 这种对话的关系很复杂，表现为英国马克思主义内部对于马克思主义的不同理解，汤普森《工人阶级的形成》(1964)发表的第二年，就遭到了安德森、奈恩等第二代新左派比较激烈的批评；论战的高潮是1978年的“汤普森和安德森的论争”，汤普森撰文《理论的贫困》反击安德森、柯亨等第二代新左派，为英国工人阶级文化的“经验”“动力”进行辩护，并嘲讽安德森仿效阿尔都塞的“结构主义马克思主义”是非历史唯物主义的。作为回应，安德森于1980年出版《英国马克思主义的内部争论》一书予以辩护，并指出汤普森的工人阶级形成学说忽略了经济基础的客观决定作用而过分强调了文化传统的能动作用。而当时的伯明翰大学当代文化研究中心也参与了这场论争。1979年12月的历史学研讨会上，斯蒂芬·约、汤普森与安德森、约翰生、霍尔进行了激烈的讨论。讨论的结果是霍尔、约翰生和安德森这一派对阿尔都塞加以肯定和接受，并将霍加特、汤普森和威廉斯的理论贡献称为“文化阶段”，而1968年后的左派知识分子是受大陆马克思主义和法国结构主义的影响，他们代表的是“理论阶段”。在70年代中期以后，一方面是阿尔都塞主义在英国的爆发流行，另一方面也出现反对、谴责阿尔都塞主义的声音，例如经济学家西蒙·克拉克认为很多英国马克思主义者因为不满于阿尔都塞主义而退出了马克思主义。霍尔和约翰生、托尼·本尼特等人试图改变当时本土的威廉斯和汤普森文化主义与这场外来的结构主义两种模式的水火不容的局面，试图以葛兰西的领导权理论克服文化主义和结构主义的理论对立。

② Peter Widdowson. *Radical Critical Theory and English*. John Hoyles (ed.) *Re-reading English*. London: Methuen, 1992: 44.

③ Philip Goldstein. *Post-Marxist Theory: An Introduction*. New York: State University of New York Press, 2005: 2.

机器》作为1968年五月风暴失败后的理论回应，说明了意识形态国家机器对人的再生产或者说主体再生产的机制是资本主义国家更有效的监控手段。在这种背景下，阿尔都塞的结构主义在英国迅速得到传播，阿尔都塞的《保卫马克思》和《读〈资本论〉》的英译本分别于1969年和1970年出版，它们成为第二代新左派争相模仿的马克思主义范本。①

与阿尔都塞的“主体”概念密切关联的是主体与语言学的关系，在语言学模式中，主体是由语言建构的，这是意识形态生产主体的主要方式，法国的后结构主义者福柯、克里斯蒂娃、罗兰·巴特的话语理论为语言学分析模式，这些话语理论研究主体是如何被意识形态建构的提供了依据。所以“伯明翰的研究可以归入三个主题：文本研究，以大众媒体及其再生产霸权与意识形态的方式为对象”②。20世纪60年代英国马克思主义者霍加特、威廉斯和汤普森等人都用文本分析的方法解读文学范围之外的流行歌曲、流行小说等工人阶级文化形式，确立了以文本方法研究文化形式的研究范式。英国文化研究学者对阿尔都塞的结构主义的马克思主义的接受，体现为“意识形态不仅要通过语言和再现系统来研究，而且也要通过它的物质形式，如它的体制和社会实践方式来研究，这种思想推动了伯明翰学派开展的对电视的社会运作机制及其制度史的广泛研究，并取得了重要成果”③。所以，阿尔都塞结构主义马克思主义对英国文化研究的影响，具体来讲是以语言学模式切入到媒体产品与流行文化形式的分析中，“结构主义对英国文化研究初期的影响，其实主要并不是刺激某种文化理论的成形，而是建立一套语言理论”④。在20世纪六七十年代，英国文化研究受整个语言学方法的影响和感召，

---

① 麦克莱伦：《历史与现在：马克思和马克思主义》，《世界哲学》2005年第1期。

② 菲利普·史密斯：《文化理论：导论》，张鲲译，商务印书馆2008年版，第236页。

③ 罗钢、刘象愚：《前言：文化研究的历史、理论与方法》，罗钢、刘象愚主编：《文化研究读本》，中国社会科学出版社2000年版，第14页。

④ 格雷姆·特纳：《英国文化研究导论》，唐维敏译，台湾亚太图书出版社2000年版，第6页。

一大批语言学著作得到了翻译，1968年巴特的《符号学要义》在英国出版，随后《神话学》于1972年面世，艾柯的《电视资讯的结构性探讨》一文也于同年出现。① 在语言学转向的影响下，英国著名的梅休因（Methuen）公司②出版了一套丛书，包括《结构主义与符号学》（*Structuralism and Semiotics*）、《语言学和小说》（*Linguistics and the Novel*）、《解读电视》（*Reading Television*）、《语言与风格》（*Language and Style*）、《亚文化：风格的意义》（*Subculture：the Meaning of Style*）。托尼·本尼特的《形式主义与马克思主义》是其中的力作，托尼·本尼特在此运用巴赫金历史性语言哲学解构了存在于形式主义与西方马克思主义的"文本形而上学"（metaphysic of text），并指出文学作为历史范畴，大众文化是文本概念在当代的必然延伸。

英国文化研究最先讨论的是索绪尔的语言学理论，20世纪70年代中后期，伯明翰大学当代文化研究中心成立了"语言和意识形态"小组，巴赫金的《马克思主义与语言哲学》才成为文化研究的主要讨论文本，"葛兰西对文化研究的转向非常重要，但是主要的文本无疑是巴赫金的《马克思主义与语言哲学》。该书由研究会出版社在1973年翻译成英文，并对我们的研究产生了决定性的深远影响"。它的意义在于，"《马克思主义与语言哲学》提供了一种新视角——语言学研究和文化研究的融合"③。巴赫金"把整个语言问题放到马克思主义那种总体的理论格局当中加以重新考虑"④。巴赫金的语言理论不同于索绪尔语言学之处在

① 格雷姆·特纳：《英国文化研究导论》，唐维敏译，台湾亚太图书出版社2000年版，第100页。

② Methuen出版公司在英国的文化研究发展史上具有重要地位，自20世纪70年代中期以来，它出版了大量文化研究和文学理论研究的书籍，成为目前活跃在文化研究理论界重要人物著作的发源地。从它的出版简讯和书店里的布告栏，就可以使读者了解文化研究的面貌，整理Methuen出版公司出版的书目就可以建构出一幅文化研究发展变化的学术地图。

③ 凌建侯：《巴赫金哲学思想与文本分析法》，北京大学出版社2007年版，第94页。

④ 威廉斯：《马克思主义与文学》，王尔勃、周莉译，河南大学出版社2008年版，第35页。

于：索绪尔强调语言表意系统中能指与所指之间的关系是约定俗成的固定性关系；而巴赫金强调语言的历史性和动态性，把语言放到了马克思主义的理论框架下来认识，语言符号作为能指和所指的结合体“是由那些处在某种持续的社会关系之中的现实个体彼此之间进行的这种持续的言语活动所造就的”①。巴赫金历史性语言学的观点对于发展马克思主义文学理论具有深远的意义，强调语言是历史性的，同时认为语言作为表意实践是一种社会活动。对于英国马克思主义文论而言，巴赫金的决定性贡献在于，他关于语言意识形态性、语言历史性的观点是超越反映论和表现论发展英国马克思主义文学理论的重要途径。在巴赫金的影响下，威廉斯的《马克思主义与文学》、托尼·本尼特的《形式主义与马克思主义》从马克思主义语言学的角度去解构“文本形而上学”，颠覆形式主义文论中静止、固态化的文本概念，说明文本作为一种历史范畴必然在新的历史条件下发展出新的文本形式。马克思主义文学理论要成为“文学”的理论，必须撬开文本之内的“语言”的缝隙从而进入文本之外的“话语实践”的社会学分析，否则马克思主义文学理论依然只是马克思主义理论(社会学理论)，而不是将文学视为以语言为载体、具有审美特质的文学理论。

对于巴赫金而言，语言是多重声音的、对话的，语言还是意识形态斗争和矛盾的战场。“语言的真正现实不是语言形式的抽象体系，不是孤立独白型话语，也不是它所实现的心理生物行为，而是言语相互作用的社会事件，是由话语及话语群来实现的。”②威廉斯高度评价了英国的这场语言学转向的重要价值：“《马克思主义与语言哲学》在普遍的理论转型中扮演了决定性的角色，即从‘基础/上层建筑’的修正版本的黏稠

① 威廉斯：《马克思主义与文学》，王尔勃、周莉译，河南大学出版社 2008 年版，第 37 页。

② 巴赫金：《马克思主义语言哲学的道路》，张杰选编：《巴赫金集》，上海远东出版社 1998 年版，第 239 页。

调情转型为彻底的体现话语/权力概念的意识形态”①。威廉斯把文化主义定义为“通过考量特定的社会结构意义与价值的生产与再生产过程，将语言和交流视为影响社会发展的主要力量，强调分析制度和形式之间以及社会关系与表面的惯例之间的复杂互动关系”②。“语言”与“社会”不是各自封闭存在的，而是一种存在于社会中具有能动性的历史性语言。在威廉斯看来，语言的符号系统是一种特定的意识形态实践，文学文本作为符号形式要素与它的表意对象之间的关系是类似于索绪尔的能指和所指的约定俗成的关系，这种关系不是任意的，文本形式要素进入具体的言语社会实践这个“符号系统”方能完成意义的表达活动。在这个意义上，伯明翰学派中对语言的意识形态化也即“巴赫金的意识形态符号”概念的理论引进，从学理上分析，就是在接受语言向话语理论转向中，将静止的、封闭的文学文本引入能动的、变化中的社会关系中去把握，因为文本分析和阐释的主要工具是语言和符号，语言与符号是建立在文化和社会中产生意义的，“文化本身就是一套表意系统，而‘意义’就是这个表意实践决定的产物”。结构主义的语言学方法不仅仅为文化研究提供操作方法上的运用——媒介研究的符号分析，同时也扩大了文本的概念范畴——从文学产生的意义结构网络之中去分析文学文本，文本走出纯文学自足范围而走向文本的社会性分析。

总之，伴随着语言学转向，大众文化形式作为文本的符号分析兴起了。英国文化研究学者用符号学、结构主义中的语言学再现系统模式研究新兴的大众传媒文化，一般说来，收录于《文化、媒介、语言》中霍尔的《电视论述中的编码和解码》(*Encoding and Dececoding in Televison Discourse*)被视为大众文本、读者(包括受众)的研究起点，同时期出现了托尼·本尼特与沃考特合作的《邦德及其超越：一个大众英雄的政治生涯》、费斯克与哈德利合著的《理解电视》、莫里的《全国受众》等影响

① Stuart Hall. “For Allon White：Metaphors of Transformation”. *Stuart Hall：Critical Dialogues in Cultural Studies*. London and New York：Routledge，1996：295-297.

② Raymond Williams. *Problems in Materialism and Culture：Selected Essays*. London：Verso，1980：242.

巨大的大众文化文本研究和受众的研究，形成了“文本、语境与话语”① 文化研究的主题。

第三节　超越文本形而上学

20 世纪 70 年代末期在英国学院中占据正统地位的是利维斯主义和英美新批评，阿尔都塞的结构主义也开始被积极引介，这些文论虽各具理论形态但都持精英主义的立场，批判和否定大众文化。真正对大众文化进行认真研究的是法兰克福学派，他们却以精英主义的立场将大众文化视为资本主义社会的“文化工业”。按照阿多诺的说法，包括艺术在内的文化生产是“为大众消费量身定做的，并在很大程度上决定了消费的性质”②。文化工业导致的是艺术的商品化：“文化工业抛弃艺术原来那种粗鲁而又天真的特征，把艺术提升为一种商品类型。它变得越绝对，就越会无情地把所有不属于上述范围的事物逼入绝境，或者让它入伙，这样这些事物变得更加优雅而高贵，最终将贝多芬和巴黎赌场结合起来。”③阿多诺认为，“文化工业”实际上就是满足受众的一种纯粹文化消费品，受众在其间得到感官的满足和对精神空虚的暂时性补偿。艺术家成为生产消费品的制造者，艺术品成为没有思想和精神深度的商品，艺术家考虑的是生产出来的艺术品如何去迎合大众低俗趣味而受市场的欢迎。

此外，托尼·本尼特发现马克思主义文学理论同样对大众文化持否定态度：“在马克思主义批评内部，通俗文学一直是一个被忽视的研究

① 格雷姆·特纳：《英国文化研究导论》，唐维敏译，台湾亚太图书出版社 2000 年版，第 27 页。

② T. W. Adonrno. *The Culture Industry*: *Selected Essay on Mass Culture*. London: Routledge, 1991: 85.

③ 霍克海默、阿多诺：《启蒙辩证法》，渠敬东、曹卫东译，上海人民出版社 2006 年版，第 151 页。

领域，马克思主义批评的注意力无可置疑地主要集中于经典化了的传统。”①卢卡奇对大众文化未置一词，戈德曼只分析“伟大的作品”，阿尔都塞只对“真正的艺术”感兴趣，英国马克思主义主要是从工人阶级、少数民族等被压迫群体的日常生活经验出发来研究大众文化的审美启蒙的能动性意义。这样，在托尼·本尼特、霍尔等人对大众文化的学科化建制过程中，摆在这些后继的文化马克思主义学者面前的一个理论问题就是，如何为大众文化这种具有启蒙和革命能动性的文化形式给出学理上的依据？大众文化研究成功地进驻学院建制，这背后必然经历着与当时占据学院正统的文学研究模式的一场研究方法上的决裂。流行小说、摇滚音乐、电影、电视等大众文化形式，如何理论地确立它们的研究地位？

与此不同的是，20 世纪 70 年代末到 80 年代初，托尼·本尼特在开放大学开设“大众文化”课程获得成功，使开放大学成为当时文化研究的第二重镇(第一重镇为伯明翰大学当代文化研究中心)。托尼·本尼特为“大众文化”的学科化作出了贡献，他解构了将文本反视为文学经典的带有文本静止化和文本封闭性特征的“文本形而上学”。“60 年代和 70 年代，英国马克思主义者致力于与欧洲文学理论、哲学理论和社会理论传统的拥护者进行批判对话，而这种对话为英国文化马克思主义的发展产生了不可磨灭的影响”②。我们可以看到，英国马克思主义学者从英国本土的问题出发，积极地与西方马克思主义对话，英国学者在 20 世纪 90 年代回顾总结这段历史的发生机缘的时候，深有感慨地说：

> 20 世纪 60 年代激进理论在英国的转折得益于威廉斯和伊格尔顿对文化、文学理论的发展。它打破了美国的新批评以及英国本土

---

① 托尼·贝尼特：《马克思主义与通俗小说》，马尔赫恩编：《当代马克思主义文学批评》，刘象愚等译，北京大学出版社 2002 年版，第 202 页。

② 丹尼斯·德沃金：《文化马克思主义在战后英国》，李凤丹译，人民出版社 2008 年版，第 9 页。

利维斯主义。20世纪60年代激进理论不断摇摆于阿尔都塞的客体和汤普森的主体两种马克思主义之间。巴赫金的理论铺设了文本的政治实践，文学批评可以同时避免马克思主义粗浅的社会学和简约论的形式主义诗学。美国的詹姆逊写作《语言的牢笼》用阿多诺反对卢卡奇的观点，英国的托尼·本尼特在这方面也做了有意义的对话，虽未完成但富有成果。①

托尼·本尼特从文本学的角度建立大众文化的学院研究价值，必然先要解构精英主义文学文本理论，尔后建构大众文化文本学地位。“我的第一本书《形式主义与马克思主义》是站在马克思主义框架之内来写的”②。《形式主义与马克思主义》发表于1979年，它是托尼·本尼特在英国开放大学开设“大众文化”课程的教学笔记的基础上形成的，它是英国梅休因(Methuen)出版公司出版的“新声音”(New Accents)书系中的一本，“新声音”书系致力于“新的理论分析，揭示了以前我们所继承的盎格鲁—美国的批评方法的局限所在，新的文学观念和方法被提出，文学怎样与我们的社会发生联系，新声音致力于这些问题”③。英国学界总结英国20世纪70年代中期以后英国文化研究的兴起得益于“现在的激进理论在于马克思主义的历史视角的介入”④，托尼·本尼特认为要发展马克思主义文学理论就必须以一种真正的马克思主义历史化的方法“与美学决裂”，即与康德式抽象无历史的自律美学决裂，“不把文学描述为一种普遍的表征模式”，“把文学的作用视为特定社会意识形态

① Peter Widdowson. “Radical Critical Theory and English”. John Hoyles(ed.). *Re-reading English*. London: Methuen, 1992: 44-45.

② 托尼·贝内特:《英国文化研究的另一种范式——托尼·贝内特学术自述》，黄望译，《洛阳师范学院学报》2007年第4期。

③ Peter Widdowson. “Radical Critical Theory and English”. John Hoyles(ed.). *Re-reading English*. London: Methuen, 1992: vii.

④ Peter Widdowson. “Radical Critical Theory and English”. John Hoyles(ed.). *Re-reading English*. London: Methuen, 1992: 44.

条件决定的一系列历史的具体语境中写作实践的结果，而非具普遍性的东西”①。

托尼·本尼特以马克思主义唯物主义和历史主义的观点超越形式主义理论模式文论中的文本观念——盛行于当时英国学院研究中的利维斯主义、阿尔都塞马克思主义、新批评，这些文论潜存着将文本本质主义化的“文本形而上学”的理论趋势：“即假定文本具有一种由其来源时的环境所标志和所决定的一劳永逸的存在，和与其他文本的一劳永逸的关系。”②将文本视为固定静止对象而否认文本随着历史条件和社会机制的变迁而发生变化，这是它们这些带有精英主义立场的学院派文论之所以对大众文化持否定态度的根本原因。所以，要成功地解释新兴的大众文化的文本学研究价值和研究意义，必须批判盘踞于利维斯主义、阿尔都塞马克思主义、新批评派中静止、自足、封闭的文本观念。

确立大众文化的文本学价值首先要超越的对象是本土的利维斯派。但是要想在占据学院中心的新批评和利维斯主义文学研究中另辟蹊径为大众文化研究建纲立制、阔疆辟壤，大众文化研究的学术范式就必须要从根基上颠覆利维斯派文学研究的逻辑。“批判新批评和利维斯主义的问题在于如何建立一种新的视角，反对是简单的摧毁，巴赫金与其说是拒绝它还不如说是在使用它，与其说是使用它不如说是改变它。相似的维度就是对利维斯主义的马克思主义的态度。超越(beyond)意味着穿越(through)。”③由于早期文化研究与利维斯派文学研究过于紧密的传统关联，这种割裂表现出一种辩证的方式：在批判的基础上的继承，在超越基础上的整合。一方面，托尼·本尼特在理论上解构了潜存于利维斯派、新批评、从卢卡奇到阿尔都塞的西方马克思主义中的“文本形而上

① 托尼·贝内特：《英国文化研究的另一种范式——托尼·贝内特学术自述》，黄望译，《洛阳师范学院学报》2007 年第 4 期。

② 托尼·本尼特：《文化与社会》，王杰等译，广西师范大学出版社 2007 年版，第 4 页。

③ Peter Widdowson. “Radical Critical Theory and English”. John Hoyles (ed.). *Re-reading English*. London: Methuen, 1992: 44-45.

学”，即文本脱离社会和文化、历史而存在的形式主义趋向。另一方面，托尼·本尼特在批判的基础上又提出继承和整合形式主义模式、无历史向度文学理论中的“文学性”的问题，在坚持文学具有审美自律、“文本”作为话语实践的优先性的前提下，将自足性文本视为特定历史制度话语实践的场域，从而使形式主义的“文本”分析走向社会制度和话语的历史性“文学”分析。这样，托尼·本尼特的“大众文化”研究，真正实现了对利维斯主义的继承与批判的整合，也使自足性“文本”延伸到社会与文化的领地，社会性文本最终改写了精英主义文学文本概念，从而在理论上解释了作为大众文化的社会文本的合法性地位。

“阿尔都塞关于文学和意识形态关系的分析同俄罗斯形式主义理论家关于文学作为一种‘陌生化’实践(a practice of defamiliarization)的观点惊人地相似。”①70年代阿尔都塞的结构主义马克思主义在英国的广泛传播，引起了托尼·本尼特对结构主义与形式主义之间关系进行研究的兴趣。在20世纪文学理论流派中，与注重文学文本的形式要素理论有着血缘关系的是形式主义文论。虽然俄国形式主义在20世纪20年代、法国结构主义在20世纪50年代分别已经形成，但是一直到1955年维克托·埃利希的《俄国形式主义：历史与理论》发表，形式主义才被介绍到英美国家。并且，俄国形式主义在英美世界的“被发现”是因为50年代法国结构主义的兴起，因为结构主义与形式主义一样以索绪尔的语言学为分析模式。“俄国形式主义的核心人物(除早已移居国外的人如雅克布森等外)的主要论著却一直到60年代中期之后才陆续译成英语……法国结构主义的经典著作的英译本和详细介绍结构的来龙去脉和基本理论的专著都到70年代中期，甚至更晚才出现。”②这些文论虽然理论模式各异但有一个共同点，“形式主义和新批评派都把文学文本作为自主的(或‘目的存在于本身的’)客体。在他们看来，只有把文本从

① 王杰、托尼·本尼特：《美学、社会、政治——托尼·本尼特访谈录》，《文艺研究》2011年第3期。

② 钱佼汝：《语言的牢笼·译者前言》，詹姆逊：《语言的牢笼》，钱佼汝等译，百花洲文艺出版社1995年版，第1~2页。

其作者和语境中分离出来，批评家才能进行正当的有力和客观的分析。……直到20世纪70年代才受到严肃的挑战"①。对形式主义模式的这些非历史性的文论进行挑战的是当时的英国马克思主义文论。

托尼·本尼特通过批判"文本形而上学"，使静止、封闭的自足"文本"延伸到社会与文化的领地，确立了在大众传媒时代大众文化作为新的社会物质条件下"文本学"的研究价值，颠覆了文本仅仅局限于精英主义文学作品的"文本"概念，大众文化最终登入大学讲坛而具有与文学一样的文本学价值，也改变了马克思主义对大众文化的批判立场，从而理论上解释了大众文化作为社会文本的合法性地位。

① 拉曼·塞尔登：《文学批评理论——从柏拉图到现在》，刘象愚等译，北京大学出版社2003年版，第269页。

第三章　历史中的文本

“英国的马克思主义学术研究直到50年代仍然以苏联的正统阐释为全貌，对欧陆西方马克思主义的新进展所知不多。”①1956年苏联出兵镇压匈牙利革命事件以及英国工党政府勾结法国和以色列发动的臭名昭著的苏伊士运河事件直接触发了英国的新左派运动，这意味着英国马克思主义开始走出苏联模式的庸俗马克思主义，探讨从文化上发展马克思主义的方向，最后形成了以汤普森、威廉斯与霍加特为代表的“文化主义”研究。汤普森发掘工人阶级的自我阶级意识，霍加特追寻工人阶级自我的文化传统，威廉斯发展文化唯物主义以反对经济决定论。在文化研究的早期阶段，这些文化马克思主义者秉承英国经验主义传统，主要以历史学、民族志、社会学的方法确立和发展了文化研究领域，但真正完成文化研究的学院研究价值说明，直到20世纪70年代在结构主义语言学转向的影响下，建构大众文化的文本理论这种文学理论方法才告罄。本章力求阐释托尼·本尼特在大众文化课程的建制过程中，怎样运用巴赫金马克思主义语言学的方法，重构一套关于大众文化的文本理论，从文学理论的角度建立了大众文化文本学研究的学理性，本章还归纳了托尼·本尼特对马克思主义文论的贡献。

第一节　马克思主义语言学与超越形式主义

首先，巴赫金关于语言历史性的观点，解构了“以索绪尔语言系统

① 黄卓越：《英国文化研究与中国研讨会纪要》，《外国文学》2006年第6期。

不变的结构为深层逻辑的形式主义”①的文本本质主义的观点，语言的历史性决定了文学也是一种历史性范畴。索绪尔的《普通语言学教程》的英译本于1959年面世，索绪尔的语言学在英国得到了讨论，特伦斯·霍克斯在《结构主义与符号学》中认为结构主义的基础存在于索绪尔的现代语言学，它们都是静止的系统和结构，“几乎没有什么领域比语言学和人类学更接近于心灵的‘永恒结构’”②。索绪尔把语言视为一个自足的符号系统、一种完整的形式、一个统一的领域，也就是说，语言是一个系统，一个语言要素的意义和声音存在的依据在于它在语言系统中的差异，正是在对语言共时性强调这一点上，索绪尔与传统语言学之间并未形成彻底的决裂，“索绪尔的原创性在于坚持了这一事实，即作为一个总系统的语言时刻都是完整的，而无论此前其中发生了什么变故”③。索绪尔的共时性语言学模式是那些将文本形式视为不变本质的形式主义文论的基础。④

托尼·本尼特指出索绪尔的语言的共时性系统否认了符号的历史性和社会性形成，“对索绪尔而言，所有问题都是封闭的语言系统之中的符号之间的相互关系，而将它们在语言之外所指的问题却完全‘加了括号’”⑤。托尼·本尼特认为巴赫金的拉伯雷研究提供了语言的历史性视角，巴赫金改进索绪尔语言学之处在于：第一，索绪尔强调语言规则在当下言语运用中的稳固性，而巴赫金“感兴趣的不是语言的抽象语法，而是在具体的社会情境中构成语法规则的运用”⑥。巴赫金强调语言的历史性和动态性，语言符号作为能指和所指的结合体“是由那些处在某

① Tony Bennett. *Formalism and Marxism*. London: Routledge, 1979: 44.

② Terence Hawkes. *Structuralism and Semiotics*. London: Routledge, 2003: 7.

③ Frederic Jameson. *The Prison-House of Language: A Critical Account of Structuralism and Russian Formalism*. Princeton: Princeton University Press, 1972: 5-6.

④ Tony Bennett. *Formalism and Marxism*. London: Routledge, 1979: 44.

⑤ 托尼·本尼特：《文化与社会》，王杰等译，广西师范大学出版社2007年版，第11页。

⑥ 托尼·本尼特：《文化与社会》，王杰等译，广西师范大学出版社2007年版，第11页。

种持续的社会关系之中的现实个体彼此之间进行的这种持续的言语活动所造就的"①。第二，巴赫金认为语言是具有意识形态性的，"语言，根本不是固定的、既定的意义的中立性领域，它成为'阶级斗争'的竞技场"②。第三，对于巴赫金而言，语言总是趋向于超出语言本身而走向现实情境，"语言学特有的关注应该是构建一种言语体裁类型，它能解释它们折射现实或符号化现实的特殊模式，这种模式与社会言语的相互作用有关，与它们本身重新回到宽广的经济、社会、政治关系的框架之中的情境有关，这些关系是它们的基础，并生成了它们"③。巴赫金历史性语言学的观点对于发展马克思主义文学理论具有深远的意义，语言的历史性表明语言的规则系统往往在言语实践中随着社会情境发生变化，并不存在着封闭的不发生变化的语言系统。巴赫金对索绪尔的语言学的改造在于认为语言规则"与社会言语的相互作用有关，这些关系是它们的基础，并生成了它们"④。所以，语言规则的具体运用表现为言语实践，以语言为载体的文学文本因而同样是一种随社会情境发生变化的"历史范畴"，"关于文学作品所造成的现实的独特符号化的介绍，不是用唯心主义的术语，认为它是一项永恒的形式特性的显现，而是把它看成一种特殊的、社会现状的书写实践的产物，把它看成语言之中的阶级关系的独特星座化的显现"⑤。

其次，巴赫金的语言哲学中对于"多声部"的狂欢性的强调，说明了差异性作为同一性的对立面存在的价值，它其实超越了索绪尔的语言学模式中同一性对差异性的压抑关系。与此相似，作为差异性存在的大众文化文本具有僭越精英文学文本的能量。在巴赫金看来，索绪尔"语言(langue)和言语(parole)"的区分在于语言系统中"同一性与差异性"

① 威廉斯：《马克思主义与文学》，王尔勃、周莉译，河南大学出版社 2008 年版，第 37 页。

② Tony Bennett. *Formalism and Marxism*. London: Routledge, 1979: 63.

③ Tony Bennett. *Formalism and Marxism*. London: Routledge, 1979: 64.

④ Tony Bennett. *Formalism and Marxism*. London: Routledge, 1979: 64.

⑤ 托尼·本尼特：《文化与社会》，王杰等译，广西师范大学出版社 2007 年版，第 13 页。

“共时性和历时性”“能指与所指”“组合和聚合”的对立而又转化的关系。也就是说，语言本身就是由于“相似性和差异性”二律背反的矛盾运动才形成可以解释意义的系统，语言系统作为一种普遍性的语法规则，是通过从对“差异性”的疏离、排斥或者吸收、同化的运动中，纳入到“同一性”的过程中而确立的。所以，对于索绪尔的语言学而言，同一性与差异性这个对子的存在是以对方为条件的，差异性作为“他者”是同一性存在不可缺少的，同一性通过差异性来界定自己。与索绪尔的语言学这些对立转化模式相类似的是，“艺术与非艺术、文学与非文学之类的分野，并非是由上帝一劳永逸地划定不变的。任何特殊性都是历史的产物”①。“文学”的存在是在与文本之外超文本系统这样“非文学”的对立区分运动中形成的，“‘文学’不光指一些具体的文本，它更是与文学批评话语相并列的一个中心概念，为阐发写作领域中的差异和相似关系提供一个参照点”②。具体说来，利维斯主义的精英主义文学观认为文学仅仅是那些伟大的经典著作，这就是将文学文本固定为几个文种，殊不知，高雅文学的经典化过程就在区分“文学”与“非文学”的过程中确立起来，“他(巴赫金)认为文学不仅仅是少数的几种文种经典，也包括那些被经典排斥的非文学，这是20世纪由媒介深深影响读者实践的市场变化带来的，所以，他声称，文学不应该排斥大众文化形式，相反，高雅文化，它利用互文性、借喻的形式，以及其他文学机制”③。通俗文学向来被放在“‘文学’范畴的一边或与之对立的位置”。通俗文学作为“文学”的对立物和残存的概念，“是对文学进行过描述和

---

① 巴赫金：《小说理论》，白春仁等译，河北教育出版社1998年版，第523页。

② 托尼·贝内特：《马克思主义与通俗小说》，弗朗西斯·马尔赫恩编：《当代马克思主义文学批评》，刘象愚等译，北京大学出版社2002年版，第203页。

③ Michael Groden and Martin Kreiswirth (eds.). *The Johns Hopkins Guide to Literary Theory and Criticism*. Baltimore and London: The Johns Hopkins University Press, 2005: 575.

解释之后的残余之物”①。所以，经典文学文本与大众文化文本之间总是处于一种对立化的运动之中，作为差异性而存在的大众文化始终是在场的，并且作为差异性而存在的大众文化还具有占据中心、颠覆精英的能量。相类似的是以“文学性”“陌生化”作为核心机制的形式主义文论，也是在差异性的区分对立运动中形成的。“当文本作为‘文学’而出现的时候——它承担陌生化的功能——并不是说这个文本在任何所有时间阶段都是文学，而是说它是依靠这个文本与其他文本建立起的‘文学系统’之间的关系。”②在乔治·提尼雅诺夫和雅各布森的《文学和语言的研究问题》讨论了陌生化机制是以“区分一个文本的‘文学’依据是它与众不同的性质，也就是说，依靠所有文学与超文学系统之间的关系”③。“文学性”同样是以界定什么不是“文学性”而得以确立的，形式主义的陌生化与文学性并不仅仅只是表现为封闭自足的形成机制，而且非常关注文本形式与文本之外的关联。

再次，巴赫金还指出索绪尔的语言学模式中存在着差异性趋向同一性的运动，也就是说，语言系统作为一种普遍性的语法规则，是通过对“差异性”的疏离、排斥或者吸收、同化的运动，纳入到“同一性”的过程中而确立的。所以，有些“非文学”随着文学标准的历史变迁进入到“文学”系统中。托尼·本尼特发现，形式主义文论并不是人们想象的那样将文学形式固定化而否认形式的历史变迁，“形式主义者并不认为文学作品是在一种非历史的真空存在。他们只是主张将作品的组织或形式作为精致区分文学作品和非文学作品的标准，而不是简约化地将经济、社会或历史特征作为区分标准。他们主张文学作品要有自律的理论标准，这种标准仅仅关注能区分出文学作品与非文学作品的形式性质，只有关注文学作品的独特性——它们的文学性——而不是它们的总体性

① 托尼·贝内特：《马克思主义与通俗小说》，弗朗西斯·马尔赫恩编：《当代马克思主义文学批评》，刘象愚等译，北京大学出版社2002年版，第203页。

② Tony Bennett. *Formalism and Marxism*. London：Routledge，1979：57.

③ Tony Bennett. *Formalism and Marxism*. London：Routledge，1979：57.

时，形式主义者才认为历史和社会分析与文学作品是不相关的”①。用社会历史分析方法分析形式主义出现在20世纪20年代中期，形式主义认为所谓的“形式”往往会随着时间改变而发生变化甚至会衰败，“这些形式的兴衰变化的节奏或者方向都应放在历史社会分析的路子下来进行解释”②。因为意识到这些边缘文学形式进入到文学中心和回到边缘的这些迁移，形式主义试图解决美学问题和推动它们进入历史的方向，最后，“他们所提出的文学的概念不再指一种固定的文本，而是一种特殊的可以变化的在文本系统中存在的关系设置”③。“这些并不构成文本文学性的实质。实际上，文学性并不是依靠形式的东西而是在主流意识形态领域矩阵里建立文本的那些属性的位置。文学性不是存在于文本中，而是在文本之间互文性的关系中。”④在形式主义内部，它们否认文学性是某种文本所拥有的实质，它是文本所履行的一种功能，某一文本是否履行这种功能，就在于它外在的和独立于文本的意义。“不是文本的起源或者单纯的形式而是文学的功能模式决定了文学性。”⑤在托尼·本尼特的分析中，形式主义的形式分析本身是一种趋向社会历史的分析，并不像人们误读的那样是绝对的“文学性”和“形式化”，它只是将文学性作为分析的对象优先地固定下来。

第二节　阅读构形：文本与读者的历史性相遇

但是，在西方马克思主义文论中，无论是卢卡奇、戈德曼、沃尔佩还是马尔库塞、阿尔都塞等人，都试图把“审美当作一种与科学和意识

① Tony Bennett. *Formalism and Marxism*. London: Routledge, 1979: 33.
② Tony Bennett. *Formalism and Marxism*. London: Routledge, 1979: 34.
③ Tony Bennett. *Formalism and Marxism*. London: Routledge, 1979: 57.
④ Tony Bennett. *Formalism and Marxism*. London: Routledge, 1979: 59.
⑤ Tony Bennett. *Formalism and Marxism*. London: Routledge, 1979: 60.

形态区分开来、精神与现实之间关系表达不变模式来论述”①。托尼·本尼特认为，在对“文学”和“意识形态”和“科学”的区分中，阿尔都塞将文学视为不变的结构，文学超越那种多变和具体的形式，产生一种不变的“美学”效果，这样艺术和文学的知识是去完成“上层建筑三位一体”(holy trinity of the superstructure)。马歇雷和伊格尔顿继承了阿尔都塞对文学不变模式的认识，“对于马歇雷和伊格尔顿，未曾言说的文本的实质是意识形态和文学的关系——也可以表述为‘文学效果’”②。马歇雷和伊格尔顿把文本视为意识形态的生产方式，其中，文本的意识形态性质表现为政治价值的被发现，但是，伊格尔顿的问题在于他忽视了“价值问题是一种社会价值生产的问题……价值不是文本所拥有的东西，它不是文本的属性，它是为文本而生产出来的东西，忽视此点，将文本视为价值之源，会导致两个不同的问题：将文本解释为作为一种特殊的写作实践的文本生产，还是解释为文本是作为一种被赋予价值的文本生产。最后，伊格尔顿也不得不承认，一个文本的价值经常是从它的生产环境中被赋予的”③，所以，托尼·本尼特以英国马克思主义文论者的理论勇气，批评了自卢卡奇到阿尔都塞的西方马克思主义文论者重复了形式主义将文学固定化的非历史性态度：“然而事实是几乎所有的马克思主义的历史中都包含着一种‘文学’的理论，和一种合理的观念对现实反映的美学模式的特殊性质。卢卡奇、阿尔都塞、马歇雷和伊格尔顿，他们都将文学作为一种认知模式，他们的意识形态理论就是区别科学的认知知识和虚假现实认知。美学与非美学，文学与非文学，他们都将文学作为一种特殊的认知模式。”④托尼·本尼特批评阿尔都塞、马歇雷、伊格尔顿等人“理论化‘文学效果’，没有考虑到关系和效果都是不同的文本在面对因为组织不同文学系统的变化着的历史关系而实现的

① 托尼·本尼特：《我的学术之路和理论方法》，《文化与社会》，王杰等译，广西师范大学出版社2007年版，第13页。

② Tony Bennett. *Formalism and Marxism*. London: Routledge, 1979: 108.

③ Tony Bennett. *Formalism and Marxism*. London: Routledge, 1979: 172.

④ Tony Bennett. Formalism and Marxism. London: Routledge, 1979: 12.

不同方式”[①]。他要做的工作是“关注与形成机制的不同系统，这些形成机制是通过由于意识形态而不同的写作性作品的不同形式而生产出它的不同方式”[②]。在托尼·本尼特看来，西方马克思主义一直没有真正理解历史与文学之间的关系，他要脱离审美认知论模式的文学理论，去阐释文学与历史之间是一种实践关系、文本是历史条件下的事件。

托尼·本尼特吸收了后结构主义的反对元理论和去本质化解构立场，认为马克思主义文论发展的新方向在于“通过对后结构主义解构性的方法批判性地转换，马克思主义可能重新定义它的问题域和研究对象”[③]，像什么是文学文本的定义，“并不是说明有一种内在的或自然的文学本质，而是赋予文本一种意义”[④]。不是文本的起源或者单纯的形式而是文学的功能模式决定了文学性，托尼·本尼特在解构了文本形而上学之后，对文本的历史性作出了三点解释：第一，文本作为写作实践的不同形式是与文本生产的历史条件密切相关的，这些历史条件指生产它的物质性机构，“通过一整套机制——电视、博物馆、国家庆典，包括影响了‘由公众发起的意识建构’的‘公共历史领域’，一系列的意义被生产和流通”[⑤]。文本的历史性表现为作为表征的符号是如何被制度、机制等物质条件所生产和传播。第二，“文本”的概念应被具体的文本在一定历史条件下所产生的“功能”和“效果”所取代，文本进入意义生产和传播过程中必然会遭遇读者角色的参与改写，同时意识形态在文本场域实现了对读者这个审美主体的塑造。第三，“批评的工作实质上是一种政治工作，文本应被放入现实社会过程”[⑥]。所以，托尼·本尼特重新定位“文本与历史”之间的动态性关系，将读者的阅读作为文本与

① Tony Bennett. *Formalism and Marxism*. London: Routledge, 1979: 129.

② Tony Bennett. *Formalism and Marxism*. London: Routledge, 1979: 129.

③ Tony Bennett. *Texts in History: The Determinations of Readings and Their Texts*, *Author(s)*. Midwest Modern Language Association, 1985: 2.

④ Tony Bennett. *Formalism and Marxism*. London: Routledge, 1979: 10.

⑤ Tony Bennett. *Outside Literature*. London: Routledge, 1990: 46.

⑥ Tony Bennett. *Formalism and Marxism*. London: Routledge, 1979: 148.

历史发生联系的重要环节提出来，因为马克思主义“在历史中，绝没有固有的‘文学’‘进步’，或任何本质性事物，如果说生产仅仅只是消费，那么，就文学而言，它们的生产是永不能完成的，它们不断地被再生产，不断地在不同的政治关系和影响中再产生，文本所处的全部物质(历史)、社会过程必须是再客观化质询的。”①在对历史化不断生成的文本的进一步的思考中，托尼·本尼特提出了文本与读者相互生产的阅读构形(reading formation)理论，从而建立起一套历史化文本实践的方法。

首先，阅读构形理论是文本与读者与社会历史语境之间相互生产的动态性关系论，阅读构形不是单独地用理论分析读者、文本或者语境等文学要素，“质疑传统观念，把文本、读者和语境当成彼此分开、彼此间关系固定的元素。在一组有序的话语的实践中，它们具有可变的功能。这就是说，不同的阅读构形，产生其自己的文本、自己的读者和自己的语境。”②阅读构形理论关注文本、读者、语境三者如何在话语实践中由文化和意识形态生产制度性机制。“阅读构形具体地、历史地构建了文本与读者之间的相互作用。……这样的相互作用应该被看成文化激活文本与文化激活读者之间的存在，这样的相互作用由物质的、社会的、意识形态的、制度的联系构建而成，文本与读者都不可逃脱地铭记于此种联系之中。”③阅读构形理论提出，读者与文本之间的关系——读者的阅读活动介乎文本之内与文本之外的动态性历史性阅读构成，读者与文本都是在多样的、物质的、社会的、制度的、意识形态的语境中被“生产性激活”(productive activation)，文本生产了读者，读者也生产了文本，它们就处于不断相互激活生产的过程中，所以，并没有自足性的文本，也不存在阶级性本质论的完全自律的读者，“文本、读者和他们

① Tony Bennett. *Formalism and Marxism*. London: Routledge, 1979: 128.

② 托尼·贝内特：《文本、读者、语境》，潘德重译，李宏图选编：《表象的叙述——新社会文化史》，上海三联书店2003年版，第186页。

③ Tony Bennett. *Text*, *Reader*, *Reading Formations*. The Bulletin of the Midwest Modern Language Association, 1983: 14.

之间的关系都遭遇了不断变化的规定"①。

其次，阅读构形并不是不分析文本，文本在阅读构形中仍然具有前提性的优先地位，文本是理论地分析文本现象和社会以及相关的政治进程之间的关系的场域，但是文本不是静态和孤立的实体，文本总是处于阅读构形中的文本，文本是已经被社会和文化接受的文本，所以阅读构形的重点是分析和揭示貌似客观理想化的文本——即文本自身(text as itself)的文本现象背后的物质现象，文本内隐藏的社会和意识形态被一套制度性话语所重构，"因为文学文本总是为意识形态而存在的文本，某些意识形态制约的批评解释惯例限定着对文本的选择、阅读和索解，而文本本身也接受惯例……如果文本本身是结构联结的多重决定的产物，那么阅读实践亦复如此；文本意义和价值问题正是在这两种情况的一系列历史联结中提出来的。阅读就是某种特定的历史意识形态以此方式处理文本材料，使之成为可解读的产品，成为一种意识形态客体，一种为意识形态而存在的文本"②。

再次，阅读构形中强调的是文本作为一种话语实践的场域发生着意识形态的生产。文本走向与社会的关联就是文本进入话语实践的过程中，"话语过程是通过社会和物质手段，并由在一定制度条件下的生活和物质过程中所产生的"③。在托尼·本尼特这里，"文本作为意识形态的场域"，"阅读构形具体地、历史地构建了文本与读者之间的相互作用"④。文本和读者从来就不是纯然的，都是意识形态的产物，"阅读过程不是读者与文本作为抽象而相遇的过程，而是文本网络构成的读者与文本网络构成的文本相遇的过程。这种交往从来不是两个未受浸染的实

① 托尼·本尼特：《文化与社会》，王杰等译，广西师范大学出版社2007年版，第81页。

② Terry Eagleton. *Criticism and Ideology*：*A Study in Marxist Literary*. London：NLB，1976：165-167.

③ Tony Bennett. *Texts in History*：*The Determinations of Readings and Their Texts*，*Author(s)*. Midwest Modern Language Association，1985：8.

④ 托尼·本尼特：《文化与社会》，王杰等译，广西师范大学出版社2007年版，第79页。

体之间的一种纯交往，而总是一种被文化碎片搅混的过程，这种文化碎片将文本与读者纠缠在构成两者相遇领域的相关文本区域”①。德里达也有类似的看法，他用文学行动取代文学本质论，文学是因为行动的介入的动态因素才建构起来的文学活动，“文学的本质，如果我们坚持本质一词的话，就是在刻写和阅读‘行动’的历史渊源处被作为一套客观的规则而生产出来的”②。

第三节　文本间性：从单一文本到复数再生产文本

阅读构形最重要的是“一套交叉的话语，它以特定的方式生产性地激活了一组给定的文本，并且激活了它们之间的关系”③。文本还会由自身生产一系列相关的文本，所以阅读构形还是一个关于文本再生产的理论。文本是由于读者的阅读而产生的一组文本间性(Inter-textuality)，文本不仅是文本本身(内部文本)，而且是社会文化的产物(外部文本)：“没有固定的边界可以阻止外部文本对内部文本的重构，实际上，内在文本总是一定文本间性关系的产物。”④托尼·本尼特显然是运用了克里斯蒂娃的互文性(Intertextuality)概念，“互文性表示一个(或几个)符号系统与另一个符号系统之间的互换”⑤，但是这个互换表明本文(text)与其他符号系统之间在互换之时发生了位置的变化，“每一个指意行为都

① Tony Bennett Colin Mercer and J. Woollacott. *Bond and Beyond: The Political Career of a Popular Hero*. London: Macmillan, 1988: 109.

② Jacques Derrida. *The Post Card, Form Socrates to Freud and Beyond*. Chicago: The University of Chicago Press, 1987: 45.

③ 托尼·本尼特:《文化与社会》，王杰等译，广西师范大学出版社 2007 年版，第 71 页。

④ Tony Bennett. *Texts in History: The Determinations of Readings and Their Texts, Author(s)*. Midwest Modern Language Association, 1985: 12.

⑤ 朱丽娅·克里斯蒂娃:《诗歌语言的革命》，拉曼·塞尔登编:《文学批评理论——从柏拉图到现在》，刘象愚译，北京大学出版社 2003 年版，第 422 页。

是各种各样的指意系统互换的领域(一种互文性)”①。因为符号系统之间相互位置的不断转移，所以本文就在符号系统的无限繁殖性的位置交换中，不存在单一性、完整性、本源性的原先的“本文”了。克里斯蒂娃由此表明本文总是与其他相互依存、相互改造、相互吸收的文本之间存在着生产关系。虽然克里斯蒂娃在后来的《符号论》(*Semeiotike*)中用一个关键词“意识形态”(*Ideologeme*)的语义分析法解释在特定文化和历史环境中形成文本构造，但是，克里斯蒂娃的符号学方法还未能充分实现与社会学方法的对接。

托尼·本尼特的“Inter-textuality”概念即在克里斯蒂娃的“Intertextuality”概念中加入一个连接线而来，这意味着托尼·本尼特的文本间性(Inter-textuality)不局限于克里斯蒂娃仅用符号学方法解释文本的复数性生产，而是考虑“文本之外”的社会文化框架如何作为语境(context)进入“文本之内”生产文本。“我提出对语境重新思考的方法，无论是文本还是语境都被视为彼此分开的实体”②，在反映论的马克思主义文论中，将语境的社会文化因素作为外在的推论而对文本进行外在的判断，作为外在的背景或者阅读环境与文本相联系，这种语境说不过是经济决定论的翻版。对此，“相形之下，阅读构成的概念，则是试图把语境看作一组推论性的对文本的规定，这种规定是物质和制度起作用的。语境与文本相关联，不仅仅是自外而内的，同时也是有内而外的，通过历史的具体形式把文本塑造成待读的文本”③。文本之外的社会文化不是生硬地插入文本之内，“阅读构形的概念，是试图在文本之内的阅读和文本之外的阅读之间铺设一条道路，文本之内的阅读判断是由多

① 朱丽娅·克里斯蒂娃：《诗歌语言的革命》，拉曼·塞尔登编：《文学批评理论——从柏拉图到现在》，刘象愚译，北京大学出版社2003年版，第422～423页。

② Tony Bennett. *Texts in History*: *The Determinations of Readings and Their Texts*, *Author(s)*. Midwest Modern Language Association, 1985: 12.

③ Tony Bennett. *Texts in History*: *The Determinations of Readings and Their Texts*, *Author(s)*. Midwest Modern Language Association, 1985: 11-12.

种因素决定的，这些判断不能仅从内部文本产生，也不能简约为由外部文本的社会文化语境所决定”①。

也就是说，在读者阅读中，打破了文本自足性封闭的系统，“必须将文本的存在置于多样的阅读构形中”②，文本在生产和消费的阅读活动中才构成了文本与文本之间的生产。所以，文本间性中间的连接符号意味着文本之间的相互生产存在着“特定阅读条件下，对文本之间关系的社会组织”③的过程，文本不是独立于特定社会条件的，在文本间性这个术语中，“分析的角度将持续关注与文本和社会条件之间的关系，因为社会条件将构架文本的消费，甚至将文本的阐释限定于某些特定历史定位”④。

为了解释“文本间性”的文本生产现象，托尼·本尼特以20世纪50年代弗莱明(Fleming)小说中的邦德特工形象来说明，原初的邦德形象如何被衍生成为无数个形象不一的邦德文本：在各种历史的、商业的和意识形态的场域，邦德文学文本如何被生产出大量的邦德电影、广告、采访和影迷杂志、邦德女郎等其他一系列存在互文关系的邦德文本。在20世纪50年代，邦德007还纯粹只是一个冷战时代“间谍英雄”的文学形象；而在60年代，邦德形象被广泛运用到广告和商品设计上，这个时代的邦德是围绕着“性别认同和英国味的新风尚、新形象的构建展开”⑤，邦德成为男性最佳形象的意识形态化的简略表达，并成为“无阶

① Tony Bennett. *Texts in History*: *The Determinations of Readings and Their Texts*, *Author(s)*. Midwest Modern Language Association, 1985: 10.

② Tony Bennett. *Texts in History*: *The Determinations of Readings and Their Texts*, *Author(s)*. Midwest Modern Language Association, 1985: 11.

③ Tony Bennett and J. Woollacott. *Bond and Beyond*: *The Political Career of a Popular Hero*. London: Macmillan, 1988: 45.

④ 格雷姆·特纳：《英国文化研究导论》，唐维敏译，台湾亚太图书出版社2000年版，第143页。

⑤ 托尼·本尼特：《文化与社会》，王杰等译，广西师范大学出版社2007年版，第93页。

级性和现代性这些当时很著名的意识形态主题的体现”①，邦德形象此时成为一个超越阶级、性别和国家的“大众偶像”；在70年代，邦德电影以及广告作为商业流行文化消费品被大量生产出来，并且它作为大众文化的消费产品“越来越倾向于科幻和超人电影的风格而不是间谍故事”，这意味着在70年代，邦德现象作为符号的能指发生了很大的变化，它已经由50年代代表着贵族式、传统的英国英雄，集教养、品位和权威于一身的特工形象，衍化为70年代能被大众消费的文化产品大众形象，反对偶像崇拜的无阶级的现代人形象。

这样，邦德在弗莱明小说中的原始文本的形象，就像是漂浮的能指一样，“在文本之间的循环和互换中积极地生产意义：在文本和互文本之间斡旋并将它们连接起来，利用后者来激活前者。在这样做时，它们生产出互文本系列”②。所以，并不存在稳固不变的文本特性，文本不能被视为一个完整的给定物，而是将注意力转移到它发挥作用的历史上面，即依据它在多种多样的社会的、制度的和意识形态的语境中的刻记而进行的无穷无尽的重构和转变，“邦德现象由一组游移的文本间的关系组成，这种现象的意义被它在战后英国的统治者与被统治者之间不断转化的文化与意识形态关系中所起的作用而构成”③，因为“文本是在不同的社会、制度和意识形态的语境刻记的结果，并被以不同的途径被文化地激活”④。邦德形象承负的是意识形态对意义的生产转折，托尼·本尼特用“文本转折(Textual Shifters)”这个概念说明文本的意义在进入读者消费环节发生再生产的变化，最初的邦德形象，“他总是与自身保持一致但又从不相同，他是一个一直都游离不定的能指，用不同的方式

① 托尼·本尼特：《文化与社会》，王杰等译，广西师范大学出版社2007年版，第94页。

② 托尼·本尼特：《文化与社会》，王杰等译，广西师范大学出版社2007年版，第101页。

③ 托尼·本尼特：《文化与社会》，王杰等译，广西师范大学出版社2007年版，第101页。

④ 托尼·本尼特：《文化与社会》，王杰等译，广西师范大学出版社2007年版，第102页。

来充实自己，并在邦德现象的不同历史时期遭遇意识形态的刻记和物质的肉身”①。文本转折意味着不是针对“同一”文本所产生的不同解读，而是原初文本在意识形态文化的规定下再生产出复数文本。

第四节　托尼·本尼特的文本理论对马克思主义文论的发展

托尼·本尼特运用文本与历史发生关系的实践形态——“文本与读者”和“文本与文本”(文本间性)——来说明大众文化是新的历史条件下新兴的文本形式。从理论上讲，托尼·本尼特对文本与历史的关系研究则是要“探讨产生一系列不同的文学和审美效果的过程中发挥调节作用的各种社会和历史条件”②。从马克思主义的社会的、历史的和唯物主义的视角看来，文学活动是发生在文本场域的意识形态被特定的社会历史组织和维持的活动。托尼·本尼特重新定义文本与历史之间的关系，对马克思主义文论而言，在下面三个方面有所推进。

首先，托尼·本尼特把文本与历史的关系概括为形式主义与马克思主义之间的关系，主张文本形式研究与文本之外的社会研究相结合的文学研究方法，对马克思主义文论和形式主义文论这两个20世纪主要的文论思潮的结合研究提出了有意义的见解，③“马克思主义文论与形式主义文论之间的冲突、对话与融合是20世纪西方文论中最值得注意与

① 托尼·本尼特：《文化与社会》，王杰等译，广西师范大学出版社2007年版，第98页。

② 托尼·本尼特：《我的学术之路和理论方法》，《文化与社会》，王杰等译，广西师范大学出版社2007年版，第21页。

③ 根据汪正龙在《马克思主义与形式主义对话的可能性》一文中的考证，早在20世纪20年代苏联的文论论争中就开始意识到“形式主义与马克思主义之间的相互关系是核心问题”，但是真正系统地开始讨论两者关系的是托尼·本尼特的《形式主义与马克思主义》和詹姆逊的《语言的牢笼》。

深思的现象之一”①。这是马克思主义者运用结构主义符号学的理论资源发展马克思主义文论的理论创新。托尼·本尼特摆脱了马克思主义文论注重文本外部社会研究而忽视文学的美学特殊性的僵化的马克思主义文本分析法，将注重文本的文学性(文本之内)与注重文本的社会研究(文本之外)结合起来，发展了马克思主义文论，辩证地解决了美学与社会学研究相结合的问题，突破了苏联模式的马克思主义文论的庸俗社会学模式，同时又清除了阿尔都塞学派意识形态理论中从认知模式分析文学的黑格尔式马克思主义的残留。托尼·本尼特意识到马克思主义文论对文本的矛盾态度：“马克思主义既重视艺术的超验性又努力根据其特定的社会历史状况来解释它，这是传统的主要矛盾。”②托尼·本尼特关于文本历史性的理论改造就是要辩证地解决马克思主义与形式主义两种方法的对立，努力在两者之间寻找可以综合的方式。他重新思考形式主义与马克思主义之间的对话关系，认为马克思主义文论一直注重既保持文学的特殊性又从社会历史角度分析两者的矛盾关系：要么从社会学方面研究文本的生产消费而忽视文学的美学特殊性，“马克思主义不是纯社会学的，采取抽象的完全外在的方法研究艺术”③；要么从美学特殊性研究文学而走向纯粹的形式分析，“唯心主义简约论简单地将艺术归为审美特性”④，注重文学的美学特质往往是从语言学的形式分析入手，托尼·本尼特认为詹姆逊在《语言的囚笼》(1971)中指出，一旦“文学理论家在语言的迷宫里长期致力于句式判断，这种方式宿命式地注定了文学理论家无休止地徘徊于语言的羊肠小道而找不到超越它而建立文学与历史联系的方法”⑤。所以，如何消除形式主义与马克思主义之间的二元对立，也就是如何在自律性文学与他律性文学之间寻找关联点，

① 汪正龙：《马克思主义与形式主义对话的可能性》，《文艺理论研究》2008年第3期。

② Tony Bennett. *Outside Literature*. London：Routledge，1990：118.

③ Tony Bennett. *Outside Literature*. London：Routledge，1990：119.

④ Tony Bennett. *Outside Literature*. London：Routledge，1990：119.

⑤ Tony Bennett. *Outside Literature*. London：Routledge，1990：218.

既保持文学的美学特殊性(内在规定),又能从历史语境的构成和功能去分析文学(外在规定),这成为马克思主义文学理论发展的方向,也构成了形式主义与马克思主义对话的基础和前提。

其次,在英国语言学的转向下,托尼·本尼特从话语实践的角度入手,从语言、符号等文学形式要素的历史性规定中寻找到了形式主义与马克思主义的结合点。文学作为语言的艺术,马克思主义文论一直关注文学的社会性质和社会功能,但却一直没有从语言的历史性方法去界定文学。巴赫金做了有益的尝试,巴赫金的历史性语言学理论被威廉斯和托尼·本尼特创造性地运用到文学理论中。威廉斯就认为"语言就不再是一种媒介,而成为物质性社会实践的构成要素"①。而文学就是一种审美情境下的特殊写作,"写作是一种把语言作为对象性物质材料加以组织的、富有特色的实践"②。可以说,威廉斯从语言的历史变化中,发现了文学作为一种实践的历史性。因此,关于语言这个形式要素的历史性运作的话语实践,是文学实现文学效果和马克思主义政治批评实践的关键,"马克思主义美学的任务也应该关注具体的社会和历史条件,使这种独特的美学理论产生一定的效果"③。因此,托尼·本尼特将文学与历史的关系具体化,即将"把历史(作为一门学科)看作特殊的话语领域,处于一套明确的程序的支配之下,对作为现存事实的过去的维持和改变进行调节……它构成了一种规范化手段……具有制定规章的功能"④。这样来看待历史,历史不是可以脱离话语实践之外的所谓绝对化的真实或者真理,历史本身就是话语的一种效果,文学参与了这种话语效果的生产过程。

再次,托尼·本尼特在威廉斯等英国马克思主义者将文学视为审美

① 威廉斯:《马克思主义与文学》,王尔勃、周莉译,河南大学出版社 2008 年版,第 172 页。

② 威廉斯:《马克思主义与文学》,王尔勃、周莉译,河南大学出版社 2008 年版,第 153 页。

③ 王杰、托尼·本尼特:《美学、社会、政治——托尼·本尼特访谈录》,《文艺研究》2011 年第 3 期。

④ Tony Bennett. *Outside Literature*. London: Routledge, 1990: 48.

情境下的一种写作实践的基础上，提出“文学作为一种特殊的表意实践”①的观点，他更强调文学作为一种语言符号的实践活动中的物质性制度因素，与威廉斯共同发展出了反黑格尔式认知模式的英国马克思主义文学理论。托尼·本尼特的文学作为一种特殊的表意实践的观点来源于威廉斯的文学观点，“‘文学’的许多能动价值决不能只被看做概念——概念虽然可以概括它们，但却又束缚了它们。我们应当把它们看做是一种既恒定持久又发展变化的实践要素，这种实践已经在物质层面上，而如今又在重新定义的理论层面上不断地进行着超越自身旧有形式的运动”②。

在马克思主义的文学理论中存在着“抵抗理论与理论地抵抗文学之间的一种张力。抵抗理论意味着文学的价值在于它与其他写作形式区分开来的自律性、理论地抵抗文学意味着文学始终包含在写作的宽泛概念之中和其他文化中介之中”③。自律的文学观试图将文学与意识、真理、科学等认知观念联系而形成以抵抗、救赎、启蒙为主题的批判理论；而他律的文学观则将文学作为一种社会实践活动而与社会、历史、文化等外界因素相联系，关注文本生产、接受、消费过程，实现“理论地抵抗”，它不是建构抵抗理论去批判，但是以文学参与和实践的方式实现对现实的介入和批判。这也是黑格尔式马克思主义文论与反黑格尔式马克思主义文论的区别。无论是苏联模式的马克思主义文论，还是以卢卡奇为起点的西方马克思主义文论，以及法兰克福学派、阿尔都塞学派的文论，它们的共同点是：从反映(苏联模式)、审美启蒙(西方马克思主义)、艺术疏离(布莱希特和法兰克福学派)、科学真理(阿尔都塞学派)几种“认知”模式去理解文学，这是黑格尔从宗教意识形态、麻醉剂、幻觉等意识角度分析文学的各种变体，因此被归纳为黑格尔式的马克思

---

① Tony Bennett. *Formalism and Marxism*. London: Routledge, 1979: 41.

② 威廉斯：《马克思主义与文学》，王尔勃、周莉译，河南大学出版社 2008 年版，第 58 页。

③ 德鲁·米尔恩：《解读马克思主义文学理论》，王杰主编：《马克思主义美学研究》第 11 辑，中央编译出版社 2008 年版。

主义文论。“本尼特指出休谟和康德的传统美学和其他现代理论都试图建构起一种绝对普遍的价值形式均告失败。”①“无论是卢卡奇还是他所代表的黑格尔和人文主义传统在理论上和政治上都走入了死胡同。”②即使是后来的阿尔都塞学派虽然运用多元决定论批判了卢卡奇的总体性的阶级意识，但是，阿尔都塞学派又落入康德美学的认知论模式，因此托尼·本尼特认为“马克思主义者为建立马克思主义美学所做的努力，几乎都集中于将美学同科学和意识形态区分开来，将三者视为人类认知活动的三个普遍模式。所以，这种马克思主义美学的理论框架等同于康德美学的理论框架”③。不同于这种认知论模式的马克思主义文论，“后马克思主义已经与认识论的研究领域和理论关注点相切割。它已经被证实是马克思主义文学理论中心的和恒久的主题的一个沉重负担”④。

托尼·本尼特称赞巴赫金的拉伯雷研究应被充分地视为马克思主义的典范——用历史的、唯物主义的方法去研究文学，因为它“特别不同于传统美学，它的研究不是一种固定不变的美学特质，而是一种特殊的、历史的和唯物主义所限制的写作实践”⑤。这种写作实践论是区别于英国马克思主义文论之前的黑格尔的审美认知模式的文学观的。托尼·本尼特在探寻是什么阻止了形式主义和马克思主义批评之间的对话时认为，“这里面有三个主要的因素。第一，黑格尔体系的思想对马克思主义美学的影响。……20世纪30—60年代，西方马克思主义被黑格尔影响和控制着”⑥，“第二，文学作为一种表意实践的形式，被文学作

① Philip Goldstein. *Post-Marxist Theory: An Introduction*. New York: State University of New York Press, 2005: 101.

② 王杰、托尼·本尼特：《美学、社会、政治——托尼·本尼特访谈录》，《文艺研究》2011年第3期。

③ 王杰、托尼·本尼特：《美学、社会、政治——托尼·本尼特访谈录》，《文艺研究》2011年第3期。

④ Tony Bennett. *Outside Literature*. London: Routledge, 1990: 21.

⑤ Tony Bennett. *Formalism and Marxism*. London: Routledge, 1979: 95.

⑥ Tony Bennett. *Formalism and Marxism*. London: Routledge, 1979: 38.

为'反映'的形式的观念所取代"①。托尼·本尼特的文学观是与西方马克思主义的"审美认知模式"的黑格尔——康德美学文论的一种"与美学决裂"，是将文学作为一种写作实践、一套话语系统对文本的调节和生产来认识的。"理解文学的实践、制度和话语的存在场域的组织化。"②后来，托尼·本尼特在《文学之外》对自己文学理论说明了三点：

> (1)文学这个术语，可用于指称特定社会组织的表征空间，其独特性在于选定特定文本被付诸使用和运用的制度话语的调节形式……社会实践的独特性在于文本的使用和运用模式(文本构成了社会实践的场所)，而不是一系列形式特征。
>
> (2)这样定义文学，会被看作一系列的历史特定制度话语的商定，调节着成立社会实践场所的文本的作用和运用。
>
> (3)这样定义文学，会被看作一系列社会现实和社会手段，在同一层面与其他社会实践相互影响。……所有社会实践在其构成上都同时是制度的和话语的。③

从威廉斯开始将文学视为审美情境下的一种写作实践，从这个角度上看，英国马克思主义是一种反黑格尔式的马克思主义，它不是从意识角度而是从实践环节去认识文学，"反黑格尔式的马克思主义者更积极地把文学论述成一种写作实践"④。托尼·本尼特认为自己是跟从威廉斯的文学观，"简言之，威廉斯将一种形成的想象性作品组织认为是'文学'，它反映的是一种历史化和意识形态的生产方式将文本和相关的领域的文化实践"⑤。托尼·本尼特跟从威廉斯，从写作实践的角度

① Tony Bennett. *Formalism and Marxism*. London: Routledge, 1979: 39.

② Tony Bennett. *Outside Literature*. London: Routledge, 1990: 5.

③ Tony Bennett. *Outside Literature*. London: Routledge, 1990: 137-138.

④ 德鲁·米尔恩：《解读马克思主义文学理论》，王杰主编：《马克思主义美学研究》第11辑，中央编译出版社2008年版。

⑤ Tony Bennett. *Formalism and Marxism*. London: Routledge, 1979: 14.

来分析文学："文学要与纯文学区分开来，文学不是文学的实践、制度和话语的存在领域的总体，这些因素加起来不可能构成一个独立统一的'内部'，因为与之相应，同时也可能会构成一个'外部'。而且，对文学的实践、制度和话语进行思考的独特方式，来自于下面的假定，即文学是一种特殊写作类型，需要审美地理解。"①"文学，作为一种特殊书写，是文学生产的历史特定关系的产品。在与此相遇时，我建议，文学更适合于看成一种文本的使用和产生效果的特定历史的制度组织领域。说得更清楚一些，这并不是一种试图让文学神秘消失或消解其存在的论述。"②

后来，托尼·本尼特在威廉斯的反黑格尔的写作实践论文学观的基础上，进一步走向了话语系统的制度分析。"文学指称的是一种特殊的社会化组织的表征空间，在这个空间里，文本的意义，以及文本所产生的审美经验事实上被一系列历史的特定的制度和话语所调节……基于在特定的历史性的制度和话语的场域中研究和阐释文学文本的学术立场"③。托尼·本尼特以话语实践的反黑格尔式文学理论，进入了关于文本历史性规定的话语制度研究，把马克思主义关于文学与历史的规定性之间的关系，表述为具体的文本与话语制度的关系以及文本与意识形态国家机器的关系。托尼·本尼特的话语实践论文学观，从制度条件分析文本的生产、消费过程中意识形态的运行方式，与黑格尔式的认知论马克思主义文论相比，更实证性和具体性地阐释了文学作为一种审美形式的复杂性和意识形态的隐蔽性，也必然将文学文本与文本之外的社会文化关联起来。

---

① Tony Bennett. *Outside Literature*. London：Routledge，1990：5.

② Tony Bennett. *Outside Literature*. London：Routledge，1990：5.

③ 转引自王杰：《托尼·本尼特的马克思主义美学研究》，《南方文坛》2007年第6期。

第四章　转向葛兰西与大众文化文本研究的限度

第一节　转向葛兰西

在大众文化繁盛的20世纪80年代初期，托尼·本尼特认真思考了外来的阿尔都塞学派结构主义对大众文化的消极理解与本土文化主义的盲目乐观之间的矛盾，并写出了《大众文化与“转向葛兰西”》。“转向葛兰西”的背景是结构主义与文化主义在英国文化研究中引发了“范式冲突”。70年代后期以来的英国马克思主义对大众文化的研究处于外来输入的“结构主义”与土生土长的“文化主义”两种方法各自为政的对立之中①：受索绪尔、施特劳斯和罗兰·巴特的结构主义和符号学，特别是

① 这种对立在英国当时表现为伯明翰大学当代文化研究中心(CCCS)和电影电视教育协会(SEFT)及杂志《银幕》(*Screen*)之间在方法上的紧张对立，前者倾向于民粹色彩的“文化主义”方法，后者则是吸收了结构主义语言学、阿尔都塞马克思主义和拉康精神分析学。托尼·本尼特在开放大学开设“大众文化”课程之际，发现大众文化的概念“实际上毫无用处，是只能将研究引入各种理论的死胡同的矛盾与混乱的一锅粥”。具体说来，托尼·本尼特认为大众文化的概念现有四个用法：①为许多人喜爱，广受欢迎；②除高雅文化之外剩余的那部分文化；③商业大批量生产的消费文化；④“人民”(工人阶级)的文化，它被视为抵抗资本主义的来源。因此，托尼·本尼特认为解决这种混乱的对策是保持“大众文化”的开放性，引入葛兰西的文化领导权概念重新定义大众文化，认为大众文化自上而下的强权和自下而上的抵抗之间充满变动不居的斗争、妥协、交易的场所。因此，托尼·本尼特对“通俗文化的重新思考引发了开放大学课程直接或间接地将文化、语境分析置于批评的与历史的框架之中研究和教学法的激增”。

阿尔都塞的马克思主义的影响，英国出现了以符号学和结构主义的方法研究电影、电视和通俗文学的“结构主义”，一开始，这些结构主义将这些大众文化视为意识形态机器生产出的统治大众的商业文化；“文化主义恰恰相反，经常是不作辨别一味浪漫，赞扬大众文化是真实表达了社会受支配集团或阶级的兴趣和价值价值观”①，这集中在历史学和社会学对于工人阶级生活方式的研究，寻找存在于大众文化中不为资产阶级文化干扰的纯粹工人阶级的文化，给予当时日益兴起的大众文化过于积极和能动性的意义。这两种研究范式都有片面性的局限，“‘文化主义’和‘结构主义’都不适合于建构作为一种观念上得到分类和理论上得到阐明的研究领域的文化研究的重任”②。当时，针对文化主义与结构主义的分歧和对立，托尼·本尼特戏谑“这两个传统无法强扭成一桩婚姻”，“差不多好像文化天地给分隔成两个不相干的半球，各自展示着一种不同的逻辑”。③

托尼·本尼特的“转向葛兰西”是作为霍尔提出的文化主义和结构主义“两种范式”对立矛盾的解决方案提出来的。托尼·本尼特发现葛兰西的文化领导权是通过统治阶级不断主动争取被统治阶级的赞同或者认可(而不是强迫)而实现，在当下的文化现实中，主导的、从属的和对抗的文化和意识形态都以形态各异的大众文化形式经历着文化领导权的争夺、卷入、赢取、丧失、抵抗、协商、谈判过程。所以，大众文化是一个流动不居的动态斗争的领域。以这种观点来看，结构主义视大众文化为资产阶级意识形态的产物和文化主义视大众文化为大众意识真实表达的场所，它们分别将大众文化视为“或者是肆无忌惮的坏蛋，或者是一尘不染的英雄”④。这种非此即彼的单向思维并没有充分认识到大

① 陆扬：《文化研究概论》，复旦大学出版社2008年版，第32页。

② 斯图亚特·霍尔：《文化研究：两种范式》，傅德根译，《马克思主义美学研究》第3辑，广西师范大学出版社2000年版，第427页。

③ 托尼·本内特：《大众文化与“转向葛兰西”》，陆杨译，陆杨、王毅选编：《大众文化研究》，上海三联书店2001年版，第62页。

④ 陆扬：《文化研究概论》，复旦大学出版社2008年版，第33页。

众文化内部的矛盾和复杂性，而"转向葛兰西"却使英国文化研究以"非简约论的方式"①理解出现在文化领域内的阶级和阶级斗争，避免了机械马克思主义在主体研究中的阶级还原论和阶级本质论。"文化研究中的葛兰西转向无疑促成了新葛兰西派的形成"②，新葛兰西派的接合理论为文化研究提供了"语境化"分析对象的理论方法。转向葛兰西"恰当地把意识形态领域概念化为斗争领域的方法"③，阿尔都塞的意识形态理论通过葛兰西文化领导权理论得以在英国成为文化研究的一个重要主题。

托尼·本尼特认为葛兰西的文化领导权理论能克服结构主义和文化主义各自的理论局限。结构主义和文化主义的理论目标是一致的，即通过对大众文化形式实现对主导意识形态的对抗，但是两者对于大众文化的性质认识不一致。阿尔都塞结构主义认为主体受制于社会结构的整体决定，大众文化不过是主导意识形态与商业文化合谋而在大众日常生活中的具体运作而已。所以，结构主义马克思主义对于大众文化的研究，就是通过解读大众文化的形式和实践，"揭开运行其内部之主导意识形态的晦暗不明的机制，从而武装读者，在有关实践中反对类似机制的发生"④。大众文化在此与主流意识形态有同一性关系，结构主义马克思主义视大众文化是异化和被支配的消极力量。而文化主义则相反，认为新兴的媒介文化和大众文化中有大众真实的声音，文化是一个生产意义和经验的领域，大众文化中包含工人阶级经验和意义，马克思主义者就是要阐释其意义，发扬其文化价值，发掘工人阶级的主观能动性和主体性意识。所以，大众文化具有主动性和积极革命性的特征。

---

① 托尼·本尼特：《我的学术之路和理论方法》，《文化与社会》，王杰等译，广西师范大学出版社2007年版，第19页。

② 萧俊明：《新葛兰西派的理论贡献：接合理论》，《国外社会科学》2002年第2期。

③ 斯图亚特·霍尔：《文化研究：两种范式》，傅德根译，《马克思主义美学研究》第3辑，广西师范大学出版社2000年版。

④ 托尼·贝内特：《大众文化与"转向葛兰西"》，陆杨译，陆杨、王毅选编：《大众文化研究》，上海三联书店2001年版，第63页。

葛兰西的文化领导权理论不是这样泾渭分明地、静止地、绝对化地认识大众文化，它反对对大众文化作要么积极要么消极的简单判断。首先，文化领导权处于阶级斗争、政治革命和经济革命中的核心地位。葛兰西认为，文化和意识形态是在对立的阶级之间共享的领域，统治阶级对政治领导权的争夺是通过对整个社会道德的、文化的、知识的文化领导权方式实现的。"葛兰西与早期马克思主义的分歧，在于他强调资本主义社会统治阶级与被统治阶级之间的文化与意识形态关系，与其说体现在前者对后者的统治，不如说体现在争夺'霸权'的斗争"①。其次，统治阶级文化领导权的获得不是统治阶级对被统治阶级意识形态上的压制、征服、消灭的一方压倒另一方的关系，而是"资产阶级意识形态必须在不同程度上能够容纳对抗阶级的文化和价值，为它们提供空间。资产阶级霸权的巩固不在于消灭工人阶级的文化，而在于联系工人阶级的文化形式，并且在此一形式的表征中来组建资产阶级的文化和意识形态，从而它的政治属性，也在这一过程中发生了改变"②。统治阶级与被统治阶级之间的文化过程，必然是在特定的历史条件下，统治阶级在接纳被统治阶级的文化因素之时，是一种充满了对抗与反抗的激烈过程，同时也是一种妥协和谈判的不断拉锯的过程，这个过程是动态而不是静止的，文化因素的组合因此也是机动的。再次，以动态性的视角看待文化领导权的争夺过程，就不可能存在着铁板一块的资产阶级文化和工人阶级文化的纯粹完整模式，大众文化也就不可能是文化主义理想化认为的那样是纯粹的工人阶级文化，这里面必然包含主流意识形态的渗透；大众文化也不可能是结构主义消极地认识的那样是被主流意识形态完全操控的商业文化，仅仅只是工人阶级的精神鸦片和虚假解放。所

① 托尼·贝内特：《大众文化与"转向葛兰西"》，陆杨译，陆杨、王毅选编：《大众文化研究》，上海三联书店2001年版，第64页。

② 托尼·贝内特：《大众文化与"转向葛兰西"》，陆杨译，陆杨、王毅选编：《大众文化研究》，上海三联书店2001年版，第64页。

以，葛兰西转向的意义在于“它提供了一个整合框架”①，“否定大众文化领域结构主义和文化主义视野非此即彼的选择，或者视其为原汁原味的资产阶级意识形态，或者视其为大众真实文化的场所，激发潜在的自我觉醒”②，大众文化是特定的文化权力拉锯协商的场域，它是具体的阶级、性别和民族的文化形式和文化实践的混合。

葛兰西的文化领导权可以理论地解释大众文化作为主导集团和从属群体的斗争活动场域，托尼·本尼特发展出“阅读构形”理论，以更具体的大众文化的阅读实践活动来说明文化领导权的争夺，说明在大众传媒时代下，大众文化作为文本是如何充当了文化领导权的争夺和协商场域的，也具体地演绎了意识形态的价值、意义是如何被生产和消费的，读者主体是如何被塑造同时是如何参与了构造社会结构的。葛兰西文化领导权理论的运作形态是用“构形”(formation)一词来说明的，托尼·本尼特将其结合到大众文化的文本研究中就创造出了阅读构形理论，将大众传媒时代的大众文化的文本生产和文本接受过程视为葛兰西的文化领导权具体的文化实践。

具体说来，托尼·本尼特的“阅读构形”是在阿尔都塞、威廉斯和福柯的“构形”概念基础上形成的。“构形”最初是阿尔都塞用来说明意识形态如何成为实践而进入社会结构的形成中去，阿尔都塞反对简单的经济决定论，认为意识形态是一种实践活动，它参与了社会的构形活动，“阿尔都塞将‘社会构形’——一个接近社会学概念‘社会’的含义——视为许多不同但是相关的各种持续的实践——经济的、政治的和意识形态的——各种相对自律的要素”③。在经典的马克思主义观念中，“实践指的是那些将原生的物质转变为必定的结果的过程，这种转变是

① 托尼·贝内特：《大众文化与“转向葛兰西”》，陆杨译，陆杨、王毅选编：《大众文化研究》，上海三联书店2001年版，第67页。

② 托尼·贝内特：《大众文化与“转向葛兰西”》，陆杨译，陆杨、王毅选编：《大众文化研究》，上海三联书店2001年版，第64页。

③ Tony Bennett. *Formalism and Marxism*. London：Routledge，1979：111.

由那些人类用必然的方式产生的必然的劳动所取得的"①。而阿尔都塞之后的马克思主义，特别是英国马克思主义反对经济决定论，反对关于"上层建筑—意识形态"的对立式的绝对二分法，英国马克思主义的文化唯物主义认为文化、意识是具有社会构形能力的，"至于说到作为'实践'的意识形态，阿尔都塞描述为'上层建筑的唯物主义'，意识形态不能简单解释为虚无地反映了社会物质基础，但是它作为实践活动拥有与自己的产物相当的唯物的方法和关系。作为一个相对自律的社会构形，意识形态是非常特殊的社会产物，而不能简约为经济关系"②。

阿尔都塞说明了意识形态可以作为实践对社会结构产生构形的作用，威廉斯进一步阐释了这个构形过程是一种动态的葛兰西式领导权的协商和谈判过程，并与习俗机构、传统、惯例等物质性要素联系在一起。第一，威廉斯使用"构形"(formation)这个词语来说明文化领导权的获得是一个能动的动态过程，"霸权或多或少总是由各种彼此分离的甚至是完全不同的意义、价值和实践适当组织结合而成"③。统治阶级政治领导权所依赖的文化领导权的获得，不是统治阶级将自己的意识形态强制灌输给从属阶级，为了获得被统治阶级的自愿赞同、接纳，统治阶级必须与对立的阶级不停地谈判、协商和调停以形成一致的舆论和意见，这个过程必然是一个充满了各种矛盾、对立、冲突和斗争的文化组构过程。第二，威廉斯说明了构形与传统、习俗之间的关系。"文化的复杂性就在于它多变的过程及社会性定义——传统、习俗机构、构形等等——之中"④。威廉斯认为文化领导权是在对过去的文化"传统"的维护、确立、选择、收编或者反对、打破、排斥的过程中形成的，这种结果就是形成了"主导、残余与新兴"这三种共存于当下的文化模式。所

① Tony Bennett. *Formalism and Marxism*. London: Routledge, 1979: 111.

② Tony Bennett. *Formalism and Marxism*. London: Routledge, 1979: 111.

③ 威廉斯:《马克思主义与文学》，王尔勃、周莉译，河南大学出版社2008年版，第123页。

④ 威廉斯:《马克思主义与文学》，王尔勃、周莉译，河南大学出版社2008年版，第129页。

以，统治阶级文化领导权为了获得自身的存在，成功地确立和选择“传统”以及掌握控制那些支持维系“传统”的物质性条件——“习俗机构”(institutions)具有重要意义。但是，文化领导权是对立阶级之间对意识形态争夺的矛盾和协商的双向运动过程，所以“传统”并不是简单地与它有着同一性关系的“习俗机构”有着依赖关系，这也是一个与“构形”相关的问题。第三，威廉斯说明了构形与文学之间的关系，在威廉斯看来，文学是处于审美情境下的写作实践，“情境几乎一直是既有序又无序的，并且它们拥有种种精确细致而又极其多变的构形(formation)，这些构形或造就着，或维持着，或封闭着，或摧毁着这些情境。这些构形的历史就是艺术的那种特殊而又极其多变的历史”①。文学情境就是社会构形的结果，因而文学也是社会构形的一部分，文学既接受社会构形，也在主动参与构形活动中反过来构形社会。“所谓构形，是指那些体现在精神生活和艺术生活中的富有成效的运动和趋势。这些运动和趋势意义重大，有时严重影响着文化的能动发展”②。所以，托尼·本尼特的“阅读构形”和“历史中的文本”的观念，都直接来源于威廉斯的文学观，既把文学视为社会构形的结果，也认为文学构形了社会。这是文化领导权理论在文学领域内的具体使用。

阿尔都塞和威廉斯的构形理论是托尼·本尼特阅读构形理论的基础，福柯的话语实践理论直接促成了阅读构形理论的形成。首先，福柯关于监狱、医院、学校等话语制度的形成史观表明，话语作为一种符号体系是可以作为实践性的物质力量形成“知识—话语”去构造社会结构的，“将话语当作符号的整体来研究(把能指成分归结于内容或者表达)”，“把话语作为系统地形成这些话语所言及对象的实践来研究”③。其次，福柯认为“知识—话语”总是一种权力生产，权力生产话语，权

① 威廉斯：《马克思主义与文学》，王尔勃、周莉译，河南大学出版社2008年版，第165页。

② 威廉斯：《马克思主义与文学》，王尔勃、周莉译，河南大学出版社2008年版，第126页。

③ 福柯：《知识考古学》，马月译，上海三联书店1998年版，第62页。

力运用各种机构、机制和习俗惯例的扩散分布生产话语，因此，话语的建构和散播过程都是受制于特定社会权力网络；同时话语生产权力，特定社会历史阶段的权力网络的建构和运作在很大程度上依赖于科学知识语言论述的形构和扩散策略，依赖于科学知识语言论述同权力网络运作之间的互相协调和互相促进。所以，福柯关于话语实践中的话语（符号）体系对社会结构的组构作用（权力不是压抑性的而是生产性的）以及话语与权力机构、体制制度、习俗惯例之间的相互矛盾而又相互生产的观点，直接形成了托尼·本尼特对话语符号体系与社会结构关系的相关认识：首先，社会结构由符号这样的非物质系统和物质性的实践机构组成，“物质/非物质或者真实/象征这些不同的系统之间不存在绝对的本质区别。这些系统之间错综复杂的关系形成了社会的结构”①。其次，两者之间不是等级关系而是表征关系，社会的总体结构是被制度性划分的各个实践领域，符号体系（非物质）和实践机构体系（物质）之间是处于错综复杂的互动之中的，“因为意义总是要求一个物质性的符号——工具（sign-vehicle），实践把物质的和符号的因素联合了起来，实践是具有一定物质性符号整体运行的结果，所以社会的总体结构是一个由各种符号和物质现实拥有同等的本体论力量互动构成的未分化的整体”②。再次，符号体系的物质性是可以参与到社会结构的组构过程中的，“一系列符号实践和机构之间是彼此限制、支配和约束的游戏。这个游戏会导致一些特殊的平衡紧张状态”③，符号体系与实践机制、机构之间处于不断的权力的策略游戏之中，物质性的权力机构不是单方面的压抑和否定，同时还会刺激和生产这些符号和话语的形成。因此，托尼·本尼特在吸收阿尔都塞的实践论、威廉斯的构形论和福柯的权力话语理论的基础上，把大众文化视为统治集团与从属集团之间发生权力游戏性策略

① John Frow. *Marxiam and Literary History*. Cambridge: Harard University Press, 1996: 60.

② Tony Bennett. *Outside Literature*. London: Routledge, 1990: 71.

③ John Frow. *Marxiam and Literary History*. Cambridge: Harard University Press, 1996: 60.

的颠覆和包容活动的场域，将文本视为话语符号体系的生产和运作，指出文本这个符号体系与读者、社会结构之间动态的相互生产的阅读构形理论。

托尼·本尼特通过“转向葛兰西”揭示在英国马克思主义早期的文化研究中，大众文化并未成为独立的研究领域，早期文化研究的研究对象实际上是大众文化、工人阶级文化以及精英主义文化混杂的文化复合体。托尼·本尼特认为，葛兰西的文化领导权的概念更能对大众文化提供一种弹性的和精确的定义，他认为大众文化“既受到宰制，但也具有反对作用，既受到决定但也具有自发性”①。葛兰西抵抗正统马克思主义以阶级为主轴的社会形构理论，而将大众文化看成社会构形的场域，“大众文化并不只是单单被强加其上与主流意识形态一致的大众消费的商业文化，不仅仅是自发性的对立文化，而应该是这两种不同形式进行协商的区域——不同大众文化特定的形态，包括主导性、从属性、对立性文化与意识形态价值和元素，都以不同排列方式彼此‘交互混合’”②。

“转向葛兰西”对于文化研究的影响有四个方面：第一，文化本质上并不简单地具有统治阶级或被统治阶级的属性，因而并不存在所谓的资产阶级与工人阶级文化上的对立关系，文化和意识形态表现为社会的思想构架，这里面包含着差异性和矛盾性感知和经验。第二，否定文化的阶级决定论，在分析大众文化时，既可以超越精英主义的批判立场，也可以摆脱文化民粹主义的完全无批判的立场。第三，“文化领导权开拓了大众文化领域，赋予它以巨大的政治可能性”③。因为文化实践的政治和意识形态接合是动态的、变化的，某种特定的文化实践在具体的

① 格雷姆·特纳：《英国文化研究导论》，唐维敏译，台湾亚太图书出版社2000年版，第247页。

② Tony Bennett, Colin Mercer and Janet Woollacott (eds). *Popular Culture and Social Relations.* Milton Keynes: Open University Press, 1986: xv-xvi.

③ 托尼·贝内特：《大众文化与“转向葛兰西”》，陆杨译，陆杨、王毅选编：《大众文化研究》，上海三联书店2001年版，第66页。

社会历史条件下与某种意识形态关联，但这种关联“并非总是必然的、确定的、绝对的和本质的”，“接合实际上是一个动态的过程，即在各种要素或组成部分之间建立一种关系的实践活动”。[①] 接合因而是在不同历史背景下的相互交叠、错综复杂、变化无定的方式，大众文化作为文化协商谈判的场域，充满了各种复杂难辨的政治可能性。第四，文化领导权对文化的阶级化决定论的摒弃，使文化研究能关注文化斗争的具体实践领域——阶级、性别、种族、年龄。

第二节　转向葛兰西之后的文本政治

完成从阿尔都塞到葛兰西的范式转向之后，大众文化研究吸收阿尔都塞的结构主义符号学的方法，出现了一大批从文本角度介入文化研究的著作。在从20世纪70年代末到80年代的英国大众文化文本化建制的进程中，除了托尼·本尼特《文本、读者、阅读构形》(1983)、《历史中的文本》(1985)、《邦德及其超越：一个大众英雄的政治生涯》(1988)和《文学之外》(1990)这些从马克思主义视野建立的文本理论外，还有费斯克的《电视文化》(1987)和《理解大众文化》(1989)，阐述了以生产快感去实现消费抵抗的文本消费主义。此外，后马克思主义者拉克劳和墨菲《领导权和社会主义策略》(1985)提出了接合理论，他们强调微观政治，用多元、差异、对抗的后结构主义话语理论和文本策略否定马克思主义的阶级斗争。费斯克的文本消费主义和拉克劳、墨菲的接合理论被视为“转向葛兰西”之后，英国出现的“新葛兰西派”的代表性路向。

伯明翰学派著名学者安吉拉·麦克罗比将霍尔的大众媒体研究划分为：“20世纪70年代的电视，20世纪80年代后期撒切尔主义的‘权威

① 威廉斯：《马克思主义与文学》，王尔勃、周莉译，河南大学出版社2008年版，第39页。

民粹主义’，以及多元文化主义。”①这个划分是针对影响大众文化研究的不同学术资源而言的：在70年代的结构主义影响下，阿尔都塞用意识形态理论来解释日常政治传媒实践，解释意识形态机器在大众传媒时代如何制造出“主体”幻象去更有效地服务于资本主义秩序，所以，用结构主义的方法研究大众传媒中的马克思主义的批判色彩是很强烈的。而20世纪80年代“转向葛兰西”之后，葛兰西文化领导权对于被支配阶级的利益的重视、对市民社会的关注与80年代以来撒切尔夫人执政以来的右翼倾向的抬头是有理论关联的。葛兰西文化领导权理论之所以在英国可以完成对结构主义和文化主义的范式整合，就是因为经验主义传统的英国素有对下层民众关注的民族志传统，而这种对下层民众的关注极易在消费主义和多元政治的诱惑下，裂变出消费抵抗、符号民主、话语政治等文化研究的路向。

英国文化研究学者在媒介时代下吸收符号学文本分析，大众文化的文本分析不仅在理论上也在实践上成功地摘除了利维斯主义的精英立场的文本皇冠，真正确立了大众文化的文本研究地位。但是伴随着大众文化的符号学文本分析的成功建制，文化研究在发展过程中逐渐局限于文本分析而脱离了早期文化研究对于大众包括工人的日常生活经验的关注，原因可以归纳为三个方面：第一，大众传媒文本的符号学研究因在学院的广泛建制而成为显学，文本伴随着媒介对生活层面的广泛渗透而出现了文本过于泛滥的现象。“霍加特和威廉姆斯代表的是英国早期的文化研究，也是社会批判，与20世纪80年代以后在英语世界开始流行的文化研究有着根本区别。”②这种根本的区别首先在于大众文化的研究地位不同，早期文化研究对大众文化是持批判立场的，而英国文化研究经历符号学的文本分析在大学学院建制，大众文化获得了体制内生存的条件。文本分析从霍尔的编码/解码开始建立，在托尼·本尼特的大众

---

① 安吉拉·麦克罗比：《文化研究的用途》，李庆本译，北京大学出版社2007年版，第15页。

② 赵斌：《社会分析和符号解读》，约翰·费斯克：《理解大众文化》，王晓珏译，中央编译出版社2001年版，第12页。

文化研究课程成功建制之后，涌现出以电影、电视和广播、广告等为文本分析的一系列重要著作：莫里(Morley)的《全国受众》(*The Nationwide Audience*，1980)、《家庭电视》(*Family Television*，1986)，费斯克和哈德利的《解读电视》(*Reading Television*)、戴尔(Dyer)的《明星》(*Stars*，1982)和《天体：电影明星和社会》(*Heavenly Bodies*：*Film Stars and Society*，1986)。此时不仅大众文化研究的地位发生了变化，而且对大众文化的关注度也大大提升了。50年代只有少数一批文化研究理论家关注电视、广播、流行音乐和流行小说、广告，到了20世纪八九十年代，“不仅是电视和广播，还有视像、电脑游戏——和最新出现的互联网文本(与此相关的现象是‘超文本’)”①，特别是商业运作的互联网时代下的文本的无限增殖，当我们意欲解读一个文本之时，“并不是解读一个具体的文本，我们还需要了解与这个文本相关的一系列互文本，而且还要了解这些互文本生产的秩序”②，我们处于“面临着过多文本的困境”③，人们再次质问“什么是文本”的文本本体论问题，还有论者主张“重返文本分析的新形式主义”④，即回到单一的、整体性的文本观。

第二，文本政治、符号民主代替了现实生活中的真实政治。“伯明翰学派的转折(同时也是它的衰落)最终发生于80年代后期，即所谓的‘新时代’(new times)的出现……正是因为后现代性问题的登场，使得伯明翰的模式难以为继，并为更多样化的文化研究所取代”⑤。墨菲和拉克劳的《领导权与社会主义策略》被认为是英国新葛兰西派的代表性著作，新葛兰西派运用话语理论与葛兰西的文化领导权理论发展出接合

① Nick Couldry. *Inside Culture*：*Re-imagining the Method of Cultural Studies*. London：SAGE，2000：69.

② Nick Couldry. *Inside Culture*：*Re-imagining the Method of Cultural Studies*. London：SAGE，2000：70.

③ Nick Couldry. *Inside Culture*：*Re-imagining the Method of Cultural Studies*. London：SAGE，2000：69.

④ 格雷姆·特纳：《英国文化研究导论》，唐维敏译，台湾亚太图书出版社2000年版，第148页。

⑤ 黄卓越：《英国文化研究与中国研讨会纪要》，《外国文学》2006年第6期。

理论。从渊源上讲，“墨非和拉克劳的后马克思主义文本策略来源于罗兰·巴尔特、德里达、克里斯蒂娃、索莱尔斯等人的文本理论”①，它从话语实践的角度解读政治认同和社会结构，将社会结构界定为“开放的、非稳定的、非统一的、偶然的，总是处于这样或那样的一种被阐发的过程中”②，竭力将差异性政治、多元性认同与激进的民主政治纳入话语理论的框架内，把话语政治和文本策略作为一种超越马克思主义的总体化及本质主义宰制的新的解放模型确立起来。

“葛兰西把霸权视为一种接合过程，已经预示了一种语言政治学的新视域，而后马克思主义的话语政治不过是语言政治学的后结构主义处理。”③英国文化研究中的后现代主义转向，也是一种后马克思主义转向。马克思关于普遍主体、全面解放、阶级斗争、国家权力等宏大叙事和马克思主义的阶级政治斗争以及政治经济学概念等被后现代的微观政治所取代，“微观政治关注日常生活实践，主张在生活风格、话语、躯体、性、交往等方面进行革命，以此为新社会提供先决条件，并将个人从社会压迫和统治下解放出来”④。为什么后马克思主义萌生于原本激进的英国文化研究领域，这个问题可以从很多方面进行解读，但是毋庸置疑的是，“后马克思主义政治理论来源于文学理论和文本分析的解构主义策略”⑤，英国文化研究越来越脱离早期与各种政治斗争的实践，而是局限于“话语的实践”。文本分析的话语实践实现的只是语言政治学，并未产生真正的政治。“文化研究在霸权主义范式下，更多地把权力理解为通过话语符号化运行。严肃的演说或声明，在系统化的表达中

① Bowman, Paul. *Post-Marxism Versus Cultural Studies*. Edinburgh: Edinburgh University Press, 2007: 25.

② 凯尔纳、贝斯特：《后现代理论——批判性的质疑》，张志斌译，中央编译出版社 2002 年版，第 255 页。

③ 周凡：《葛兰西与后马克思主义的生成》，《现代哲学》2008 年第 6 期。

④ 凯尔纳、贝斯特：《后现代理论——批判性的质疑》，张志斌译，中央编译出版社 2002 年版，第 150 页。

⑤ Paul Bowman. *Post-Marxism Versus Cultural Studies*. Edinburgh: Edinburgh University Press, 2007: 25.

构成了福柯的'话语'"①。英国文化研究在语言学转向之下，将现实领域内的阶级斗争、政治经济学等马克思主义的核心概念，转化为语言学的象征世界里的表征(Reprsent)、接合(Articulation)等概念，现实世界的抵抗和统治转化为话语想象界的颠覆和游戏，由此发生的是认识论取代了本体论，"在没有阶级和阶级对抗的情况下，社会进化将不再是政治革命"②。

第三，文化研究关注大众文化文本的学院研究，文化研究学者以"文本的愉悦"这种书斋内的革命想象自慰，到了费克斯那里更是极度美化大众在文化文本消费过程中快感的生产和抵抗性的阅读，在坚持大众文化文本消费的能动性的同时却忽视了资本的控制力量和生产的权力结构对大众文化产品的操纵，忽视了消费环节中的抵抗很可能是另一环境中的融合，忽视了消费过程中被操纵性和抵抗性的辩证关系。费克斯吸收了巴赫金的狂欢化理论、罗兰·巴特和克里斯蒂娃的文本阅读的快感理论以及德赛图《日常生活的革命》中的策略理论，提出"生产者式文本"(producerly text)，指出大众在消费过程中从抵抗的角度生产出快感，文本的意义不是被动地由主导意识形态决定的。"'生产者式文本'这个范畴，是用来描述'大众的作者式文本'的"③，大众在消费文化工业的商品时不是被动地接受文化霸权的规训和控制，"大众文化就犹如险恶的山区，对它进行游击式的(进攻性)解读，是体制中不可避免的环节"，按照经济生产的逻辑，文化产业的商品只有通过大众的消费才能实现其经济效益，而大众可以"只会选择能够提供抵抗、逃避或中伤该霸权的可能性的文本"，资本主义体制的经济与意识形态决定了日常生活的方方面面，而日常生活又反作用于它们，"大众文化充满了对抗的因素，而'措辞'(diction)的'对抗'(contra)力量则来自它(不情愿

① 斯科特·拉什：《后霸权时代的权力——变化中的文化研究》，程艳译，《江西社会科学》2009年第8期。

② 《马克思恩格斯全集》第4卷，人民出版社1979年版，第198页。

③ 约翰·费斯克：《理解大众文化》，王晓珏译，中央编译出版社2001年版，第112页。

的)‘生产式文本’的‘生产者式’读者”①。

费斯克代表的这类文化研究在刻意强调平民的文化抵抗的积极意义时，“对文本的生产条件视而不见”②，这恰恰忽略了西方晚期资本主义社会结构中依然普遍存在的政治经济上的极端不平等的事实，偏离了政治经济学和生产分析的文化研究，把注意力集中于消费、解释和阐释的阶段，而夸大了消费和日常生活的自由性与主动性、创造性，20世纪90年代以来的符号学民主越来越与早期文化研究的文化实践的批判立场背道而驰。“霸权理论不可避免地导致不加批判的民粹主义，重视消费，而忽视生产。”③麦克盖根批评说：“通俗文化研究已经从‘曾经引人注目的……新葛兰西派的霸权理论’转向不加批判的民粹主义”，并称这是“文化研究中的范式危机”④。约翰·斯道雷批评说：“费斯克这种新修正主义是文化研究发展的最新阶段：其主题是快乐、授权、抵抗和大众鉴别，它代表着一种‘从更具批判力的立场退却’的阶段。用政治术语来说而且说得好听一点，它是‘消费者权威’的自由主义观点的

① 约翰·费斯克：《理解大众文化》，王晓珏译，中央编译出版社2001年版，第113页。

② 格雷姆·特纳：《英国文化研究导论》，唐维敏译，台湾亚太图书出版社2000年版，第149页。英国文化研究对以媒介文化为中心的大众文化并不是持同质性的立场：从20世纪60年代到80年代初期，英国文化研究学者例如霍加特和威廉斯、汤普森等人主要是从阿尔都塞、葛兰西的马克思主义批判性立场认识大众文化的，即大众文化是把工人阶级文化整合到现成资本主义文化秩序的模糊领域，都把文化看做意识形态和霸权的再生产模式。只是到了后现代主义时代，即80年代末90年代初过于强调媒介文化的消费和阐释环节以实现抵抗资本主义文化霸权的能动性力量，认为大众不能控制文化商品的生产，但是可以在消费环节策略性地破坏和颠覆原来的意义，这种趋向被人诟病为“文化民粹主义”，批评他们失去了马克思主义政治经济学的批判性立场。90年代以来越来越多的学者对此提出异议，Curran称为是“新的修正主义”，Seamann批评其为“空洞的民粹主义”，Harris Frith. McGuigan称其为“文化民粹主义”。

③ 约翰·斯道雷：《文化理论与通俗文化导论》第二版，杨竹山等译，南京大学出版社2006年版，第294页。

④ 约翰·斯道雷：《文化理论与通俗文化导论》第二版，杨竹山等译，南京大学出版社2006年版，第295页。

一种不加批判的回音；说得苛刻一点，它与占优势的‘自由市场经济’意识形态一唱一和。”①

第三节　大众文化文本研究的限度

费斯克等文化民粹主义学者对大众文化的颠覆性和抵抗性过于乐观，拉克劳、墨菲等后马克思主义学者主张话语政治、否认阶级斗争而带有去政治化色彩，大众文化文本成为多义性和开放性的符号斗争场域，文化研究囿于话语论述中的政治和消费主义的符号民主，失去了批判性和介入现实的力量，这是英国马克思主义学者在扩展文本的内涵和外延，将大众文化纳入学院化研究时始料未及的事情。大众文化文本研究的限度在哪里？如何限定文本政治和文本策略在文化研究中的运用范围，这成为文化研究进一步发展需要理清的问题。

虽然很多学者提出重新回到经典的马克思主义政治经济学作为文本政治的解毒剂，主张重新开启“霸权理论与政治经济学之间的对话”②，但是用符号学去分析大众媒介的文本学方法在近20年的文化研究中所取得的成就是毋庸置疑的。文化研究需要马克思主义的政治经济学以及社会学方法的运用，并不意味着排斥文本学符号学的方法运用。莫里认为，虽然文本研究中过于乐观的文本消费主义“导致忽视了文化权力的体制问题”③，但是文本分析以及与文本相关的受众民族志的研究也是功不可没的。一个事实是，除了美国的读者受众研究外，英国的“新接受理论”和受众民族志研究成为80年代以来令人瞩目的读者接受研究的新发展。从20世纪80年代以来，关于文化研究冲击文学研究的争辩

① 约翰·斯道雷：《文化理论与通俗文化导论》第二版，杨竹山等译，南京大学出版社2006年版，第298页。

② 吉姆·麦克盖根：《文化民粹主义》，桂万先译，南京大学出版社2001年版，第6页。

③ Marjorie Ferguson and Peter Golding (eds.). *Cultural Studies in Question*. London: SAGE, 1997: 121.

以及后来的到底什么是文化研究的争论中，“大众与文本不一定是直接关系着文化研究的，但是它们能说明在文化研究的政策方面和社会学的修正主义之间的关联性”①。越来越多的学者认识到，从文化研究中物质性因素——体制、制度、机构、代理者角度切入，去研究大众文化文本与意识形态关系研究的重要性。托尼·本尼特在20世纪80年代提出的阅读构形以及他赴澳大利亚以后的文化政策研究，强化了葛兰西文化领导权概念和阿尔都塞意识形态概念中意识形态国家机器(诸如教会、国家、文化机构)等物质性力量对文本研究的制约和限定。

文化研究备受争议的一个主要原因就是文化研究中滥用的文本主义和后现代主义使文化研究偏离了“它本质上的政治的、社会的和物质的根基”②。现在的文化研究，无论是美国的还是英国的，它的一个重要特点是在社会和政治过程或者结构的宽泛分析中失去边界，文化研究的物质性根基研究的缺失导致文化研究失去了政治意义，在漫无边界建构意义的过程中忽视了体制性和经济性的决定性地位而导致了过于集中于文本分析。因此，“霍尔指出，我们所见到的文化研究不过就是一种文本学，是由语言或者话语实践建构起权力和政治”③，正如霍尔指出的那样，“文化通过文本性而得以研究”，但是，“同时文本分析也是远远不够的”④。文化研究必须学会“与文化研究的附属性因素例如制度、行政机构、代理机构、阶层、学术机构、合作社、社团、意识形态政党和专业、国族、阶级、种族性别……保持密切关系，绝不仅仅视批评性文

① Marjorie Ferguson and Peter Golding (eds.). *Cultural Studies in Question*. London: SAGE, 1997: xvii.

② Marjorie Ferguson and Peter Golding (eds.). *Cultural Studies in Question*. London: SAGE, 1997: xviii.

③ Marjorie Ferguson and Peter Golding (eds.). *Cultural Studies in Question*. London: SAGE, 1997: 123.

④ Stuart Hall. "Cultural Studies and its Theoretical Legacies", *Cultural Studies*. London: Routledge, 1992: 284.

本分析和文本阐述为全部"①。

其实霍尔的这种既赞同又反对解构主义的文本策略的特殊态度并不矛盾，这是因为霍尔希望通过文本保留政治问题，而不是让大众文化文本研究自身变成备受质疑的问题域，因为文化研究最重要的就是文化如何介入到不断变化的政治实践中去，也就是说，重视文本分析的方法但不能以"所指的滑落"为代价，文本分析的批判并不能代替发生在现实生活中的政治斗争，对于后现代主义之后的文化研究而言，"文化研究不仅仅是解构主义的，它必须是多于解构的，文化研究必须重新定位为'超越解构和解构之后'和'超越文本性'的"②。凯尔纳、贝斯特批判后现代主义将政治权力转化为话语权力，呼吁批判性理论对于后现代主义的现实介入力量，话语理论"倾向于掩盖资本主义在当代社会组织形式的生产和再生产中的持续建构作用，把权力和统治分解为多元的，无固定界限的制度、话语和实践"③。对于在传媒时代的文化政治，"尽管许多后现代理论正确地指出了媒体和信息的理论，但它低估统治集团支配和影响这些新生社会力量和程度"④。拉什质疑英国文化研究中的各种新葛兰西主义对"领导权"作为核心概念而导致的认识论取代现实政治的趋向，认为文化研究发展的新阶段必须超越"文化领导权"概念，进入"后霸权时代，无论是通过语言的、广告的甚至是新媒体的多棱镜来看，政治的关键已不再是认识论的，而是本体论的。本体论的存在已不再只是对于抽象权力的抵抗，而是统治自身的工具。在后霸权时代，权力变得更加邪恶。在霸权时代，权力只是盗用了陈述；而在后霸权时代的今天，它直接穿透了存在本身。权力，曾经是外延性的、自外而内地

① Stuart Hall. "Cultural Studies: Now and in the Future". *Cultural Studies*. London: Routledge, 1992: 16-7.

② Paul Bowman. *Post-Marxism Versus Cultural Studies*. Edinburgh: Edinburgh University Press, 2007: 32.

③ 凯尔纳、贝斯特:《后现代理论——批判性的质疑》，张志斌译，中央编译出版社 2002 年版，第 287 页。

④ 凯尔纳、贝斯特:《后现代理论——批判性的质疑》，张志斌译，中央编译出版社 2002 年版，第 287 页。

运转，现在变成内涵性的、自内而外地发生作用”①。拉什建议进行“权力制度”的研究。

面对这样的一个文本泛化和文本去政治化的大众文化研究现状，托尼·本尼特是赞同上述学者观点的，并在此基础上提出了关于大众文化文本研究的评价，以及如何去限定泛化的和去政治化的大众文化文本研究。首先，托尼·本尼特解释了大众文化的复杂性。托尼·本尼特在意识形态复杂性的视野下来考虑大众文化的积极和消极的复杂两面性："通俗文化的领域是由统治阶级夺取霸权的企图以及与之抗衡的斗争形式所构成的。由此，它既不是简单地由与统治阶级意识形态相一致的强制的大众文化构成的，也不是简单地由自发对立的文化构成的，而确切地说，它是两种文化交融渗透的领域。在该领域中——在通俗文化不同的特定形式中——统治的、被统治的以及对立的文化与意识形态的价值和要素错综复杂地‘混合’在一起。”②

其次，大众文化是意识形态斗争的场域。大众文化是媒介时代消费主义逻辑下的文化和意识形态争夺文化领导权的场域，由此产生了关于社会结构和社会关系的动态性的构成的观点，即文化研究中“大众文化既不是大众的文化扭曲，也不是他们文化的自身肯定，或者如汤普生的说法，是他们自己的自我创造；相反，它被视为一个力的场，体现的是确切是为那些互为冲突的压力和倾向所形构的关系”③。在大众文化场域中，大众本身是一个模糊的地带，并不具有阶级本质，有待于在具体的实践中动态地去构成，大众文化成为一种易变的构成，由不同因素组成，这些因素能够被连接成不同的布局，并且能够通过各种复杂多变的方式与社会斗争联系起来。

---

① 斯科特·拉什：《后霸权时代的权力——变化中的文化研究》，程艳译，《江西社会科学》2009 年第 8 期。

② 约翰·斯道雷：《文化理论与通俗文化导论》，杨竹山等译，南京大学出版社 2006 年版，第 14~15 页。

③ 托尼·贝内特：《大众文化与“转向葛兰西”》，陆杨译，陆杨、王毅选编：《大众文化研究》，上海三联书店 2001 年版，第 63 页。

再次，大众文化文本的研究方法仍然可行，关键是要在具体的文本生产和阅读接受的实践活动中阐释文化领导权的斗争过程，解释统治阶级在机构、制度、文化政策领域对从属阶级的管制，同时，也能发现，大众在阅读实践中实现对社会结构的改造和构形的能力。在讨论文本研究的未来发展方向时，托尼·本尼特的"'阅读构形'概念经常被人们认为是文化研究中文本分析的前行方向"①。那么，是什么形成了阅读构形呢？"它是阅读活动的产物，阅读活动是由构成具体的社会和意识形态的关系的机构，像学校、出版社、批评团体、流行音乐杂志——它们决定着阅读的主导模式并监控着阅读活动的组建和争论。"②可以肯定的是，阅读构形概念将抽象的文本研究具体为文本被阅读所发生的意义生产的过程研究，开启了经验主义研究读者和阅读实践的方法。更值得注意的是，阅读构形总是或多或少地与意识形态的构形联系在一起。

最后，托尼·本尼特带领澳大利亚文化研究团队，从制度、体制等物质性因素方面对文本研究中的限定作出了理论回应。弗劳(John Frow)和莫里斯(Meaghan Morris)就对文本作出了解释："在文化研究中以文本作为基本概念无疑是正确的，但是，在使用隐喻(在最抽象的，标识或者追踪纯粹关系)中，文本发生了突变。文本远非是标识出意义被建构于简单的(写作、言说、电影、服装……)范围和记述的领域。如果这些被理解为文本分析模式，那么，'文本'应该是包括实践、机构结构和复杂的代理人形式，代理人存在于法律的、政治的和经济的环境中，特别是处于知识与权力的语境中，以及与之相关的特殊的多重语义层结构中；从存在论的角度看，文本总是与实在连接在一起的，它无法超越具体的阅读实践。"③约翰·哈德利的《大众的现实》(*Popular*

① Nick Couldry. *Inside Culture: Re-imagining the Method of Cultural Studies*. London: SAGE, 2000: 82.

② Tony Bennett and J. Woollacott. *Bond and Beyond: The Political Career of a Popular Hero*. London: Methuen, 1988: 64-65.

③ John Frow and Meaghan Morris. "Australian Cultural Studies". *What is Cultural Studies?* London: SAGE, 1997: 355.

Reality，1996）、安·洪恩的《居室的战争：重新思考后现代世界里的媒介受众》（*Living Room Wars：Rethinking Media Audiences for a Postmodern World*，1996）对文本的无限增殖和意义的模糊性多义性进行讨论，他们共同提出了“文本环境”（Textual Environment）概念，它由文本丛、意义丛以及连接文本和意义的潜在的读者的活动组成，文本环境关注三个方面：“（1）文本生产的物质结构（最明显的是，最关注文本生产的特殊体制）。（2）文本流通的物质结构。（3）是什么在引导普通大众阅读的秩序过程，是什么让我们在文本之间建立关联，是什么在影响着我们文本的浏览，等等”①。显然，文本环境强调文本与文本之外的物质因素之间的意义生产关系。

托尼·本尼特时为澳大利亚文化研究团队的领军人物，作为一个研究团队，他们“不是去历史性论述阿尔都塞学派的误识或者‘真实的错误’，本尼特、弗劳和米勒提出解释的政府机制，弗劳用‘阅读制度’，托尼·本尼特用‘阅读构形’构建现代文学研究和说明读者阅读实践”②。第一，托尼·本尼特等人不同于拉克劳和墨菲和巴特勒（Butler）等后马克思主义者，他们还盘旋于马克思主义关于本阶级与非本阶级“自我意识”等概念去反对阶级还原论和经济决定论，本尼特、弗劳和米勒等澳大利亚文化研究学者从阐释现代文化机构的实践和技术方面去研究文本作为权力运作的场域如何发挥意识形态的功能。“托尼·本尼特批判传统美学或文本概念，并且重新检视读者解释团体，在《邦德及其超越：一个大众英雄的政治生涯》中，托尼·本尼特和珍妮特用‘阅读构成’来解释一个文本要检验它的地形（terrain），要澄清它的方法和意识形态，并且通过其中未曾言明的，去揭示戳穿其中的方法和意识形

① Nick Couldry. *Inside Culture：Re-imagining the Method of Cultural Studies*. London：SAGE，2000：81.

② Philip Goldstein. *Post-Marxist Theory：An Introduction*. New York：State University of New York Press，2005：97.

态。"①第二，托尼·本尼特等人不同于费斯克等人引入的是福柯僭越和快感理论，以文本消费主义颠覆文本生产主义，托尼·本尼特引入的福柯理论是知识和权力的相互生产关系，文本作为知识的载体在阅读过程中实现了社会的政治修辞，托尼·本尼特说明了限定构成性的权力和知识来源于政府对文化机构的政治和技术的管理。"本尼特的研究说明康德美学模式下的文学研究缺失体制性的技术维度的思考。"②

为了证明文本在政府管理的体制下作为一种权力与知识运作的工具，托尼·本尼特演绎了 19 世纪文学是如何变成一种"道德的技术"的。19 世纪，政府通过培养理想的教师、鼓励文本多重的解释活动实现对读者无穷无尽的伦理教化③，读者的阅读活动即读者如何遭遇文本并不是我们所认为的那样自然而然地发生的，"读者作为外在于文本的主体和文本作为等待被阅读的客体这种纯然状态不是真实的，相反，读者和文本都是在阅读构形中被合作再生产出来的"④。就像伊塞尔所言"文本提供一个去展示各种各样的阅读空间而不是展示唯一正确的阅读"⑤，19 世纪的文学研究的机构不是给出权威性的正确阅读，而是组织阅读活动，鼓励读者对阅读标准进行"无尽的"修订。

---

① Michael Groden and Martin Kreiswirth (eds.). *The Johns Hopkins Guide to Literary Theory and Criticism*. Baltimore and London: The Johns Hopkins University Press, 2005: 581.

② Philip Goldstein. *Post-Marxist Theory: An Introduction*. New York: State University of New York Press, 2005: 103.

③ Tony Bennett. *Outside Literature*. London: Routledge, 1990: 177-180.

④ Tony Bennett and J. Woollacott. *Bond and Beyond: The Political Career of a Popular Hero*. London: Methuen, 1988: 64.

⑤ Philip Goldstein. *Post-Marxist Theory: An Introduction*. New York: State University of New York Press, 2005: 104.

第五章　阅读构形中的读者与受限的积极读者

第一节　阅读构形中的读者

英国的语言学转向吸收的不仅是罗兰·巴特和艾柯等人的符号学方法，英国文化学者与符号学理论形成理论共振的最重要的原因是，这些符号学学者与英国文化学者一样对大众文化有着浓厚的兴趣。罗兰·巴特的《时装的系统》、意大利符号学家安伯特·艾柯的《读者的角色》因为对大众文化的精彩分析而被英国学界重视。艾柯的《读者的角色》于1981年在英国被翻译过来。艾柯以欧仁·苏的小说《巴黎的秘密》为例分析读者的接受过程，他发现，由作者和同时代的批评家所共享的"文明代码"并不被普通大众所接受，"因此文明必须记住任何一种大众交流媒介研究的主要特征……由受教育者的精英阶层逐渐形成的信息……在开始时都根据固定代码表达，但这些信息会被不同集群的接受者所感知，且依靠其他代码进行解读。这种信息的意义接受过程经常会经历一种过滤或扭曲，这完全改变它的'实际功能'"①。艾柯的《读者的角色》带给英国文化研究学界最重要的信息是，在进行传递的过程中，文明代码的符号意义并不是批评家和作者的固定表达，而是在被普通大众的接受过程中发生了意义的扭曲甚至是逆转。

---

① U Eco. *The Role of the Reader*: *Explorations in the Semitotics of Texts*. Bloomington and London: Indiana University Press, 1979: 140.

艾柯提出普通大众阅读与批评家阅读之间的差异，并且指出在精英主义文论中，除作者和批评家的文明代码之外的别的阅读被构想为不存在。由此，托尼·本尼特的疑问是，如果使用大众代码而不是文明代码（批评家和作者理解的符号系统），情况会怎么样呢？托尼·本尼特以英国小说家C. 金兹贝格尔（Carlo Ginzburg）《奶酪与蠕虫》①为例说明，普通大众完全有着自己的阅读方式。这本小说吸引托尼·本尼特的是一个名叫曼诺奇欧的磨坊主，如何从《圣经》这样的正统文本之中，将关于上帝和天使诞生的宇宙起源解释为从奶酪中长出蠕虫这种怪诞的邪说。磨坊主曼诺奇欧的异想天开的宇宙起源说是如何产生的呢？托尼·本尼特发现在文艺复兴时期，并不仅仅存在着静止的、唯一的《圣经》文本，而是正统的、官方的《圣经》与文艺复兴人文主义和农民口头文化的文本共存并相互影响。曼诺奇欧这个"大众"根据自己的文化资源去阅读《圣经》，"那时的公众是如何读它们的？那些读者的流行的口头文化在多大程度上将自身嵌入文本的使用之中，修改文本，重新改造文本，也许在某点上改变了其本质？曼诺齐欧的阅读故事给我们提供了显眼的与文本的关系的例子，这种关系与今天的受过教育的读者与文本的关系完全不同"②。

在艾柯的大众的阅读观点影响下，托尼·本尼特提出了阅读构形的概念，以此说明普通大众在大众文化文本的阅读实践中的运行机制。阅读构形理论关于读者这个要素的观点包含四个要点：

（1）阅读构形指出了大众的阅读作为批评家阅读的匿名他者的存在，把大众作为具有本体论地位的读者进行研究。批评家阅读与大众阅读是不同的，批评家是作为统治阶级的文化代理人（agenda）出现的，统治阶级通过批评制度赋予批评家一种特殊身份，批评家可以凭专业化的知识获得这种身份。批评家阅读作为一种正统、传统、范本指导着大众

① Tony Bennett. *Text*, *Readers*, *Reading Formations*. The Bulltin of the Midwest Modern Language Association, 1983(1): 3-17.

② G Ginzburg. *The Cheese and the Worms*: *The Cosmos of a Sixteenth-Century Miller*. London: Routledge and Kegan Paul, 1980: xii.

阅读，并且压抑大众自身对文化符码的解读能力。“事实上是把文学文本当成了一种工具，通过误读和它所提倡的正读之间的关系把读者道德地组织起来……他们所认为的误读正是依据标准化的描述的正确阅读方式，即文学或审美方式，这些文学或审美的方式为文学文本和在文学文本之中，生成了无穷无尽的深度，它能使文学文本作为便于读者自我完善的手段而发挥作用，主要是通过修订和校正早期阅读而实现的。”①托尼·本尼特引证詹姆逊在《政治无意识》中的论述，詹姆逊认为文本来到大众面前时，就“总是—已经—被读”了，好像只有通过积淀的阅读习惯和在传承的解释传统中(而这些只有少数的批评家才拥有这种传统)，才能得到理解。詹姆逊在此提出所谓的正典传统“元批评”赋予批评家在文本的价值和意义上的上帝地位。最为关键的是，批评家根据自身在文化场域中拥有的“文化资本”，在批评家的阅读中，“文本与读者的关系的最重要的激活正是由那些批评评论的形式所构成的，这些批评评论流通在文化机构中，批评刊物、教育机构、出版社，它们在文学体制之中占有主要的份额”②，这些事实上构成了“以特殊的方式压制大众文化的符号化解释系统，因而加固了意识形态的位置”③。批评家阅读以学术话语的权威性，保证对文本本身解释活动的权威性，排斥和攻击别的阅读。在以批评家阅读为正统的阅读模式中，大众阅读被归类为“无教养的阅读”(untutored reading)。托尼·本尼特主张，大众阅读与精英主义阅读一样具有存在的价值，“边缘化、次要的、巧合的、异想天开的或堂·吉诃德式的意义与主流性的意义一样都是真实的、具有本体论的安全，都和文本的活生生社会命运联系在一起”④。这种产生于

① 托尼·本尼特：《文化与社会》，王杰等译，广西师范大学出版社 2007 年版，第 61 页。

② Tony Bennett. *Text*, *Readers*, *Reading Formations*. The Bulltin of the Midwest Modern Language Association, 1983(3): 16.

③ Tony Bennett. Text, *Readers*, *Reading Formations*. The Bulltin of the Midwest Modern Language Association, 1983(3): 16.

④ 托尼·本尼特：《文化与社会》，王杰等译，广西师范大学出版社 2007 年版，第 74 页。

学院之外的文本批评活动具有构形社会的能力。

（2）普通大众的阅读是积极性的阅读，可以根据大众文化的符号体系创造意义。批评家的阅读与普通大众的阅读关系，“以类似于语言和言语的关系形式，文本符号学与阅读符号学之间的关系沿着一条相互麻木的共生的道路逐渐形成了。在这种构建之中，读者需要‘文本本身’，遇到可认为是对后者的创造性背离：决不预先确定运用和解释。……‘文本本身’需要这样的读者作为证实它自身的客观性和必然性的手段”①。这种语言与言语之间的关系就是巴赫金的狂欢化诗学中指出的大众文化这种多声喧哗与正统文化之间的对话关系，类似于巴赫金的大众文化和官方正统文化的这种“多重声音”的“对话”关系。主流批评家的阅读是贵族式的精英主义的阅读，他们制定的阅读理论和阅读模式是为了维护统治阶级的意识形态。而大众的阅读却创造性地背离固有的阅读模式而产生自己的阅读模式。在《奶酪与蠕虫》中，经过普通大众的阅读，《圣经》中关于上帝诞生和宇宙起源的故事，这个官方严肃、正统文本，被读者携带的文化资源（民间文化）改为奶酪与蠕虫的故事，所以大众的阅读就是巴赫金式的狂欢化，普通大众的阅读活动类似于狂欢节的仪式，在阅读活动中把严肃与正统拉下高高的神龛，完全有颠覆和调侃统治阶级文化体系的能量。

（3）普通大众的阅读还会生产出大众文化文本。“批评家案头的文本可能与大众阅读关系之中文化激活的文本并不相同。……分析必须从组织了大众阅读的社会关系的规定开始。……不是把文本作为一种既定物……把一种激进的‘延宕’引入分析之中。”②阅读构形倡导的是不仅大众对文本的阅读能力，而且指出大众阅读是阅读之后的再阅读，大众阅读活动是不停止的无限增殖的活动，所以大众阅读具有在元文本的基础上生产出无数新的复数文本的能力。托尼·本尼特在《邦德及其超

① 托尼·本尼特：《文化与社会》，王杰等译，广西师范大学出版社 2007 年版，第 79 页。

② 托尼·本尼特：《文化与社会》，王杰等译，广西师范大学出版社 2007 年版，第 84 页。

越》中围绕最初的邦德文学形象到消费文化中的大众消费的文化符号的转变，由一个邦德文本向无数邦德文本的衍生，说明了普通大众读者在阅读中对元文本的改写能力，以及在对元文本狂欢式的解构和改写的过程中生产出新文本的能力。经典文本与大众文化文本之间还存在着"文本间性"，这些文本间性生产出新的大众文化文本。因为，普通大众的在对文本的阅读过程中会根据自身的文化资源而生产，文本并不存在着本质，文本的意义总是在文本与读者之间的际遇中才能产生。

(4)阅读构形中的读者是大众传媒时代被意识形态国家机器通过话语制度的生产所形塑的客体。"无论读者被多样地构造为何种形象，关注大众的技术是可以被讨论的，最重要的就是阅读实践，它提供了正确的历史化的方法去探寻读者的形塑问题。"大众传媒时代，大众文本的阅读是大众日常生活最基本的文化实践，大众与文本之间的阅读关系成为现代最重要的文化现象，统治阶级正是以大众文化为场域，在阅读构形所形成的读者与文本相互生产性激活的关系中介入到文化领导权的争夺、赢得、协商、谈判、妥协过程。普通大众生产出新的大众文本，同时，大众文化文本在嵌入到话语实践中时可以通过它携带的意识形态来改变读者大众。文本本身不是渗入到群众或者个体主体的某种阅读之中，"而是融入阅读关系之中，和其中的阅读型构之中，这些阅读型构具体地、历史地构建了文本与读者之间的相互作用"①。在阅读构形中，普通大众是通过大众文化文本的阅读而"文本与读者之间的不可能被构想为二者之间的相互作用，此二者一边是'文本本身'，作为没有被任何外在的限定浸染的纯粹实体。另一边是'主体'，要么想象为'粗糙的'，未开化的，要么想象为被情境的形成"②，而是文本与读者在阅读构形中相互激发式生产，这种相互生产被物质的、社会的、意识形态的制度要素制约着。所以，在阅读构形中，读者大众和大众文化文本都不

① 托尼·本尼特：《文化与社会》，王杰等译，广西师范大学出版社 2007 年版，第 79 页。

② 托尼·本尼特：《文化与社会》，王杰等译，广西师范大学出版社 2007 年版，第 79 页。

是固定不变的，它们相互生产而形构社会结构，同时意识形态通过制度和机构的作用也形构它们。读者在阅读构形中受社会、文化、历史等制约而被生产，阅读构形为文本生产读者，也为读者生产文本，文本带着由社会文化形成的互文性和读者由社会文化构成的具体经验相结合。“文化的社会过程不是发生在文本内部而是在文本之间、文本和读者之间：不是某些理想的、脱离现实的读者，而是历史中具体的读者，他们的阅读行为是被条件限制的，部分是由文本限制的，同时也是由整体配套的意识形态关系，与之有关的文本的生产和再生产。”①所以，不同的阅读模式已经在不同的阅读构形中和阅读与意识形态的关系中被先在地决定了。

第二节　受限的积极读者(受众)

英国文化研究中的读者(受众)研究经历了从被动读者(受众)到积极读者(受众)的转向。早期的大众传播研究，将传播过程视为传播主体作用于传播客体的活动，倾向于读者(受众)的被动性接受。而从20世纪70年代中期开始，英国文化研究的兴起带动了读者(受众)的社会文化性的研究，“社会文化性受众研究也被称为‘接受分析学派’(reception research)”②。该学派认为受众是在日常生活经验的社会文化实践中习得的，而不是无知的、毫无自觉意识的乌合之众，费斯克就批评阿多诺将大众视为意识形态商业文化推行的非个性化、齐一化、单质的、群体的观点——“人民是文化笨蛋……一群没有鉴别能力，经济上、文化上和政治上受工业巨头主宰的被动的、无助的乌合之众”③，而创造出“生产者式的读者”这一新的术语以区别于文化工业理论中对大众的批驳。这种读者是一种“积极的读者(受众)”，积极的读者(受

① Tony Bennett. *Formalism and Marxism*. London: Routledge, 1979: 174-175.
② 陆扬：《文化研究概论》，复旦大学出版社2008年版，第240页。
③ John Fiske. *Television Culture*. London: Routledge, 1989: 309.

众)强调读者(受众)是意义的能动生产者和创造者，而不是文本产生意义的被动接受者。“这种范式的出现是作为对20世纪80年代的‘皮下注射式’受众的反驳，皮下注射式的阅读意味着文本意义像注射器一样直接注射入受众的头脑中而无任何改变，而积极的受众模式代表着一种转变：从数量到意义，从单数的文本意义到复数的文本意义，从普遍性读者到特殊的读者。在这种结构中，读者作为意义的积极创造者，与文本相联系，因此也与塑造读者语言和社会环境的语境的文化能力有关系。”①托尼·本尼特对皮下注射式的阅读也是持批驳态度的，“‘皮下注射式’的模式意味着可以将主流意识形态像注射器一样直接注射入复杂的社会结构关系中的主体”②。他的阅读构形理论强调读者对文本的改写能力，强调大众读者生产出新文本的能力，所以阅读构形是属于积极读者(受众)研究范围之内的。

“我和珍妮特·沃考特的阅读构形的研究和受之影响的‘邦德文本’的社会接受研究就是受限的积极受众的范例。”③托尼·本尼特承认他的《文本、读者、阅读构形》和《邦德及其超越：一个大众英雄的政治生涯》“与在英国文化研究中的通过编码、解码的方法研究受众以及后来的‘积极受众’传统的文章在所关注问题上的一些相似性，但是，我对这些问题的研究方法与它们很不一样的，某种程度上我试图超越在我看来这些传统的一个重要局限，这就是它们并未完全理解文本的本质以及文本的历史性的本质。”④托尼·本尼特于1996年著述的《形塑受众和读者》，说明他的阅读构形理论所阐述的文本和读者动态相互生产性关系的分析模式仍然适用于受众与大众文化文本之间的关系。这是托尼·本尼特在文学理论的读者研究的基础上，明确提出外延更广的受众这个大

① Chris Barker. Make Sense of Cultural Studies. London: SAGE, 2002: 221.

② Tony Bennett. Figuring Audience and Reader. *Critical Trajectories: Culture, Society, Intellectuals*. Hoboken: Blackwell Publishing, 2007: 62.

③ Tony Bennett. Figuring Audience and Reader. Critical Trajectories: Culture, Society, Intellectuals. Hoboken: Blackwell Publishing, 2007: 62.

④ 托尼·本尼特:《我的学术之路和理论方法》,《文化与社会》,王杰等译,广西师范大学出版社2007年版。

众传媒时代的概念。“受众这个现代概念(至少在他成为‘积极的’之前)是中心源信息的接受者。它是伴随着现代媒介出现在媒介的实践而形成的产物。”①他认为与报刊与书籍的读者、广播的听众、电影、电视和各种视觉艺术观赏的观众相关的诸如读者反应研究、效果研究、接受理论等，都可以冠以“受众研究”。受限的积极读者的观念是托尼·本尼特阅读构形理论的进一步深入，阐释了读者的阅读活动作为话语实践是受物质性机构的体制制约的。

托尼·本尼特发现读者(受众)研究中，“语义学上的读者这个广泛运用的词语现在已经变得极度宽泛和滑动。因此也不够精确”②。托尼·本尼特宣称“积极的受众的观点在一定程度上需要被解构”③。托尼·本尼特在这篇文章中在肯定英国积极读者(受众)研究以经验主义民族志的方法对大众作为读者的积极创造性阅读的理论贡献的同时，提出“受限的积极读者”(determined active reader)，质疑文化研究的“积极读者(受众)”中出现的读者无边界现象：其一是拉克劳和墨菲解构主义策略下的散漫无中心的“难确定的积极读者”(indecipherably active reader)；其二是费斯克抵抗式阅读中“过于积极的读者”(over-active reader)。托尼·本尼特辨析这两种观点的失误之处在于没有为积极的读者(受众)作限定，“通过受限的积极的读者这个概念，指的是读者的活动务必被理解为被一套复杂的组织限定着，文本的运作影响始终是被与文本相关的文本之外的力量‘最终决定’”④。托尼·本尼特通过对积极的读者“受限的”限制因的探讨，更具体地说明了意识形态国家机器通过物质性因素制约着读者和文本生产。并且在讨论读者(受众)的主

① Tony Bennett. Figuring Audience and Reader. *Critical Trajectories: Culture, Society, Intellectuals*. Hoboken: Blackwell Publishing, 2007: 54.

② Tony Bennett. Figuring Audience and Reader. *Critical Trajectories: Culture, Society, Intellectuals*. Hoboken: Blackwell Publishing, 2007: 58.

③ Tony Bennett. Figuring Audience and Reader. *Critical Trajectories: Culture, Society, Intellectuals*. Hoboken: Blackwell Publishing, 2007: 58.

④ Tony Bennett. Figuring Audience and Reader. *Critical Trajectories: Culture, Society, Intellectuals*. Hoboken: Blackwell Publishing, 2007: 62.

体性问题中，托尼·本尼特关注到塑造读者主体的技术是由政府关于进步和改良的知识构建的，这表明托尼·本尼特从葛兰西文化领导权的构形理论向福柯的治理性理论发展的趋向。

首先，托尼·本尼特提出“受限的积极读者”针对的是解构主义策略所谓的“难确定的积极读者”，托尼·本尼特批评这种观点既消解了大众阅读意义，也对大众读者的阅读活动持游戏式的不可分析论。托尼·本尼特问道：“为什么说，读者总是处于不断的变化中呢？解构主义的观点认为，主体的阅读活动是一个不断理论化的事件，无论是读者的位置还是文本的阅读都是悬置的，即使是在具体的规定因的制约下。”①拉克劳和墨菲的解构主义观点认为，社会结构总是处于无中心的、多元斗争的、散漫的(因而也是难确定的)组织化过程中，读者(受众)作为对象来分析就是在这个散漫社会结构中进行的，因此读者总是处于社会变化的构形过程中而无法确定下来，读者自然也是散漫的、无法固定下来的、可以静止地研究的对象。“在解构主义之中，可以把文本看成一系列过程，当文本由可能被固定或无休止地解构它们本身的意义坐标时，文本就敞开了，成为一个无穷无尽的重复阅读过程，这样就能发现新的意义中心和意义视域。”②解构主义认为无论是文本还是受众都不是已经给定的，文本意义的生产，即文本的阅读是永远不可能被决定和具有决定性的，“结果，任何使读者或者受众成为积极知识的对象企图，必定是关于文学阅读的草案，特殊的阅读实践活动是永远都不会被确定下来。阅读自身被再阅读——因为，它超越了任何特殊的方法范围——一直处于难确定的溢出本身的状态”③。托尼·本尼特指出，这种解构主义策略的积极读者研究的错误在于将文本—读者这种互相生产

① Tony Bennett. Figuring Audience and Reader. *Critical Trajectories*: *Culture*, *Society*, *Intellectuals*. Hoboken: Blackwell Publishing, 2007: 62.

② 托尼·本尼特：《文化与社会》，王杰等译，广西师范大学出版社 2007 年版，第 60 页。

③ Tony Bennett. Figuring Audience and Reader. *Critical Trajectories*: *Culture*, *Society*, *Intellectuals*. Hoboken: Blackwell Publishing, 2007: 62-63.

的互文性连生关系割裂为单独的文本研究或者单独的读者研究，而不是在阅读构形中，在文本与读者、文本与文本的再生产的关系中研究。“当问及特定的受众和文本分析以及它们的关系如何演绎时，解构主义的方法是失败的。”①难以确定的读者使文学阅读活动变得摇摆不定并且越出了文学文本的限定范围。在这种阅读情况下的读者是不可能作为对象来分析的。这种解构主义式的阅读策略，在托尼·本尼特看来是知识分子在学院内冥想出的产物，而非真正现实中的文本与读者相互生产的关系型的普通大众的阅读实践。

其次，托尼·本尼特认为费斯克的抵抗式阅读之中的读者是“过于积极的读者”，认为这种理论的问题在于对阅读的抵抗麾下的读者被赋予了过于热情和过于自治的权利。托尼·本尼特分析费斯克的积极受众中存在着两个错误，(1)这种受众好像总是居于社会的从属位置，读者作为主体总像是一个斗士一样等待着一场反抗的、对立的或者僭越的释义活动。(2)“塑造读者的方式是前设为因果的而非根据实践去分析的。”②积极的受众是必然会积极的，这种先验的理论假设不是依据民族志、统计学或者编史技术，这样就极易只看到特殊从属群体的阅读实践，而忽视了作为主流受众的批评家这种正式阅读(即主流意识形态创导的批评家阅读)对大众阅读的隐性引导甚至是压制。

再次，托尼·本尼特认为自20世纪80年代以来的积极读者(受众)研究简化了读者主体性研究的复杂性，忽视了对于“受众既是客体又是主体”③的真正葛兰西式的理解。葛兰西的文化领导权概念表明，大众文化的文本作为主流意识形态和从属集团的协商场所，存在抵抗与反抵抗、颠覆与反颠覆、规训与反规训的动态过程。“在一定程度上，

① Tony Bennett. Figuring Audience and Reader. *Critical Trajectories: Culture, Society, Intellectuals*. Hoboken: Blackwell Publishing, 2007: 64-65.

② Tony Bennett. Figuring Audience and Reader. *Critical Trajectories: Culture, Society, Intellectuals*. Hoboken: Blackwell Publishing, 2007: 65.

③ Tony Bennett. Figuring Audience and Reader. *Critical Trajectories: Culture, Society, Intellectuals*. Hoboken: Blackwell Publishing, 2007: 58.

批评是一种协商性的和体制性的各阶级折中的场所和媒介。"①一方面，大众读者在表面上是自主自愿阅读的主体，大众在阅读活动中看似为自愿的自我萌发的行为，但是，"读者还是通过介入到文本的前提下才会赋予读者一定程度的自治权，读者的自治权是处于一些组织阅读实践的社会机构的限制因管制下的"②，而积极的读者(受众)研究中忽视的恰恰是组织、规定、限制阅读活动的各种因素，"如果将读者视为通过文本激发的积极的读者，这样也要考虑一些因素——(读者的)社会地位、文本之间的关系、多样化的协商调停等。——这些充当了相应的阅读实践中的限制角色"③。所以，另一方面，读者成为政治修辞学上的客体，统治集团为了实现对从属集团的统治，使用的不是强权而是一种带有修辞效果的文化和意识形态上的监控。"受众的观点总是被特殊的机制所形塑和组织"。④ 看似为大众的自主阅读活动，实质是主流意识形态为了达到政治需要而组织的民众教育学，"但是如果将阅读行为放在政治性介入的视野下看，阅读实践承担了政治修辞学的功能，读者的行为是受塑造的———种模式——这样他们能在阅读或者类似的情形下使用。因此出现的相关问题是在文本——电视、电影或者文学中——的表意方式中是一种教育学的展示"⑤。

葛兰西在关于文化领导权与国家职能转变的关系的相关论述中认为，现代资本主义不使用强制机构的统治而在文化和意识形态方面承担着教育者的职能，"教育的目的始终是创造一种新型的和更加高级的文

① Tony Bennett. *Outside Literature*. London: Routledge, 1990: 224.

② Tony Bennett. Figuring Audience and Reader. *Critical Trajectories: Culture, Society, Intellectuals*. Hoboken: Blackwell Publishing, 2007: 62.

③ Tony Bennett. Figuring Audience and Reader. *Critical Trajectories: Culture, Society, Intellectuals*. Hoboken: Blackwell Publishing, 2007: 61-62.

④ Tony Bennett. Figuring Audience and Reader. *Critical Trajectories: Culture, Society, Intellectuals*. Hoboken: Blackwell Publishing, 2007: 56.

⑤ Tony Bennett. Figuring Audience and Reader. *Critical Trajectories: Culture, Society, Intellectuals*. Hoboken: Blackwell Publishing, 2007: 61.

明，使广大群众的文化和道德能够符合不断发展的经济的生产结构的需要"①。国家实现教育者的角色转变需要的是塑造主体的各种技术，这些技术由现代知识来构建。这是托尼·本尼特从葛兰西文化领导权转向福柯政府治理性理论的逻辑走向。在积极的受众中，例如莫里对《全国受众》的研究，单一地将读者(受众)作为一种行为模式来分析，而忽视了读者(受众)是多元的，阅读模式是多样的，阅读过程中还会发生各种文本再生产而影响再阅读的情形，这意味着塑造读者主体的技术是一种针对性的多样化的技术。托尼·本尼特分析英国文学教育时发现，"现代文学或审美的阅读不是一系列特殊文本特征的反应，而是对读者的反应纠正的形式，这是文本在现代文学教育中运用的主要特征"②，因此，"文学和审美是作为塑造主体性的特殊技术"③。托尼·本尼特认为塑造主体是通过关于知识——主体的塑造技术来进行的，"我对受众研究的主要观点依据的是通过进化和文化改良的技术而使受众成为客体的知识"④，"受众是在政府治理性或者管理计划中被建构为客体的，特别是用统计学方法分析受众的活动和行为，其目的是影响服务机构对受众的看法或者是改变提供受众活动机构的状况。在这种情况下，当受众制订计划时，实质上，他们被自己带入到这样的计划中——计划自己被建构，但是被代理人实施和产生效果"⑤。由此可以看出，由于政治修辞学的需要，读者成为国家这个教育者运用文化技术去塑造的审美主体。

---

① Antonio Gramsci. *Selections form the Prison Notebooks*. London: Routledge, 1971: 242.

② 托尼·本尼特:《文化与社会》，王杰等译，广西师范大学出版社 2007 年版，第 61 页。

③ 托尼·本尼特:《我的学术之路和理论方法》，《文化与社会》，王杰等译，广西师范大学出版社 2007 年版，第 21 页。

④ Tony Bennett. Figuring Audience and Reader. *Critical Trajectories: Culture, Society, Intellectuals*. Hoboken: Blackwell Publishing, 2007: 59.

⑤ Tony Bennett. Figuring Audience and Reader. *Critical Trajectories: Culture, Society, Intellectuals*. Hoboken: Blackwell Publishing, 2007: 59.

最后，在批判了积极读者(受众)研究中出现的这些问题之后，托尼·本尼特对积极的受众的限定性作出了解释：不管你愿不愿意成为一个受限的积极读者，限制因像是伴你左右的朋友组织着你的阅读实践。受限的积极读者(受众)揭示了政治化的阅读的修辞模式。修辞的政治化阅读并不明确表达它的政治性，“相反，他们的政治表达是通过形塑读者活动的规定因限定因来实现的。读者只有通过解读出潜存于受众文本中的政治符码才能转换出政治。实质上，这种转换模式的文本政治和积极受众的方法只是纯粹的文本政治的让渡形式——激进或者革命性文本——文化实践的政治效果的相关问题需要置于更宽广的关系领域研究(话语的、制度的、文本间的)，这些要素组织了特殊的文本——读者实践的文化地形”①。也就是说，托尼·本尼特提出积极的读者(受众)的限制因素，是表明阅读是“受到文学构形的特定组织以及社会机构制约，文学构形调节着文学文本的社会配置和运作的具体形式并影响着文学文本的效果”②，“作为文学构形的一部分的文学实践是符号实践和机制之间的关系”③。意识形态国家机器通过对文本的生产和接受环节的“机制”的管制而实现着对读者的限制和规定。

第三节　阅读构形理论对马克思主义读者研究的发展

英国马克思主义的大众立场是迥异于西方马克思主义、法兰克福学派和阿尔都塞的结构主义等精英色彩的马克思主义理论的。托尼·本尼特认为读者大众既非完全审美理想启蒙下的“主体”，也不是意识形态话语制度下完全被形塑的“客体”，辩证地回答了在大众传媒时代读者大众的启蒙可能性和复杂性。“马克思主义批评的表述一直依赖于(而

① Tony Bennett. Figuring Audience and Reader. *Critical Trajectories*: *Culture*, *Society*, *Intellectuals*. Hoboken: Blackwell Publishing, 2007: 58.

② Tony Bennett. *Outside Literature*. London: Routledge, 1990: 73.

③ Tony Bennett. *Outside Literature*. London: Routledge, 1990: 73.

不是变革)有限度的批评所发展起来的文本、读者、批评之间的关系"①。托尼·本尼特的阅读构形理论建构了关于普通大众读者与大众传媒文本之间的相互生产关系，具体地说，阅读构形是以大众读者和大众读者的具体阅读实践演绎了葛兰西的文化领导权对大众的形塑和大众的反形塑。阅读构形是关于文本的生产与文本的接受、读者的生产和读者构形社会的理论，比较系统地解释了在大众传媒时代，意识形态不仅可以通过意识形态国家机器(控制出版社等文化机构、制定文化政策、寻找知识分子代理人充当中介等方式)生产出文本，而且也可以生产出读者，但是大众读者也可以生产出文本，同时创造性的、狂欢式的大众阅读活动可以介入到文化领导权的争夺过程中去。阅读构形作为一种马克思主义式的大众立场的读者研究，它的意义可以作如下说明：

第一，阅读构形研究的是普通大众作为读者在大众传媒时代的阅读实践，明确赋予了普通大众作为读者在马克思主义文论中独立的研究地位。它借助葛兰西的文化领导权的分析模式，从马克思主义意识形态运作形态的分析中，实现了与接受美学和读者反应批评类似的读者转向，解构了形式主义、英美新批评、结构主义等各种以符号学和语言学为机理的本文中心论。阅读构形明确提出大众阅读、读者的角色在文本生产中的作用，从意识形态与读者意识的建构之间的关系来讨论读者被意识形态生产，同时读者也主动创造性生产文本而构形社会，它是关于文本、读者和社会历史形态之间相互生产的理论，阐述了马克思主义关于大众、文本和社会之间的关系。理论界一般简单地认为马克思主义文论没有成熟系统的读者理论。接受美学的创始人姚斯认为，正统的马克思主义美学囿于文学反应理论而否定艺术形式的独立美学特征，对读者没有赋予独立的研究地位。他认为，"正统马克思主义美学对待读者与对待作者毫无区别：它追究读者的社会地位，或力图在一个再现的社会结

① Tony Bennett. *Outside Literature*. London: Routledge, 1990: 185.

构中认识它"①。实质上，正如学者瑙曼等人已指出的，在马克思主义经典理论中不仅包含丰富的读者接受思想，而且只有在马克思主义基础上才能建立起真正科学的艺术接受理论。

托尼·本尼特认为，"在历史中，绝没有固有的'文学''进步'，或任何本质性事物，如果说生产仅仅只是消费，那么，就文学而言，它们的生产是永不能完成的，它们不断地再生产，不断与不同的政治关系和影响再产生，文本所处的全部物质(历史)，社会过程必须是再客观化质询的"②。阅读构形理论从经典马克思主义政治经济学的生产与消费关系入手说明读者的接受消费活动对于文本的再生产能力。马克思主义认为消费对生产的反作用及其价值实现的重要环节的理论，为艺术接受的重要地位提供了理论依据。艺术史家瑞弗就认为，"如何解释建基于过时的生产方式的古希腊的艺术，这个问题只能从产生古希腊艺术的文化背景和它们的生产模式来解释。但这样仍然不能充分地说明一种特殊的经济形态是怎样决定其人工制品的。有必要对人工制品在不同的经济环境中是如何被接受、欣赏和再生产的问题进行思考和研究"③。马克思主义文论家马歇雷认为："艺术品是一个过程而非一个客观的对象，因为它们不可能被一劳永逸地生产出来，而是倾向于被不断地'再生产'，实际上，在这个连续不断的变化过程中，它们获得的只是一种身份和一个内容。"④托尼·本尼特关于大众读者对文本的再生产的实现理论，不仅说明了马克思主义政治经济学中消费环节实现了生产的真正完成，而且说明了读者大众的消费本身对文本的再生产能力。

第二，阅读构形通过文本与读者的相互生产关系，动态地解释了阅

① H. R. 姚斯：《走向接受美学》，H. R. 姚斯等：《接受美学与接受理论》，周宁等译，辽宁人民出版社 1987 年版，第 23 页。

② Tony Bennett. *Formalism and Marxism*. London：Routledge，1979：128.

③ 转引自丹尼·卡瓦拉罗：《文化理论关键词》，张卫东等译，江苏人民出版社 2006 年版，第 77 页。

④ 转引自丹尼·卡瓦拉罗：《文化理论关键词》，张卫东等译，江苏人民出版社 2006 年版，第 78 页。

读活动发生的机制，动态地说明了社会、历史、文化等意识形态因素(文本之外)是通过文本阅读方式进入文本之内的，表明了马克思主义主义文论对于读者反应批评之后读者理论的吸收和发展能力。将艺术的接受视为一种社会活动(也包括经济活动)，马克思主义文论不仅从生产和消费角度提出了读者消费在实现艺术生产的价值实现的重要地位，而且提出了比接受美学和读者反应批评将读者的阅读活动局限于纯审美分析的文学活动更为科学的分析框架。

“在读者反应批评之后，读者普遍被认为是一个历史的或社会的建构，不存在抽象的或永恒的本质”①，读者反应批评之后的马克思主义读者理论的新发展在于从社会文化性方面去界定读者。从英伽登、伊瑟尔现象学方法开始，发展到法国的结构主义、后结构主义对解释中的语言学的策略运用，以及美国的读者反应批评用“影响的焦虑”“情感的风格”“解释的团体”来反驳新批评自足客观的文本观，可以看出他们不断要求将读者放在阅读实践的整体中去考察——读者走出文本封闭性，将读者放在社会文化中去考察。特别是文化研究的兴起、马克思主义原则的运用，读者反应批评对于读者的认识发生了深刻的变化，“自从20世纪80年代早期以来，随着文学研究对文化和政治因素的广泛重视，读者反应批评越来越将文本的具体阅读放在具体的历史环境中去，这样就在某种程度上表明读者的反应是由对文学的解释和评价构成的，它们是由读者的意识形态和内植于读者的关于种族、阶级或者性别等偏见形成的”②。姚斯等人的接受美学理论将读者的期待视野及其文艺接受问题严格地限制在纯审美的也就是纯意识的范围内来谈论读者，这种读者观就“忽视了由所属阶层所决定的又为个人阅历所折射出的具体的阅读

① 安德鲁·本尼特：《读者反应批评之后的阅读理论》，李永新、汪正龙译，《江西社会科学》2010年第1期。

② M. H. Abams. *A Glossary of Literary Terms*. New York: Thomson Learning Pte Ltd, 1999: 259-260.

经验必然具有的社会差别"①。应该说，马克思主义的方法对80年代以来的读者反应批评的发展有着重要的意义，马克思主义对于读者的民族、性别、政治、经济等文学外部的研究方法，打破了读者自足、无历史向度的审美幻象，简略地说，马克思的外部研究模式，以宏观的、整体的、联系的、系统的、实践的方法试图解决的是"读者为什么读"，而读者反应批评的内部、微观、本体研究，是解决"读者是怎么读"的问题。这样，如何有效地对这两种资源进行整合，将读者问题的研究打通内部研究与外部研究的沟壑，则是非常有价值的。托尼·本尼特的阅读构形理论在文本之内和文本之外的阅读结合上，作出了努力。

托尼·本尼特指出读者的阅读活动是介乎文本之内与文本之外的动态性历史性阅读构形，所以文本、读者和社会结构之间不可被分割而进行分析，阅读构形是一个整体动态的分析阅读活动的模型。首先，文本不仅是文本本身(内部文本)，而且是社会文化的产物(外部文本)，"没有固定的边界可以阻止外部文本对内部文本的重构，实际上，内在文本总是一定文本间性关系的产物"②。其次，读者是在阅读活动中被社会文化历史地生成的，文学活动中读者与文本都是历史性构成，文本与读者是在具体的文化环境中相互动态地生产中激活的，文本是带着由社会文化形成的互文性和读者由社会文化构成的经验的具体结合。再次，阅读是一种动态性构成过程，这个过程是文本与读者的历史性相遇，阅读是为文本生产出读者，也是为读者生产文本，文本和读者从来就不是纯然的，都是意识形态的产物，是由文本网络生产和形塑的读者与文本网络生产的文本相遇的过程。德里达也有类似的看法，他用文学行动取代文学本质论，文学是因为行动的介入的动态因素才建构起来的文学活动，"文学的本质，如果我们坚持本质一词的话，就是在刻写和阅读

① 朔贝尔：《文学的历史性是文学史的难题》，范大灿编：《作品、文学史与读者》，文化艺术出版社1997年版，第199页。

② Tony Bennett. *Texts in History*: *The Determinations of Readings and Their Texts*. Midwest Modern Language Association, 1985: 9.

'行动'的历史渊源处被作为一套客观的规则而生产出来的"①。概括说来，阅读构形的概念动态地说明了文本、读者在阅读活动中如何被社会文化历史性地构成，文本之外的社会文化不是生硬地插入文本之内，"阅读构形的概念，是试图在文本之内的阅读和文本之外的阅读之间铺设一条道路，文本之内的阅读判断是由多种因素决定的，这些判断不能仅从内部文本产生，也能简约为外部文本的社会文化语境所决定。……这就是要质疑传统观念，即把文本、读者和语境当作彼此分开、彼此固定的元素，其实它们是在一组有序的话语关系中变化着的"②。

第三，托尼·本尼特从文学政治效果的实现来说明大众作为读者的必要性。马克思主义文论的实践品格要求文本最终在读者的审美中实现，建设马克思主义文论有着明确的普通大众作为读者的政治诉求。阿尔都塞从文学效果的角度提出了这样的问题，"现在我们相信，我们能够希望做到真正认识艺术，深入了解艺术工作的特性，认识那些产生'审美效果'的机制的唯一途径，正好是对'马克思主义的基本原则'多花时间，予以最大的注意，而不是重新'转到别的一些东西上去'，因为如果我们过于迅速地转到'别的一些东西'上去，我们得到的将不是对艺术的认识，而是艺术的意识形态"③。政治性也就是马克思主义的实践品格就是要求通过文学这种特殊的艺术形式实现对符合历史规律的进步的主体实现启蒙。所以，审美效果的对象化，也就是马克思主义文论中的读者，就成为建设马克思主义文论的重要环节。

马歇雷从阿尔都塞的意识形态理论出发，提出"文学效果"概念。在《论作为一种观念形式的文学》中认为，首先，在马克思主义的历史与实践的观点看来，文学总是在某种历史条件下存在的，并不存在着某

① Jacques Derrida. *The Post Card, Form Socrates to Freud and Beyond.* Chicago: The University of Chicago Press, 1987: 45.

② Tony Bennett. *Texts in History: The Determinations of Readings and Their Texts.* Midwest Modern Language Association, 1985: 10.

③ 陆梅林：《西方马克思主义美学文选》，漓江出版社 1988 年版，第 524~525 页。

种恒久固定的文学性的文学本质，而只存在“文学作为意识形态手段的审美效果”①。其次，“文学效果是在一个确定的社会物质过程中生产出来的，这是构成的过程，即文本的制作和写作，也即文学‘作品’的制作和写作”②，文学效果通过文本的生产和读者对文本的阐释、批评活动，实现意识形态功能，因此，文本不是自足的。它总是走向文本之外实现文学效果。再次，因为“弄清这种阐释是否‘真的’与作者的意图相同并不重要(因为后者并不是导致文学效果的原因，而本身恰恰是效果之一)，阐释和评论恰恰以完整的视角解释(文学的)审美效果，文学性就被认作是这种效果，而恰恰是在它激发这些阐释、批评和‘阅读’的时间和程度上被认作这种效果的”③。文学效果作为意识形态观念统治的手段，文本、读者、意义的阐释都是统摄于意识形态的，皆为意识形态生产的对象。

托尼·本尼特认为，马克思主义文学批评“通过有效介入在一般的社会层次上运作的主体塑造的意识形态过程吁求获得一种政治效果”④。托尼·本尼特接受了阿尔都塞、马歇雷的文学效果论，从文学效果的对象化实现说明马克思主义文论作为一种政治性、富有实践品格的文学批评活动重视普通大众作为读者存在的价值。更为重要的是，不同于阿尔都塞、马歇雷和伊格尔顿等人认为文学的政治效果的实现是在读者的审美认知(或者套用阿尔都塞的术语“误识”)领域内实现的，托尼·本尼特认为马克思主义文论的文学效果是通过话语实践的方式实现的，实现了马克思主义文论的读者分析框架从审美认知模式向话语实践模式的转变。“文学批评活动允许一种先定的显著的政治练习，文本正如马克思主义批评那样，是不断遭遇解释的，解释的方式是与他们所进入的社会

① 巴里巴尔、马歇雷：《论作为一种观念形式的文学》，马尔赫恩：《当代马克思主义文学批评》，刘象愚译，北京大学出版社 2002 年版，第 50 页。

② 巴里巴尔、马歇雷：《论作为一种观念形式的文学》，马尔赫恩：《当代马克思主义文学批评》，刘象愚译，北京大学出版社 2002 年版，第 55 页。

③ 巴里巴尔、马歇雷：《论作为一种观念形式的文学》，马尔赫恩：《当代马克思主义文学批评》，刘象愚译，北京大学出版社 2002 年版，第 56~57 页。

④ Tony Bennett. *Outside Literature*. London：Routledge，1990：221.

过程相适应的，文学的政治效果是不断以活力的和变化的方式生产的"①。可以看出，托尼·本尼特发展了阿尔都塞和马歇雷的文学效果论，首先，托尼·本尼特希望通过"建立一套话语域去研究读者或者受众并非是完整性的主体"②，认为阿尔都塞的"积极方面，特别是相较于反映理论，让我们'思考'文学文本作为实践的转化形式，作为一种转化和作用于表征，即，隶属于政治的社会影响产生不同的'效果'"③。这促使马克思主义文论从反映认知模式向话语实践模式转变。话语实践模式意味着文本形式作为话语实践起点是要在读者的阅读活动中去分析的，从而将文学效果的分析从文本层面延伸到读者阅读层面，文学效果要从话语实践的分析中得到说明。其次，马歇雷关于文学效果的构成是考察文本的制作和写作的观点，托尼·本尼特进一步发展了马歇雷和伊格尔顿将文本视为审美意识形态的生产的观点，提出阅读构形理论，指出文学效果要考察的不仅是单一模式的文本的生产，而且包括文本与文本的相互再生产(文本间性)、读者对文本的再生产等复合形态的文本生产，从读者的阅读对文本再生产能力角度说明文学效果产生的复杂结构。

第四，阅读构形中的读者是受限的积极读者，读者既是阅读活动的主体，又是被隐含其中的意识形态形塑的客体。阅读构形理论辩证地在阅读实践中讨论马克思主义通过审美启蒙实现读者主体性的问题，在肯定读者的主动性和积极性的主旨下同时说明，读者是"受限的"主体。自浪漫主义美学以来，从经典马克思主义家到法兰克福学派以及人道主义马克思主义者将读者定义为政治化阅读中等待审美启蒙的读者主体。如果马克思主义文论对于主体启蒙的政治诉求和主体启蒙这个复杂的问题联系在一起，那么苏俄马克思主义文论的"阶级性""人民性"文学理念包含对被资产阶级文化"异化"的读者的审美启蒙理想。文学的实践

---

① Tony Bennett. *Formalism and Marxism*. London: Routledge, 1979: 128.

② Tony Bennett. Figuring Audience and Reader. *Critical Trajectories: Culture, Society, Intellectuals*. Hoboken: Blackwell Publishing, 2007: 67.

③ Tony Bennett. *Formalism and Marxism*. London: Routledge, 1979: 128.

对象化指向的是无产阶级受众、群众、人民等语汇，启蒙的主体性意识是阶级意识和主体性精神的觉醒，读者通过无产阶级文学的审美教育，提高阶级觉悟和革命意识。卢卡奇等西方马克思主义者强调主体性，强调人在资本主义社会中的物化和异化，特别是主体精神的异化，因此主张在提高无产阶级阶级意识上做工作，使无产阶级成为摆脱资产阶级意识形态束缚，具有本阶级自我意识的人。“从卢卡契(卢卡奇)到阿尔都塞，西方马克思主义美学家们都一再强调，在现代社会，马克思所提出的改造世界的号召，首先表现为改造主体意识”①，审美启蒙中理想的读者是自由自觉的主体吗？

萨特在马克思主义文论中明确提出阅读/读者等相关问题，他用“实际的读者”“潜在的读者”与“理想的读者”三个概念来分析作者为谁写作的问题。理想的读者是对于自由的确认，在阶级社会中，实际的读者(文学消费者)是统治阶级的，与统治阶级对立的公众是潜在的读者。阅读是读者对作家创造的审查和重建，是对自由的生成，也是读者介入现实政治的行动。他坚信自由的文学只有在被压迫者那里才能找到理想的读者。可以说，萨特的人道主义马克思主义观视“主体”与“自由”是同一性的，具体在阅读中，读者主体性地位与阅读活动的主体建构之间是直接的纯洁关系。对于萨特的观点，马尔赫恩批评说“阅读和写作一样，蕴含在‘完整’的变化无常中。‘正确’阅读的观念，就其最简单的形式而言，在哲学上是人文主义的，它预设了一个共同的本质，即保证作者和读者之间有完美的交流的可能性。但是主体性是运动的、自我分割的，它不断地建构和重构自己，而且很少能选择这些建构和重构的方式，且往往不去或不能识别它们”②。

与经典马克思主义和苏俄马克思主义中的阶级性读者、法兰克福学派中的审美自由主体、萨特人道马克思主义中的理想读者的不同点在

① 王杰：《审美幻象研究》，广西师范大学出版社 1995 年版，第 15 页。

② 马尔赫恩：《当代马克思主义文学批评》，刘象愚译，北京大学出版社 2002 年版，第 24 页。

于，阿尔都塞不再视读者为自由自觉的主体，主体不过是意识形态机器实现观念和意识统治的一个概念而已，主体在另一种意义上是“臣属”。由此，阿尔都塞提出“无辜的阅读”的理论。读者在阅读作品的时候往往天真地误识阅读活动是凭借自我主观意识，而不加任何外来因素直接看到作者所表达的全部东西，产生误识的原因正是意识形态生产主体的隐蔽方式。实质上任何人是在一定的知识背景下或凭借一定的生活阅历去阅读，这种阅读表面看来完全是自主的，实际上它是由一定的“问题式”统摄的解读。要破除这种“问题式”给人带来的误识，就必须采取征候式的阅读。“通过‘征候阅读法’，即把明确的论述与那些欠缺部分、空白点和沉默之处结合起来读。后者是一种‘未曾言明的论述’，它们正是潜藏在原文中未被人意识到的问题式的许多征候。正确地理解和实践的读法，也像一切知识那样，不是想象力，而是理论性的劳动和生产”①。那么，征候式的阅读就是考察隐藏在文学的语言下面的“在场中的不在场”、空白和遗漏，从而寻找出深藏于最深处的现实意识形态的意识结构；真正主体意义上的读者，是要立足于文学语言的“在场”(文本内部)而发现那些语言未曾说出的“不在场”(文本外部)的空白和遗漏。

托尼·本尼特的读者主体是受限的积极的主体。托尼·本尼特是继阿尔都塞、马歇雷之后对萨特式的启蒙审美主体的主体性读者理论的否定之否定。结构主义马克思主义否定的是主体性读者，而托尼·本尼特认为读者不仅存在着主体性，可以创造性地进行巴赫金式的狂欢颠覆，而且读者被文本和社会历史所构形，所以表现为对阿尔都塞的否定主体性之后的否定。从萨特到阿尔都塞再到托尼·本尼特，我们可以看到，马克思主义文论对读者主体性进行研究的路径。(1)读者反应批评对读者的主体地位的提高，读者阅读中心论和语言学研究方法，得到了马克思主义文论在研究读者问题时的积极吸收和融合。(2)马克思主义文论不仅仅从语境入手研究读者与文本的关系，而且强调历史性动态构成，有效

① 戴维·麦克莱兰：《马克思以后的马克思主义》，林春、徐贤珍译，东方出版社 1986 年版，第 322 页。

地解释了读者与意识形态之间的复杂机制。读者与意识形态之间的关系研究纠正了读者反应批评中读者的纯审美研究的模式的偏颇。(3)马克思主义关于读者的认识，从苏俄模式的抽象普遍的阶级性，到法兰克福学派和阿尔都塞学派的精英意识，再到大众文化中具体经验性的受阶层区分的个体，这种辩证式的认识逻辑表明，马克思主义文论关注读者的认识与审美教育问题结合在一起的复杂性，这种复杂性并没有因为辩证式的认识而一蹴而就地加以解决，反而因文化研究的泛化而引出更多复杂性思考，到底如何进行审美教育和什么才是审美教育的对象——读者或是大众传媒的受众，仍然需要马克思主义文论家认真地思考。

第五，托尼·本尼特从读者的“受限”的话语制度条件对阐释的边界作出限定。20世纪文论从文本中心向读者中心转向之后，阐释者的地位得到了空前的提升，同时也带来了阐释的失控，读者民主化权力扩张之后，导致的是文本意义的无限播散，本文成为意义无限衍生的能指。英国文论根据自身自20世纪80年代文化研究领域面对的问题提出积极的读者(受众)、生产式读者(费斯克)，因而英国文论代表着接受理论从接受者的被动接收向主动选择接受的新近发展方向，它在肯定大众的消费、接受环节对资本主义文化逻辑的颠覆和反叛的同时导向了不加批判的文化民粹主义。由此引发的问题是，读者(受众)研究需要有阐释的边界限定。目前对此回应的代表性观点是：(1)回归作者本体。“作者在文化和文化文本解释中仍然占据非常重要的地位。在西方文学传统中，对文学的兴趣是关于作者、什么是作者的某种不确定性所引导的，并且此类兴趣事实上由对作者所赋予的文本性、意义、意图的界限难以抗拒的违反来推动的。”①(2)反对阐释(桑塔格)。(3)回归本文。艾柯认为开放式的阅读应该从作品本文出发，提出“本文的意图”为诠释作出界定。

以上几种观点面对过度阐释的解决思维仍然局限在“是读者还是文

① 安德鲁·本尼特：《作者理论与文学问题》，汪正龙译，《文学理论研究》2010年第1期。

本决定阐释的意义"①为假命题上，文本与读者之间的关系趋向紧张、断裂，托尼·本尼特的阅读构形理论不是以回归读者或者文本一方以达到对过度阐释的反驳。首先，阅读活动是一个开放式螺旋形无限延伸的过程，阅读之后还会产生新的文本和读者的相遇场域，无论是读者还是文本都是动态的、未曾静止和终结的，文本是一种暂时性的存在，读者也仅仅是某次特定阅读活动中的读者，这样，无论是读者还是文本都不是静止和本体化的。阅读构形中的读者进入下一次阅读活动中是嵌入到另一种话语构型场域中的话语生产。其次，读者和文本都不是无辜的、清白的，阅读构形是为文本生产读者、为读者生产文本的双向交互性生产过程。但是，阅读实践活动又是在意识形态国家机器话语生产制度下形成的，"话语即是作为文化载体的语言与使用该语言的社会中的整个机制、惯例以及习俗之间的关系"②，决定着阅读构形中的读者和文本的相遇模式的是意识形态国家机器运用话语生产的机制，所以，阅读构形中的读者是被意识形态国家机器"召询"的主体，积极读者(受众)是在文学、艺术、文化等审美话语制度下的被限定的读者。但是，读者(受众)的受限与积极、规训和颠覆又旋即被包容的动态过程，是"审美作为一种形成个人特征的独特技术进行论述"③，"探讨在产生一系列不同的文学和审美效果的过程总发挥调节作用的各种社会和历史条件"④。

阅读构形理论始终关注的是文本与读者之间的相互动态生成关系，并没有割裂文本与读者之间的关系。在托尼·本尼特看来，文本、读者都不是作为本源决定着阐释，文本改变读者，读者改写和再生产文本，文本与读者在阅读构形的框架下相遇产生意义，但这只是某次特定的阅

① 拉曼·塞尔登：《文学批评理论——从柏拉图到现在》，刘象愚等译，北京大学出版社2003年版，第83页。

② 张进：《新历史主义与历史诗学》，中国社会科学出版社2004年版，第117页。

③ 托尼·本尼特：《我的学术之路和理论方法》，《文化与社会》，王杰等译，广西师范大学出版社2007年版，第21页。

④ 托尼·本尼特：《我的学术之路和理论方法》，《文化与社会》，王杰等译，广西师范大学出版社2007年版，第21页。

读活动的固定分析。托尼·本尼特的阅读构形理论，跳出了读者反应批评和文本中心批评对阐释活动解释的孤立静止分析的窠臼，也反对解构主义文论对文本能指的碎片化和游戏化，同样也不是将文本之外的社会历史因素植入文本之内的“历史背景”和“文本前景”“语境化”分析方法。大致说来，阅读构形理论与同属于葛兰西转向下的威廉斯、霍尔、拉克劳、墨菲的关于意识形态与话语的接合理论阵营，但是，托尼·本尼特在话语实践的物质性机制、机构的组织和调节下关注的是审美技术如何成为一种知识的话语生产的机制问题，将读者作为审美技术素质的主体来看待，它涉及的是意识形态机制、审美话语作为知识的生产、审美主体三者的生产关系，这是“从马克思主义的分析框架转变为福柯式分析框架”①。如果说，积极读者(受众)是葛兰西式民粹主义的主体，那么，托尼·本尼特在此基础上走向了更为复杂的审美话语实践的形成机制的分析，这样就形成了受限的积极读者(受众)既是主体又是客体的思考。

小结　“阅读构形”

阅读构形理论认为文本是处于与其他文本、读者、社会历史相互作用的生产关系，因此文本总是“历史中的文本”，历史中的文本为英国马克思主义文论关注的大众文化从文本学的角度作出了理论立论说明。历史中的文本意味着，首先，马克思历史主义的观点认为，文本是随历史变化的范畴而非本质主义的，因而在大众传媒时代大众文化文本就是一种新的文本形式。其次，大众文化文本是介入到具体阅读构形中的，文本与文本之间、文本与读者之间是相互生产的，在大众阅读实践活动中，发生了文本、读者与社会结构相互构形、塑造的活动，文本、读者、社会历史之间具有流动的关系。这里的关系，并非指三者是既定活

① 托尼·本尼特：《我的学术之路和理论方法》，《文化与社会》，王杰等译，广西师范大学出版社2007年版，第21页。

动之间的静态关联，而是未完成、彼此渗透在具体特定的阅读活动之间的“动态构成性关联”。这种关系本身就是一种历史性的关系，文本通过读者的阅读实践，与文本之外的社会历史发生着对话，而不是反应论和表现论文论的文本本身内部的关系，也不是各种形式主义文论的静止、孤立、封闭的文本观。再次，将文本引入具体的社会历史中去是由读者阅读实践活动实现的，即读者的阅读活动实现了使文本居于历史中(历史中的文本)，所以，文本与历史的关系同样体现为文本与读者的关系。大众文化是葛兰西的文化领导权发生卷入、争夺、赢取、丧失、协商、谈判的斗争场域，大众文化文本的接受(阅读)是大众传媒时代最基本的文化实践活动，读者是这个场域中主流意识形态意欲命中的靶的，而大众阅读却是可以富有创造性地改写和背离文本，读者在阅读构形中既非完全主动性的主体也非完全被动的客体，所以阅读构形中的读者是“受限的积极读者”。最后，“把历史(作为一门学科)看作特殊的话语领域，处于一套明确的程序的支配之下，对作为现存事实过去的维持和改变进行调节”①。“历史的过去，公共历史领域所组成的历史表征，历史实践与其他的制度语境和话语体制之间建立了什么样的联系，历史就是在这个体制当中被生产才出来并且得到流通的。”②大众文化文本是在由意识形态的话语制度生产的阅读构形的制约下被生产的，文本与历史的关系体现为文本与意识形态话语制度这种特殊审美形式的历史条件的关系，托尼·本尼特从威廉斯的文学是一种写作实践论延伸到文学是一种话语制度的生产的文学观，这种文学观体现为文本与文本、文本与读者(大众)、文本与社会结构之间存在着相互生产构形的关系，从而清算了各种“审美认知模式”的黑格尔式的文学观，也预示了托尼·本尼特的分析框架从葛兰西文化领导权逐渐走向福柯治理性研究。

① 托尼·本尼特：《文化与社会》，王杰等译，广西师范大学出版社2007年版，第129页。

② 托尼·本尼特：《文化与社会》，王杰等译，广西师范大学出版社2007年版，第136页。

下编：文化治理性：塑造审美主体的文化技术

第六章　转向福柯：文化治理的发生学研究

第一节　文化治理性的提出

托尼·本尼特在开放大学工作的主要贡献在于促成了英国文化研究从阿尔都塞到葛兰西的转向，但是随后托尼·本尼特意识到"文化研究中过于倚重葛兰西主义对意义和意识的阐释而忽视了对实践主义要素——文化政策研究①，这样，他就转向福柯的著作和福柯的政府治理（governmentality）中的概念。作为澳大利亚格里菲斯大学'文化和媒介政策研究中心'主任，托尼·本尼特在将文化政策提升为文化研究目标的工作中扮演了重要角色"②。托尼·本尼特自1983年赴澳大利亚工作，他的工作重点从大众文化研究转向文化政策研究，他自己总结在澳大利

---

① 除了托尼·本尼特，文化政策研究领域其他著名的学者有Toby Miller、Stuart Cunningham、Tom O'Regan、Richard Collins和Colin Mercer。但是文化政策研究的标杆性人物还是托尼·本尼特，20世纪90年代以来文化研究领域的著作（例如哈德利的《英国文化研究简史》，克瑞斯的《塞尔奇文化研究词典》）只要是涉及文化政策，都以托尼·本尼特为文化政策研究的代表人物。托尼·本尼特的文化政策研究是指托尼·本尼特与政府合作主持某些政府主持的文化计划项目，协同政府制定出发展文化的纲领、目标和措施；文化治理性研究则是指托尼·本尼特对这种与政府合作实现文化治理功能的理论阐释。所以，文化政策侧重于表述托尼·本尼特的文化治理性实践，文化治理性侧重于表述托尼·本尼特的文化治理性理论，两者在理论内涵上是一致的。

② Chris Barker. *The SAGE Dictionary of Cultural Studies*. London：SAGE，2004：14.

亚文化研究中的工作："从20世纪80年代后期到21世纪初的研究围绕着两个焦点组织：一个是文化与政府统治之间的关系，它是对文化政策这一文化研究中相对新颖的研究领域进行分析和实际参与其中的总体理论背景，另一个是博物馆和其他收藏机构等运作，它们构成了对社会产生作用的文化体制。"①这也表明，托尼·本尼特理论关注点从与大众文化研究关系密切的理论资源——阿尔都塞的结构主义和新葛兰西主义，转向了福柯关于知识和政府治理术之间的关系研究。

学者普遍将托尼·本尼特20世纪90年代以来的文化政策研究视为文化治理性研究的起点。"文化政策研究是文化研究自20世纪80年代末期到20世纪90年代的新发展，先是由于福柯著作中的'政府治理'，随后与名噪国际的托尼·本尼特的研究联系起来。"②一般认为，托尼·本尼特提出的文化政策以及与之后的文化治理性研究是进入20世纪90年代以来文化研究多元主义中新的理论趋势。托尼·本尼特最早在《文学之外》(1990)就开始思考文学研究中对于物质性的制度和体制的缺失(见第二章第四、五节)的思考，他认为泛化的文本政治和积极的受众研究忽视了它们是政府的权力话语实践生产的对象。托尼·本尼特在1992年的《把政策引入文化研究之中》中第一次提出文化政策这个想法，1993年在澳大利亚格里菲斯大学召开的文化研究国际会议的专题就是文化政策(这次会议上讨论的文化政策被格罗斯伯格的《文化研究》于1995年组成专刊)，后来托尼·本尼特的著作《博物馆的诞生：历史、理论、政治》(1995)、《文化：改革者的科学》(1998)以及论文《文化与治理性》《作用于社会：艺术、文化和管理》《有用的文化》都围绕着福柯的政府治理概念进行阐释，从文化实践、文化实用主义角度来思考文化研究的关键问题。

福柯政府治理是一种政治哲学概念。它指政府机构作为国家安全和

---

① 托尼·本尼特：《我的学术之路和理论方法》，《文化与社会》，王杰等译，广西师范大学出版社2007年版，第25页。

② John Hartley. *A Short History of Cultural Studies*. London: Sage, 2003: 106.

人口管理的机制机器，使用政治经济学的方法制定出制度和程序，周密地计算出对主体的权力运用。福柯认为不同于强制型和压制性的君主权力，规训权力是一种分散而非集中型的权力，它像毛细血管那样广泛分布，监控整个社会肌体，这些权力通过国家机器例如医疗机构、教育机构以及某些学科知识诸如社会改革、人口统计学、犯罪学等，将人口定义为可供管理的种类，所以人口成为管理政体和规训机构的研究主体。同时，“政府治理为我们提出了制度、程序、分析、计算的方式，特定的政府机器构建出个体自我反射行为和伦理能力的知识”①。在此，政府或多或少地充当了协调这些部门和机构与自治性的“生活的技术”之间冲突的角色。政府治理性强调社会管理过程中对个体行为、伦理能力和社会运动构建自我反射模式的监管。“依据福柯和托尼·本尼特的观点，当今社会文化越来越需要放在治理的视域下被理解，因为文化不仅仅是关于表征和社会意识，而是有关机制实践、管理程序和有关空间知识组织安排。”②

托尼·本尼特对福柯的政府治理性研究的发展体现为两个方面：第一，托尼·本尼特将福柯的政府治理性转化为文化治理性研究。托尼·本尼特将原用于医学、精神病学、犯罪学、性学等领域内的福柯的政府治理性用来研究审美、艺术和文化等学科与政府之间的关系，由此出现了托尼·本尼特对博物馆、图书馆和艺术馆等文化机构以及文化政策的文化治理性研究，扩大了福柯的政府治理性研究的理论实践运用范围。“我致力于关注现代性构形时刻发展出的艺术和自由治理形式之间的关系。这根植于将艺术作为对社会发生作用的生产机制，它有能力影响到主体的内在道德转变和行为方式改变。”③第二，托尼·本尼特的文化治

① Chris Barker. *The SAGE Dictionary of Cultural Studies*. London：SACE，2004：78.

② Chris Barker. *The SAGE Dictionary of Cultural Studies*. London：SAGE，2004：78.

③ Tony Bennett. Acting on the Social：Art，Culture，and Government. *Critical Trajectories*：*Culture*，*Society*，*Intellectuals*. Hoboken：Blackwell Publishing，2007：88.

理性概念是福柯“政府治理术”与“自我的技术”两个概念的结合，“政府治理术是指特定的管理组织和过程，通过特定的政治制度和叙述的策略，它的目标是使我们更积极地参与到我们自身的管理和监督之中，并促使我们自身的发展。”①托尼·本尼特把艺术、政府和社会相互作用的关系放在19世纪自由主义政府发展至文化改革和文化规划等文化管理出现的背景下考察。托尼·本尼特发现19世纪自由主义政府的政治目的，是针对大工业城市中新兴工人的出现，而要发展出一套自我管理、自我发展、审美自治的“自我的技术”。

第二节　研究文化治理性的原因

托尼·本尼特对自由主义政府文化管理的关注，与20世纪90年代以来英国的社会政治环境、英国社会结构的变化、文化研究深入发展之后对文化领导权新的探索以及托尼·本尼特在澳大利亚文化研究中面对的现实问题密切相关。

第一，“英国80年代以后社会、政治、经济以及文化等方面发生了很大的变化，尤其是工人阶级人数的减少、传统体力工人向技术工人转换等结构性的改变，工会力量的减弱、蓝领工会的减少和白领工会的增多”②，导致了工党内部左翼、右翼力量的消长。后工业化的浪潮和其他政党的竞争迫使工党向右翼靠拢，并提出“第三条道路”的执政方针，这意味着英国在面对经济和社会发展问题上超越左右界限向中间化靠拢的政治趋向。1979—1997年右翼保守党执政的撒切尔、梅杰政府采取宽松的新自由主义政策，以恢复老牌资本主义国家在二战以后经济停滞不前的现状，因此撒切尔夫人被称为新自由主义的典型代表，“撒切尔主义的核心内容是提倡自由价值观，恢复自由经济传统，推行‘民

① Tony Bennett. Acting on the Social: Art, Culture, and Government. *Critical Trajectories: Culture, Society, Intellectuals*. Hoboken: Blackwell Publishing, 2007: 77.

② 刘成:《理想与现实——英国工党与公有制》，江苏人民出版社2003年版，第237页。

众资本主义'，用小政府来代替大政府。撒切尔夫人自己把撒切尔主义归结为一点，即'法律管制下的自由'"①。"它是英国资产阶级右翼对大英帝国的解体、科技革命的发展、产业结构和阶级结构的变化、福利国家制度的利弊等重大社会经济事件做出的全面反应。"②这种新自由主义比传统的自由主义更强调国家的管理和干预，并承认政府有限度的管理是必要并有效的。1997 年左翼工党重新获得执政权后，工党领袖布莱尔反思 1979 年工党大选失利和自 20 世纪 70 年代以来的工党衰落的主要原因，认为工党的发展必须克服阶级基础过窄和工党组织分散的困境。面对传统的工人阶级的缩减和新兴的中产阶级，布莱尔对工党进行了改革，淡化其阶级性质使工党成为基础广泛的"人民党"，故提出了"新工党""新英国"的口号，并以 1998 年出版的吉登斯的《第三条道路》为工党的准官方政治哲学，布莱尔政府要走的第三条道路超越传统的政治概念，即老右翼所主张的新自由主义和老左翼的社会民主主义，推行的是左右兼顾的"第三条道路"③，吸收新兴的中产阶级以扩大阶级基础，也吸收撒切尔主义政府对自由市场的合理干预。实质上，"现在的工党与保守党之间已没有什么根本的差别"④，因此，作为英国的左派政党的新工党被认为是"传统社会主义的一种修正形式"⑤，其左翼色彩也大大减少。在这样的政治条件下，作为一种批判性和介入型的文化研究也要思考文化研究如何保持自身的实践品格，重新思考文化与权力、政府与主体的关系。当美国里根政府、英国撒切尔夫人政府以及澳大利亚工党政府这些新自由主义政府遭到了打击以后，"就促发了从文化政

① 王章辉：《英国文化与现代化》，辽海出版社 1999 年版，第 320 页。

② 阮宗泽：《第三条道路与新英国》，东方出版社 2001 年版，第 23 页。

③ 第三条道路就是指政治上非左非右的"中间道路"，是当代适应科技、经济、社会、阶级和生存环境的全球化变化的"中间偏左"的社会民主主义政治哲学。

④ 刘成：《理想与现实——英国工党与公有制》，江苏人民出版社 2003 年版，第 238 页。

⑤ 阮宗泽：《第三条道路与新英国》，东方出版社 2001 年版，第 3 页。

策领域进行政治行动的必要性"①。进入90年代以来，新自由主义政府大力推行福柯治理性理论。"第三条道路与撒切尔主义的区别在于使公共事业(部门)扮演核心的角色"②，公共机构的重要性和公共事务管理的必要性演变为"政策科学"研究的热潮③，人们纷纷将目光转向新自由主义的政治哲学理论，福柯的政府治理理论在90年代以来变成显学。"福柯对新自由主义的规治的思考说明，所谓'国家介入的减少'事实上是政府的一种延伸：自由主义不是政治的终结，而是一种转变，它对社会内部的权力关系进行了重构。我们今天所强调的东西不是对国家主权和它的管理能力的削弱或剥夺，而是把官方的治理技术向非官方转移，并且是在负责治理的部门中出现新的参与者(比如说非政府组织)。"④这种转移揭示了国家本质中一些重要的转变以及与国家参与者和市民社

① Tony Bennett. Putting Policy into Cultural Studies. *Cultural Studies*. London: Routledge, 1992: 23-27.

② 刘成：《理想与现实——英国工党与公有制》，江苏人民出版社2003年版，第235页。

③ 政策科学的提出和创立，是在西方社会如何解决资本主义世界普遍面临的社会危机的背景下发生的，英国经济学家凯恩斯为解决经济危机问题而提出的政府干预经济的政策主张，可以看作现代政策科学理论建立的根源。因此，关于政策科学的理论研究和理论探索，最先是被当作解决社会危机的对策性工具和理论手段提出来的，同时也正由于这种探索和由此而形成的政策理论主张在解决相关社会危机过程中产生了积极的效果，于是"政治求助于科学，官员求助于学者"便成为一种政策趋向，而成为西方国家改进公共政策系统的普遍愿望，从而在西方社会政治与管理生活中凸显出来。到了60年代，随着人类社会政治、经济、文化、科技的迅速发展，由此而带来的各种前所未有的社会危机和冲突也进一步增多，虽然各国政治家和政策学者都为解决这些问题作出了不少努力和理论探索，然而，同科学技术的现代成就相比，人类解决社会问题的能力仍然十分软弱无力。某一领域、局部、方面的危机爆发及处置不当都会引起社会系统甚或全球系统全面反应。政治、经济、文化、科技和社会的协同发展，已经成为当代人类社会发展的重大战略问题。于是，如何认识和端正社会发展方向，改善和加强作为社会指挥系统的国家政策制定系统，控制和塑造人类自己的未来，也就成为整个政策科学研究的核心和建构科学的政策科学理论框架的基础。(参见胡惠林：《文化政策学》，上海交通大学出版社1999年版，第11页。)

④ 莱姆克等：《福柯与马克思》，陈元等译，华东师范大学出版社2007年版，第13页。

会之间的新型关系，国家进入风险型社会，责任、安全、监督、灾害控制以及灾害后果等各种不确定性因素促使国家依赖各种自下而上的亚政治形势的发展，微观政治与强制权力并行。①

第二，文化政策研究是托尼·本尼特思考文化研究进入后现代多元主义时代后走向的结果。霍尔的“《新时代》(写于1989年的著作)的出现，伯明翰学派发生了很大变化，即从现代走向了后现代。……后现代出现之后，一方面把过去的概念系统给解构了，一方面文化研究开始泛化”②。英国文化研究的多元化表现为，在全球化思潮的影响下，女性主义、后殖民主义、传媒研究取代了原先伯明翰学派的阶级研究。在经历了20世纪80年代的大众文化研究的繁盛之后，文化研究中的马克思主义色彩渐趋稀薄。这引发了很多人去反思80年代以来的文化研究面临的问题：麦克盖根批判文化研究民粹主义，戴维·哈里斯在《从阶级斗争到快乐的政治》中指责文化研究已经成为狭隘的、教条主义的，霍尔称文化研究处于“极端危险的时刻”，提出对文化研究进行跨学科的反思和对文化研究体制化的前景的担忧。在这种情况下出现了“什么是文化研究”，“什么是文化研究的关键因素”等相关问题的思考。重新定位文化研究出现了两股旗鼓相当的潮流：“一些人致力于表征与被排斥的实践之间接合的文本过程理论，另外一些人则从制度和政策方面进行如何保持文化研究政治性活力的讨论。”③对于文本政治伴随着后现代的解构主义以及消费主义，被不少学者批评为是“语言论转向”后的“文本的陷阱”。“由于受某些流行的解构形式和在生活力量当中更普遍流行的影响，文化研究者热衷于在阅读和解释文化实践时抹去这些实践扎根于其中的社会背景。依然有许多对于文化的文本分析脱离生产和消费它

① 贝克、吉登斯、拉什：《自反性现代化——现代社会秩序中的政治、传统与美学》，赵文书译，商务印书馆2001年版。

② 肖寒、胡疆峰：《伯明翰学派和英国文化研究——黄卓越教授访谈》，《中国图书评论》2007年第4期。

③ Valda Blundell (eds.). *Relocating Cultural Studies*. London: Routledge, 1993: 1.

的物质条件，也因此无法发展出一种充分综合化的分析模式。"①相比较之下，托尼·本尼特的文化政策研究则保持了文化研究的政治性。

面对文化研究的多元化，托尼·本尼特也在积极思考文化研究的关键因素。不同于对文本政治的热衷，托尼·本尼特从政策和制度性方面指出文化研究始终是在物质性因素范围内的实践，说明了文化既受制约又有积极生产的作用。托尼·本尼特对拉克劳和墨菲"后现代主义被整合进了葛兰西主义的框架"②的文本政治持否定态度，提出要"超越文化领导权"③。托尼·本尼特说，葛兰西的局限性在于"对制度不感兴趣，也没有充分考虑到区分出另一种文化技术与特定系列的政治关系和政治形式的关系"④。这些文本政治严重地忽视了文化权力的机制维度，"文化研究以意义和文本取代了现实的政治，事实是，文化机构和文化组织这样的政治性物质部门生产和分配了文化的文本、意义"⑤。托尼·本尼特指出，拉克劳和墨菲的话语理论侵蚀了马克思主义的社会学，他们简化了"政治为社会的修辞术建设"⑥，因而他们未能认识到"社会生活的特殊信仰是由具体的积极性所赋形的，这同时也是行为管理、标准规范的法制化、建议和决策的制定、方案的计划和执行等过程"⑦。对于托尼·本尼特而言，文化研究过于纠缠于意识和意识形态斗争而未能充分关注到权力和文化政策的物质性技术。托尼·本尼特指出文化研究的理论模式中存在着制度性的权力——政府的政策、技术和管理文化机构

① 陶东风编：《文化研究精粹读本》，中国人民大学出版社2006年版，第26页。

② 托尼·本尼特：《文化与社会》，王杰等译，广西师范大学出版社2007年版，第166页。

③ 托尼·本尼特：《文化与社会》，王杰等译，广西师范大学出版社2007年版，第166页。

④ Tony Bennett. Putting Policy into Cultural Studies. *Cultural Studies*. London：Routledge，1992：23-27.

⑤ Chris Barker. *The SAGE Dictionary of Cultural Studies*. London：SAGE，2004：40.

⑥ Tony Bennett. *Outside Literature*. London：Routledge，1990：264.

⑦ Tony Bennett. *Outside Literature*. London：Routledge，1990：267.

的权力。根据这种观点，文化以及与之相关的功能是文化技术组织形塑了社会生活和人们的行为，“文化技术成为机构和组织的‘机器’生产出特殊的权力、知识，这里的文化不仅仅是关于表征和意识的事情，也是机构实践、管理惯例和空间知识组织。对于托尼·本尼特而言，文化被理解为政府治理再恰当不过了，文化和权力之间的关系显著地塑造着现代社会”①。为此，托尼·本尼特提出走向文化研究的语用学：“成为语用学意味着关注‘与实践的结果或价值’或者与‘一个政府或共同体的事务’相关”，从文化实践运行的角度，“文化研究的理论兴趣很少关注各种条件——体制的、推论的、政治的这些限制各种文化实践的形式和规定”②。文化研究需要在与政府政策关注点的密切联系中发展起来，在与作为发展一种更加平实的实践概念手段的行业的联系中发展起来。托尼·本尼特批评文化研究“将文化政治放在意义和文本之上的研究是放错了位置，其代价是文化机构和文化组织这些葛兰西和阿尔都塞的马克思主义对于物质性政治因素未被考虑”③。

第三，文化治理性适应20世纪90年代出现文化与权力新型关系而推进了文化领导权研究的深入。“在考察权力与文化之间的协同作用的时候，也就是讨论文化政治性和文化政策问题的时候，文化研究早期文本中的两个相关概念必须要重提，即意识形态和文化领导权。”④

(1)发展葛兰西的国家理论需要文化治理性。“葛兰西的国家理论在马克思主义的国家研究传统中‘构成了真正哥白尼式的革命’，它的革命性突出地表现在强调国家在社会活动(包括经济和文化)中发挥的作用是积极的、肯定性的，而不是负面的、压制性的。而且，葛兰西还

① Chris Barker. *The SAGE Dictionary of Cultural Studies*. London: SAGE, 2004: 40.

② Tony Bennett. *Culture: A Reformer's Science*. London: Allen & Unwin Pty Ltd, 1998: 17.

③ Chris Barker. *Making Sense of Cultural Studies*. London: SAGE, 2002: 188.

④ Chris Barker. *Making Sense of Cultural Studies*. London: SAGE, 2002: 178.

首次将文化，尤其是大众文化置于国家活动领域的中心。”[①]葛兰西认为，“国家的一般概念中包含着原来属于市民社会概念中的一些成分(因为可以这样说：国家=政治社会+市民社会，换言之，国家是受强制盔甲保护的领导权)”[②]。葛兰西对于国家的重新定义区分了强制性的政治社会和以文化领导权的认同为标志的市民社会，其中政治社会是指包括行政机关、军队、警察、法庭、监狱等在内保证统治阶级专政和经济利益的强制性暴力性的国家机器。而市民社会是指包括教会、工会、学校、政党等各种组织和团体在内的文化机构，这些机构“总在一起构成统治阶级政治的或文化的领导机关”[③]。政治社会的特征是政治和经济上的强制、压迫和剥削，而市民社会的特征是市民对文化和价值观的赞同、认可和接受。现代资本主义社会就是市民社会和政治社会的结合，它肯定了国家在市民社会组织文化方面的积极作用，因为统治阶级为了实现阶级统治必须实施文化领导权，而文化领导权实现的过程同时也是发展市民社会民主化的过程，国家“把提高广大人民群众的道德文化水平，使之达到符合生产力发展所要求的水平，从而符合统治阶级利益的水平，作为自己的主要职能之一”[④]，并提出了国家的强制因素将伴随着道德国家或市民社会因素的增长而逐渐消亡的观点。托尼·本尼特继承福柯的自由主义政府的观点，认为国家政府从权威型、压制性的管理，转变为发展市民个体在文化上去主动接受国家的教育和规训。

(2)文化治理性理论继承了阿尔都塞的意识形态国家机器对主体的塑造的观点。“福柯关于惩罚和自我管理技术的研究工作与阿尔都塞的质询过程、意识形态的观念和主观性的形成的观察有惊人的相似之

① 陶东风编：《文化研究精粹读本·导言》，中国人民大学出版社2006年版，第29页。

② 葛兰西：《葛兰西文选》，李鹏程编，人民出版社2008年版，第207页。

③ 葛兰西：《狱中札记》，葆煦译，人民出版社1983年版，第217页。

④ 葛兰西：《葛兰西文选》，李鹏程编，人民出版社2008年版，第203页。

处。”[①]阿尔都塞明确提出了意识形态国家机器作为主体性建构的物质基础和体制化结构在整个社会结构中的作用。阿尔都塞考察了意识形态生产在马克思关于社会扩大再生产中的地位，社会生产条件的扩大再生产包括劳动力的再生产和现存生产关系的再生产，而这些都依靠意识形态来完成，“劳动力的再生产不仅要求一种劳动技能的再生产，同时还要求一种对于现存秩序规则加以人身屈从的再生产，即工人对统治意识形态的归顺心理的再生产，以及一种剥削和压迫的代理人恰如其分地操纵统治阶级意识形态的能力的再生产”[②]，意识形态的生产是一种依靠意识形态国家机器的文化机构对个体具有构造作用的生产活动。应该说，阿尔都塞的意识形态理论提出了主体是一种文化上的建构而不是以经济、政治来划分的阶级，并且指出了意识形态国家机器作为物质机构从文化上塑造、生产主体在整个社会结构中的重要性。但是，阿尔都塞在分析主体个体意识与国家主导意识形态之间的关系时却“对想象和虚构主要作出了消极的解释和评价”[③]，阿尔都塞虽然说明了主体的个人意识溢出主导意识形态的可能性，但是，阿尔都塞基本上是强调主导意识形态对主体绝对性的控制和生产，忽视了国家的主导意识形态在主体生产过程中从文化上提升、培养主体的积极性和建设性和可能性。托尼·本尼特说明了国家功能在现代性过程中的转化，国家发展出一套文化的知识技术，运用文化机构、文化政策、文化制度从文化上积极主动地塑造审美主体，因此，阿尔都塞的意识形态理论、葛兰西的文化领导权理论和托尼·本尼特的文化政策研究构成了英国文化研究中持续研究主体意识与权力关系的问题域。

（3）文化与权力的关系发生了变化。20 世纪七八十年代以来阿尔都

① 莱姆克等：《福柯与马克思》，陈元等译，华东师范大学出版社 2007 年版，第 18 页。

② 阿尔都塞：《意识形态与意识形态国家机器》，齐泽克等：《图绘意识形态》，方杰译，南京大学出版社 2006 年版，第 122 页。

③ 王杰：《马克思主义与现代美学问题》，人民文学出版社 2000 年版，第 275 页。

塞的意识形态理论和葛兰西的文化领导权理论作为英国马克思主义关于权力与文化关系的阐释面临着如何适应社会形态的变化的问题。英国文化研究从70年代末期就开始“否定阶级范畴与阶级分析的有效性”①，文化研究进入90年代的一个基本现实是，传统产业工人的消失，中产阶级的新兴，阶级意识的淡化，多元化政治联盟的兴起，葛兰西理论所主张的“民族大众”“市民社会”作为一个整体的阶级与主导集团的意识形态的争夺文化领导权的反霸权斗争在现实上已经不成立了。霍尔就指出90年代以来，“统治阶级在关于如何组织国家文化之间的关系上仍然存在尖锐分歧。关于这些分歧更明确的证据在撒切尔主义的影响下快速积累。在这种情况下，国家与文化之间的关系又有了不同的组织方式。但是，在大众民主制国家，领导权越来越依赖于国家扩大了的文化作用这一总的趋势(即葛兰西扩展了的国家理论的要点)，这是不容置疑的”②。

英国马克思主义对权力的认识也发生了变化：阿尔都塞意识形态国家机器概念倾向于将国家机器看成对被统治者的主宰和控制，权力对阿尔都塞而言还是压制性的；但葛兰西的文化领导权概念开始认识到权力的获得“来自于支配集团取得信任的能力，也就是证明支配集团的统治不仅是为自己谋利，同时也是为那些从属集团谋利的能力”③。从多元决定和最终受基础支配的阿尔都塞结构主义，到关注支配集团与被支配集团的协商谈判的葛兰西主义，取代阶级分析出现的性别、身份、族性、青年亚文化、消费等各种研究，说明新葛兰西派以“自下而上”的方式抵抗、游戏、僭越支配集团的前提是支配集团的权力并不完全是权威压制型的。托尼·本尼特认为“可以积极地看待文化与权力的某些关

① 陶东风编：《文化研究精粹读本·导言》，中国人民大学出版社2006年版，第17页。

② 霍尔：《大众文化与国家》，陶东风编：《文化研究精粹读本》，中国人民大学出版社2006年版，第285页。

③ 乔万尼·阿瑞吉等：《现代世界体系的混沌与治理》，王宇洁译，三联书店2006年版，第32页。

系，而不是把文化与权力的任何关系都看成是天然压制性的，就要引入一种源自福柯的观点。”①福柯著作的优点在于，它主张“在作用于社会的特殊的制度体制背景下，行为者在特定的知识框架中行动，他们如何组织和使用文化资源的方式在一定程度上建构了人们的生活方式”②。在福柯之后，文化研究不仅强调权力是要去抵抗的，而且权力也是可以策略性地生产出抵抗的力量。另外，权力被认为是流通于社会各个层面和社会关系之中从而起到支配集团和被支配集团之间黏合剂的作用，权力的运行是产生各种行为、关系和社会秩序过程的核心部分。托尼·本尼特的文化机构和文化政策的文化治理研究是福柯权力概念被引入文化研究之后，对权力与文化关系的重新审视，是面对90年代以来的社会政治环境的变化如何继续获得文化领导权的问题。“文化机构及其行为如何使社会的文化和阶级间的一种特殊类型的关系制度化(确立、确定、稳定、稳固)。这些形构是随着更广泛、影响更为深远的‘划时代’的变动及历史变迁而发生变化的。但是，它们并非简单的现有模式的重新安排。它们确立了阶级和文化间新的‘力量关系’，重新设计和塑造了生活文化领导权的本质。它们调动起广泛的认同，帮助赢得大众的支持，以此确保不同的阶级—文化权威类型。”③

第四，文化治理性是在澳大利亚特殊的文化政治需要下提出的。“澳大利亚的学术、政治和文化坐标在很多方面完全不同于英国社会”④，1993年7月托尼·本尼特在悉尼的格里菲斯大学文化政策研究所主持召开了“后殖民时代的构形：民族、文化、政策”国际会议，这

---

① 托尼·贝内特：《走向文化研究的语用学》，陶东风编：《文化研究精粹读本》，中国人民大学出版社2006年版，第227页。

② 托尼·本尼特：《我的学术之路和理论方法》，托尼·本尼特：《文化与社会》，王杰等译，广西师范大学出版社2007年版，第25页。

③ 霍尔：《大众文化与国家》，陶东风编：《文化研究精粹读本》，中国人民大学出版社2006年版，第285页。

④ 托尼·本尼特：《我的学术之路和理论方法》，《文化与社会》，王杰等译，广西师范大学出版社2007年版，第23页。

个会议的主题“讨论‘白人移民社会’进入后殖民语境中文化政治和文化政策”①。澳大利亚、加拿大和新西兰等殖民地国家在民族主义意识觉醒之后的政治环境主要表现为土著与白人之间的矛盾，“在白人和澳洲土著之间发展适中的跨文化理解的相互尊重和宽容的关系，正是被作为一项需要完成的任务摆在我们面前，这种任务需要发展它自身的独特的管理和控制形式”②。在澳大利亚就成立的“第一人民”组织主张通过干预文化政治和文化政策，呼吁以文化自治激励民族意识以反对国内的殖民主义。③ 在后殖民主义的语境下，政府需要运用文化来协调白人和土著的矛盾以创造文化多样性共存的模式，因此必须要考虑尊重土著的习俗、律法和文化的多样性，因而政府对大众媒体、电影、博物馆、艺术画廊和图书馆等文化资源的管理就特别重要，“试图改革生活方式的文化资源管理仍然是当代社会现行的文化政治和文化政策中非常重要的一部分”④，“终结了殖民主义和帝国主义关系的社会比占支配权力的社会更迫切地需要文化政策”。⑤

另外，20 世纪 70—80 年代，“澳大利亚这种在联邦政治体系中权力更为分散的分布状况使得葛兰西所提出的以政府为中心的权力集团概念似乎永远都不可能产生”⑥。葛兰西文化领导权理论中关于权威型的国家政府以及市民社会、有机知识分子的理论不适合阐释澳大利亚政府、文化、权力之间的关系，而福柯关于政府对人口的管理、布尔迪厄

① Tony Bennett and Valda Blundell. *First Peoples*: *Cultures*, *Policies*, *Politics*. *Cultural Studies*. London: Routledge, 1995: 1.

② 托尼·本尼特:《文化与社会》，王杰等译，广西师范大学出版社 2007 年版，第 195 页。

③ Tony Bennett and Valda Blundell. *First Peoples*: *Cultures*, *Policies*, *Politics*. *Cultural Studies*. London: Routledge, 1995: 5.

④ 托尼·本尼特:《文化与社会》，王杰等译，广西师范大学出版社 2007 年版，第 195~196 页。

⑤ 托尼·本尼特:《文化与社会》，王杰等译，广西师范大学出版社 2007 年版，第 173 页。

⑥ 托尼·本尼特:《我的学术之路和理论方法》，《文化与社会》，王杰等译，广西师范大学出版社 2007 年版，第 24 页。

对于习俗(habit)作为人的行为方式将审美和自由治理联系起来的观点更符合澳大利亚以及新自由主义国家的政府与文化的关系。“布尔迪厄对文化建构社会差别的作用的研究，对于我们在自由民主制下阶级和文化的关系的研究是最具生产性的框架，也是能产出可批判地用于学术公众与政策领域的文化统计学的最好、最具生产性的理论框架。皮埃尔·布尔迪厄的著作同时也是探索资本主义市场社会中美学与社会的关系问题的很好的方法。”①

第五，文化治理性研究承续了威廉斯提出的“文化与社会”的主题，托尼·本尼特将文化定义为一种审美地塑造主体的治理技术，继续了威廉斯等英国马克思主义者将文化作为人类的整体生活方式的理解，从文化的政府治理功能方面发展了威廉斯关于人类学意义上的文化概念。

新自由主义国家文化治理性理论中审美与主体、国家之间的关系，与传统的审美现代性视角是不同的，文化、审美皆从人类学的意义上对主体的积极意义加以肯定。文化治理性理论作为关于主体行为和品行的生产技术理论，是在阿诺德、泰勒和威廉斯的人类学文化的含义中被理解的，“文化贯穿我们全部的生活模式、我们的民族、我们的机构、我们的礼仪和常规，不仅解释我们的世界而且形成这个世界”②。文化治理性中的文化具有改革社会结构和塑造审美主体的实用主义功能，它“以一种积极建设性的方式来改善一般大众的特殊精神和行为品性，可以成为培养公民计划的一部分”③。托尼·本尼特指出，威廉斯将文化定义为整体生活方式，将文化的定义从狭义的审美、艺术定义扩展到了人类学的概念，使文化的定义从审美现代性的批判理论中解脱出来。但是威廉斯在考察文化含义的时候，“错过了 18 世纪晚期和 19 世纪转变

① 托尼·贝内特：《英国文化研究的另一种范式——托尼·贝内特学术自述》，黄望译，《洛阳师范学院学报》2007 年第 4 期。

② 托尼·本尼特：《文化与社会》，王杰等译，广西师范大学出版社 2007 年版，第 196 页。

③ Tony Bennett. Putting Policy into Cultural Studies. *Cultural Studies*. London: Routledge, 1992: 23-27.

的最有特色的层面……这是因为出现了新社会管理领域，文化被构建为既是治理的对象又是治理的工具：就对象或者目标而言，术语指涉着下层社会阶级的道德、礼仪和生活方式，就工具而言，狭义文化(艺术和智识活动的范围)成为道德、礼仪和行为符码等领域的管理干预和调节的手段"①。所以，托尼·本尼特认为，文化的定义遗漏了一个重要的治理性的意义，"文化看作一系列历史特定的制度地形成的治理关系，目标是转变广大人口的思想行为，这部分是通过审美智性文化的形式、技术和规则的社会体系实现的"②。文化通过以下四个方面获得规定：

(1)文化的目标针对具体的行为品性和行为方式。

(2)文化作为一种技术用来培养或转变行为品性或行为方式。

(3)文化技术集合成为特殊的管理手段。

(4)管理手段通过文化技术程序而运转。

托尼·本尼特这样定义文化：文化与知识、塑造主体的技术、人的行为之间是生产关系，知识作为塑造主体的技术发挥了权力对社会构形和社会关系的生产能力，因此文化治理是指"利用随着'现代'阶段产生的知识和专门技术等具体文化形式的发展而产生的各种文化手段作用于塑造人类总体"③。

---

① 托尼·本尼特：《文化与社会》，王杰等译，广西师范大学出版社 2007 年版，第 162~163 页。

② 托尼·本尼特：《文化与社会》，王杰等译，广西师范大学出版社 2007 年版，第 163 页。

③ 托尼·本尼特：《我的学术之路和理论方法》，《文化与社会》，王杰等译，广西师范大学出版社 2007 年版，第 25 页。

第七章　从政府治理性到文化治理性

第一节　福柯的政府治理性理论探要

政府治理性①(Governmentality)一词是由法语 Gouvernmentalite 转化过来的，它是福柯自己创造出来的词，由两部分组成：一部分是 govern，其含义是统治、管理、规训、引导；另一部分是 mentality，其含义是心态、精神。② 结合起来理解，政府治理性是政府在管理的过程

---

① 相比较于福柯的一系列著作，福柯的治理研究到20世纪90年代才引起国际的注意，主要原因是福柯的治理分析集中在他在法兰西学院的授课讲义中，而这些讲义在福柯生前未出版。福柯对治理的分析大部分是无连贯性的思想雏形，很多文章只是在一些研讨会上宣读。随着20世纪90年代以来福柯这部分著作的整理出版，福柯的治理理论得到重视，并形成福柯权力理论的完整理论体系。福柯在法兰西学院的课程(1971年到1984年一年一次的课程教学，当时均有录音)的主题是：①知识的意志(1970—1971)；②刑法理论与制度(1971—1972)；③惩罚的社会(1972—1973)；④精神病学的权力(1973—1974)；⑤不正常的人(1974—1975，已出版)；⑥必须保卫社会(1975—1976，已出版)；⑦安全、领土与人口(1977—1978)；⑧生命政治的诞生(1978—1979)；⑨对活人的治理(1979—1980)；⑩主体性与真理(1980—1981)；⑪主体解释学(1981—1982，已出版)；⑫对自己与他人的治理(1982—1983)；⑬对自己与他人的治理：说真话的勇气(1983—1984)。

② 高宣扬：《福柯的生存美学》，中国人民大学出版社2005年版。Governance 也译为治理，相比较而言，这个词是政治学的概念，它与 Government 同词根，是指政府统治，但 Governance 意味着统治方式发生了变化，政府的统治不依赖于政府的权威性、制裁性的强权手段，而是依赖于制度、机制以及行为者双方的互动影响。20世纪90年代以来治理理论研究日盛，1989年世界银行在概括非洲的经济危机时首次将“治理危机”(crisis in Governance)运用于体制研究。治理理论(转下页)

中国家机器运用一系列技术策略以引导属民，对其心态、精神进行管理。“它把自我管理技术和通知技术、主体的构成和国家的形成联系在一起。”②在福柯的思想中，政府治理性的概念是福柯从现代权力的分析中得出的，是对生命政治(bio-politics)概念思考不断深化的结果。福柯认为霍布斯的国家主权理论过于强调国家对属民具有决断性和压制性的主导地位，而“生命政治”概念表明自由主义国家将人的生命作为管理的对象，不是简单压制，而是以正确适当的方式来引导和丰富生产出“主体”，从而使人成为可以调整和控制的对象。

福柯的政府治理性是福柯权力理论成熟后提出的一个新的概念，是政府对属民的管理适应权力的转变而改变技术、策略和管理目标的行为。福柯是以权力理论而著称的理论家，福柯辨析不同的权力类型：(1)希伯来文本中存在着大量的牧人和羊群的隐喻，与此类似的是中世纪文化中上帝和人民的关系，从古代到中世纪的“牧师权力”是“牧人——上帝”和“羊群——人民”之间展开的直接针对每一个具体个体的身体和灵魂的拯救、照看和保护。基督教中的审查、忏悔、指引、顺从

(接上页)研究除了世界银行组织之外，公共管理研究领域内的著作有罗西瑙主编的《没有政府的治理》《21世纪的治理》，库伊曼等人的《治理与公共管理》，杰索普的《治理的兴起及其失败的风险》，罗茨的《新的治理》以及格里·斯托克的《作为理论的五个治理：五个要点》，这些论文的主要观点被收录于俞可平的《治理与善治》中；另外有奥斯特罗姆夫妇的政治经济学的研究，艾莉诺·奥斯特罗姆的《制度激励与可持续发展》《公共事务的治理之道》《公共服务的制度建构》，文森特·奥斯特罗姆主编的《美国公共行政的思想危机》《制度分析与发展的反思》，迈金尼斯主编的《多中心体制与地方公共经济》《多中心治道与发展》(参见黄德发：《政府治理范式的制度选择》，广东人民出版社2005年版，第3页)。关于治理性研究在中国也引起了重视，出现了介绍和运用地方治理的研究著作，主要有孙柏瑛的《当代地方治理：面向21世纪的挑战》《非营利组织基本法律制度研究》，席恒的《公与私：公共事业运行机制研究》，俞可平的《民主与陀螺》《全球化的理想与全球治理理论》《中国基层社会重构：社区治理研究》，黄德发的《政府治理范式的制度选择》，段小平的博士论文《全球治理民主化研究》，刘大志的硕士论文《治理的兴起与国家主权》，宋朝丽的硕士论文《治理理论在中国的适用性分析》。

② 莱姆克等：《福柯与马克思》，陈元等译，华东师范大学出版社2007年版，第8页。

等，是牧师权力的演化。文艺复兴和古典时期，出现了象征着压制性、破坏性和血腥性残暴的“君主暴力”。(2)18 世纪末到 19 世纪伴随着现代国家出现了微观的物理学和经济学“规训权力”。(3)20 世纪出现了与国家安全相关的针对健康、人口、种族、生殖和性等类身体(specise body)范围的生产性的“生命权力”。简要地说，福柯的权力分析法意味着从古代到现代，权力从压制性和破坏性的成为生产性和煽动性的，从法律强制性的发展成为规训引导性的，从暴力血腥镇压发展成为策略和技术的运作，权力管理的对象从群体性属民转变为资本主义国家经济、安全和生产需要的生命个体，再转变为民主自由概念下个体的灵魂、精神。值得注意的是，现代性过程中权力与知识生产融合在一起，现代国家针对人口、生命的生产性的“生命权力”与针对个体灵魂和精神的规训型的“牧师权力”结合在一起，“这种几个世纪(一千多年来)一直同确定的宗教机构联在一起的牧师型权力，突然散播到整个社会机体，并获得大量机构的支持。而且，不是存在一个牧师权力和一个政治权力，两者多少互为联结，互为对抗；而是存在一种个体化‘策略’(tactic)，一系列权力都具有这种特征，比如家庭、医学权力、精神病学权力、教育权力和雇佣者权力等”①。到了现代社会，身体和精神同样都是接受教化和规范的目标，只不过其手段越来越隐蔽而已。

福柯明确提出政府治理性这个概念是来自于自 1978 年 2 月 1 日起在法兰西学院讲授的课程“安全、领土和人口”的第四讲“治理术”，在这一讲中，福柯围绕 16 世纪中期到 18 世纪末的关于“治理的艺术”(art of government)的著作展开讨论。他发现，从 16 世纪起，关于“治理的艺术”的著作剧增，它们围绕的主题是“如何治理自我，如何被治理，如何治理他人，人们接受谁的治理，如何成为最好的治理者”②。福柯比较了马基雅维里的《君主论》和佩里埃的《政治之镜》后发现，治理的

① 福柯：《主体与权力》，德雷福斯、拉比诺：《福柯：超越结构主义与阐释学·跋》，钱俊译，台湾桂冠图书股份有限公司 1992 年版，第 276 页。

② G. Burchell, C. Gordon and P. Miller (eds.). *The Foucault Effect: Studies in Governmentality*. Chicago: The Unversity of Chicago Press, 1991: 87.

艺术从领土主权的管理转移到了人口、安全的管理，“我们无需纪律生活代替主权社会、治理社会随着又代替纪律社会这一方式来看待问题：实际上有一个主权—纪律—治理的三角，其首要目标是人口，其核心机制是安全配置(apparatus of security)。……因选择治理形式的问题而导致推翻主权常数(contants)的运动；促使人口作为一种数据(datum)、一个干预的领域、一种治理技术的目标浮现出来的运动；已经促使经济独立成为一个现实的特定部分、政治经济学成为治理这个现实领域干预的科学和技术的过程。治理、人口、政治经济这三个运动，自从18世纪开始构成一个坚实的系列，这个系列指导今天仍然牢不可破。”①这里的政治经济学，是指政治的经济学方法，意味着以最经济的方式获得最有效的政治管理。最后，福柯给“治理术”一词确定出以下三个意思：

(1)由制度、程序、分析、反思以及使得这种特殊然而复杂的权力形式得以实施的计算和手法组成的总体，其目标是人口，其主要知识形式是政治经济学，其根本的技术工具是安全配置(apparatus of security)。

(2)在很长一段时间，整个西方存在一种趋势，比起所有其他权力形式(主权、纪律等)来说，这种可称为“治理”的权力形式日益占据了突出的地位(pre-eminence)，这种趋势，一方面导致了一系列治理特有的机器(apparatus)的形成，另一方面导致了一整套知识的发展。

(2)“治理术”这个词还指这样一个过程，或者说这个过程的结果，通过这一过程，中世纪的司法国家(the state of justice)，在15、16世纪转变为行政国家(administrative state)，而现在逐渐“治理化”(governmentalization)了。②

---

① http://sex.ncu.edu.tw/course/Michel%20Foucault/link/fou_link01.htm.

② http://sex.ncu.edu.tw/course/Michel%20Foucault/link/fou_link01.htm.

虽然“治理术”是在1978年明确提出的，但是关于它的问题域的思考却是不断变化着的，它有一个“来龙”和“去脉”，应该说，在此之前的“生命政治”和在此之后的“生存美学”都是“治理性”内涵所在。

首先，政府治理性是对生命政治(bio-politics)概念思考的结果。福柯认为马基雅维里的国家主权理论过于强调国家对属民具有的决断性和压制性主导地位，而“生命政治”概念则采取霍布斯天赋人权的自由主义思想，认为个体的权利先于国家，并成为国家的目的，国家以正确适当的方式来丰富个体，“人类”成为计划的对象。这表明自由主义国家是在内容上将个人的“民主”“自由”作为管理的目标，“福柯真实了权力、真理和知识之间的联系，描述了自由——人本主义价值是如何同统治技术交织在一起并支持了统治技术”①。在方式上不是压制而是引导个体以正确适当的方式来丰富自身。“生命政治”的另一个层面是，“生命”成为管理的对象，“生命”进入政治领域不是来自主权者的决断安排，而是来自知识与权力的调节规范；不是起自17世纪的主权权利的法律—政治论述，而是起自19世纪的生物—种族论述。

关于“生命政治”的相关讨论从《规训与惩罚》开始，最集中的表现是在《必须保卫社会》以及《性经验史·求真意志》(《性经验史》第一卷)上。《性经验史·求真意志》作为公开出版的著作，福柯在此将这一管理生命的权力——生命政治描述为，自17世纪以来围绕两极而展开："第一极是以作为机器的肉体为中心而形成的：如对肉体的矫正、它的能力的提高、它的各种力量的榨取、它的功用和温驯的平行增长、它被整合进有效的经济控制系统之中，所有这些都得到了显示出‘规训’特征的权力程序的保证。在此，‘规训’就是‘人体的解剖政治’。第二极是在较晚之后才形成的，在18世纪中叶，它是以物种的肉体、渗透着生命力学并且作为生命过程的载体的肉体为中心的，如繁衍、出生和死亡、健康水平、寿命和长寿，以及一切能够使得这些要素发生变化的条

① 凯尔纳、贝斯特：《后现代理论——批判性的质疑》，张志斌译，中央编译出版社2002年版，第89页。

件；它们是通过一连串的介入和‘调整控制’来完成的。这种‘调整控制’就是‘一种人口的生命政治’。肉体的规训和人口的调整构成了生命权力展开的两极。”①

所以，福柯提出“生命政治”的概念就意味着，对于人口的管理和调整成为政府治理的目标，目的是为了丰富个体和发展一种自由主义的民主。后来在1978的讲座——“安全、领土、人口”中，生命政治的问题变成一个“治理性”(governmentality)的问题。生命政治(人口问题)概念的提出在现代国家出现的意义并不单纯只是从“领土式国家”(territorial state)转变成“人口式国家”(population state)而已，更重要的意义在于它是国家在17世纪到19世纪的这个历史时期政治理性成熟的标志：它有自己“新的问题领域、新的对象，以及新的技术”②，它变成一个如何去“管理人”(government of man)，“引导(conduct)人的行为”的问题，生命政治变成一个政府管理的艺术(arts of government)的问题，因此，“治理性”的内涵是“一种关于管理一个儿童、一个家庭、一个领域、一个国家的权力方式”以及“使个体受最高的权力控制的一套复杂的行为方式”③。到了1978—1979年的讲座——“生命政治的诞生”(the birth of biopolitics)中，福柯对生命政治的关注越来越倾向于是“行为的管理”而不是“人口现象”。

随着对治理性思考的深入，在福柯的后期，治理性与他的生存美学这种“自我的技术”联系起来了，也就是说，不仅是外在的治理性对个体行为的引导，而且是个体内在自我的要求、个体自我对自我的治理，在此，“审美主体”是治理性的新的目标。用“治理性”来取代“生命政治”，治理性比生命政治的范围要广，因为它不只包含总体人口的调

---

① 福柯：《性经验史》，佘碧平译，上海人民出版社2002年版，第103~104页。

② M. Foucault. *Ethics: Subjectivity and Truth*, *Essential Works of Foucault*. New York: New Press, 1997: 67.

③ M. Foucault. *Ethics: Subjectivity and Truth*, *Essential Works of Foucault*. New York: New Press, 1997: 68.

节，而且包含个体行为的治理，治理性甚至上溯到古希腊，涉及伦理学与美学。在1980年后的“活人的治理”（on the government of the living）的法兰西学院的演讲中，“福柯的视线已经从‘控制的技术’转向了‘自我的技术’”①，自我的技术也就是通过审美的方式，将自我雕琢成艺术品，包含着自我解放和自由的意向。后来，福柯在《性经验史》的第二卷《快感的享用》和第三卷《关注自我》中对这种审美主体的治理性进行系统说明：“我们必须理解那些审慎的和自愿的实践，人们通过它们不仅确定了各种行为的规则，而且还试图自我改变，改变自己独特的存在，把自己的生活改变成一种具有审美价值和反映某些风格标准的作品”②。这种自我对自我的审美主体的塑造，被福柯认为是当代价值虚无和信仰陨落的美学困境中的身体主义的审美救赎。福柯这样来解释他所讲的“生存美学”：“在我们的生活中，艺术已变得仅同客体有关系，却同个人或生活无关；艺术只是一种专业化的东西，只有被称做艺术家的专家在从事它。但为什么不能每个人的生活都变成一件艺术品呢？”③生存美学就是把“生命”当成一种美学艺术的素材，“从自我不是被赋予给我们自我的这一观点出发，我认为唯一只有这一实际结果：我们得把我们自己创造成为一种艺术品”④。这就和尼采在《快乐的科学》中的观点——人们应该通过长期实践和日常工作来创造自己的生活，赋予其特定的风格——十分相似。波德莱尔笔下的花花公子也具有这种古希腊人的气质和生活态度。“在有关于花花公子的苦行主义的那些段落，花花公子使他的身体、他的举止、他的感觉和激情，他的整个存在成了一件艺术作品，对于波德莱尔来说，现代人不是去发现他自己、他的秘密他的隐藏的真实的人；他是试图创造他自己的人。这个现代性没有‘在他

① 福柯：《性经验史》，佘碧平译，上海人民出版社2002年版，第5页。

② 福柯：《性经验史》，佘碧平译，上海人民出版社2002年版，第304页。

③ 德雷福斯、拉比诺：《福柯：超越结构主义与阐释学》，钱俊译，桂冠图书股份有限公司1992年版，第303页。

④ 德雷福斯、拉比诺：《福柯：超越结构主义与阐释学》，钱俊译，桂冠图书股份有限公司1992年版，第304页。

自己的存在中解放人'；它迫使他去面对生产他自己的任务。"①所以，治理性联系起"自我的技术"意味着"通过审美的认知方式，个体达到自我的自由和主体性"，它是个体自我的主体性要求，而不是外在的力量的要求。

福柯的政府治理性理论地阐释了在进入现代性的过程中，政府与人民之间的管理关系，这种管理关系是知识与"人"的构造关系。现代性过程也是"人"的发明的过程，在现代性过程中，人是作为"医学""语言""精神学""规训的身体"等知识的学科化而被构造出来的。但是，福柯后期对"生存美学"的身体政治学和身体伦理学的关注，还是在批判和颠覆、游戏权力模式上来建立和回归他前期所批判的"主体性"，并没有深入研究作为"审美"的"人"在现代知识学科中是如何被构造出来的。现代性中"审美的人"是如何构造出来的，是福柯的政府治理性未解决的问题。可以说托尼·本尼特说明了美学、文学、艺术和文化这些学科知识如何塑造出"主体"，将福柯政府治理的内涵扩展到了文化治理领域，"本尼特的文化政策研究不仅是一个理论的问题，他视之为政府治理过程和现代过程中关于主体意识的市民化构形"②。托尼·本尼特继续了福柯在生存美学中关注的现代自由治理型国家如何运用"美学"这门自我的技术(知识)来塑造现代的"人"的研究，他对政府的文化机构感兴趣，特别关注 19 世纪以来的博物馆在市民化过程中的作用。③

---

① 福柯：《什么是启蒙?》，汪晖、陈燕谷主编：《文化与公共性》，汪晖译，三联书店 1998 年版，第 433 页。

② John Hartley. *A Short History of Cultural Studies*. London：Sage，2003：106.

③ 随着福柯的法兰西讲座内容被整理翻译，20 世纪 90 年代以来福柯研究的新热点是福柯关于治理性的研究，出版了很多关于治理性研究的专著，比较著名的专著有 *The Foucault Effect*：*Studies in Governmentality*、*Culture and Governmeny*：*The Emergence of Literary Education*、*Governmentality*：*Power and Rule in Modern Society* 以及 *Powers of Freedom*：*Reframing Political Thought*. 这些治理性研究讨论福柯的治理性，主要还是集中在政治学和社会学的角度，而托尼·本尼特不同于他们的地方是，认为治理性是新自由政府与公民自我治理的关系，因为社会是公民行为的特定治理化的结果，是治理形成了个体内在的规范、信仰、价值并构形了社会形(转下页)

第二节　文化治理性：塑造审美主体的技术

福柯说明了医学、精神病学、性学、犯罪学、语言学等学科知识建构与现代性对主体的建构关系，马克思政治经济学说明了作为经济的人和劳动的人与现代资本主义国家之间的关系，伊格尔顿在《审美意识形态》中系统地阐释了在现代性过程中美学学科知识的建立与权威型国家机器中的政治、法律、政治领导权之间的关系。② 伊格尔顿对于美学学科这门知识的诞生与审美的人的塑造之间的对应关系作出了理论上的推理，“个人自治形式是随着18世纪市场的发展和市民社会的出现而出现的，自我调节的新形式是由于美学这门学科的出现，成为满足可辨析的自治政府的新形式”③。托尼·本尼特在伊格尔顿的基础上，吸收福柯关于权力生产性与国家治理关系的观点，由自由主义政府对国家治理功能的需要重新考察鲍姆加登的美学学科的建立、康德的《判断力批判》的出版与19世纪初国家治理功能需要密切关联，以及19世纪出现

(接上页)态，简要地说，是文化形成了社会结构，而不是社会结构形成了价值、规范、信仰等文化形态。托尼·本尼特从社会学的观点认为社会形态决定文化形态，因此，要关注文化与治理性的关系，“适当地重新说明文化的内涵可更普遍化地说明备受关注的治理理论”，“文化进入治理性的视角中产生了一种‘文化复合体’，它是指通过文化机构的运转，特定的知识和技术分类、整理、展览及分配文化资源和其他文化实践材料，转换和组织成作用于社会的个体的行为方式”。从这个角度看，托尼·本尼特的治理性研究继承了威廉斯的文化唯物主义传统，认为文化不是社会的次生物或者派生物，文化具有物质性的生产能力，从而可以结构社会。

② 对审美与现代性之间关系的阐述，周宪的《审美现代性批判》、刘小枫的《现代性社会理论》《人类困境中审美精神》都从专题方面进行了系统阐释。相比较之下，伊格尔顿的《审美意识形态》侧重说明从德国古典美学、英国经验主义美学一直到阿多诺的后现代美学中审美话语的生成与现代性形成之间的同构关系。托尼·本尼特对审美与现代性关系之间的阐述，继承了伊格尔顿对美学学科产生与现代性形成之间的同构关系的观点。伊格尔顿、托尼·本尼特等英国学者对于审美现代性的立场是基于英国特殊的文化政治视角产生的。

③ Bennett, Tony. *Pasts Beyond Memory: Evolution, Museums, Colonialism*. London: Routledge, 2004: 3.

的“现代文化事实”作为新知识与自我管理的主体生产之间的关系，从而将国家治理与审美主体的自我生产联系起来，提出了“审美——塑造主体的技术”的美学治理性和文化治理性的观点，批评现代性审美话语中审美自律性的观点，即“审美本身经常被等同于自由的这样一种所在——作为治理术的外在物、一个纯粹自由的领域”①。而托尼·本尼特认为在审美、政府治理与个体的自我发展之间是协同关系而非对立批判关系：“审美文化的概念是由文化管理的新物质集合的发展并且作为它的一部分而被塑造的。”“我提出这些问题的视角是由关于自由政府及其角色的后福柯论争所提供的。这些论争一致认为自由不是政府的对立面而是对于政府的运作具有重要作用的机制。这将涉及多方面的考虑：其中的文学、审美及自由之间的诸种关系已经作为政府的一个独特领域的诸组成部分而产生了影响，而不是作为政府的外表，能够以解放的名义为其超然的批判提供基础。”②

托尼·本尼特发展了福柯的自由主义政府的治理性研究。福柯晚期思想中的“自我的技术”已经涉及审美与主体生产之间的关系，但是由于福柯的早逝，这个理论并未得到展开阐述。托尼·本尼特将福柯的政治哲学概念运用到文化政治学的研究中，特别是他关于现代艺术与博物馆、艺术馆等艺术机构对现代审美主体塑造的关系分析，考察在日常文化和审美生活中，主体的行为受管理的文化治理活动。托尼·本尼特的文化治理理论来源于福柯自由主义的政府治理理论，具体来说：(1)政府的功能在于制定具体政策和运用文化机构对个人的日常行为和实践进行调控和规训。“我自20世纪90年代以来(至今仍然如此)关注的一个问题即是试图处理福柯关于自由政府的概念，识别其与文化分析的经典著作之间的牵涉关系，尤其是对于现代阶段的文化历史。用以表达这些问题的最佳总标题就是他们都聚焦于文化与政府的关系，但政府不光要

① 托尼·本尼特：《审美·治理·自由》，姚建彬译，《南京大学学报》2009年第5期。

② 托尼·本尼特：《审美·治理·自由》，姚建彬译，《南京大学学报》2009年第5期。

理解为国家的政府，而是福柯更宽泛意义上的政府(Governments)，即各种日常行为和实践形式受到调节、控制的不同方式，以及在我看来文化机构的运作。”①因此，托尼·本尼特的文化实用主义观点将文化看作自由主义政府审美地塑造主体的知识技术。(2)自由主义涉及的是公民以文化自治的形式实现对自我行为和心灵的管理。“此处的‘自由主义’并不是指其哲学或党派意义，而是根据米歇尔·福柯的观点，指的是新的社会管理与控制形式的发展，它以公民拥有一定程度的自由和自治的设想为依据(因此是公民，而不是臣民)，通过建立有效的体制在一定范围内对人进行控制，在这个体制中，个体为了实现具体的目标将自愿地控制自身行为。”②文化通过审美方式能够培养出自我反思形式和改变个人行为方式的新型公民，它不仅规范公民的行为方式，而且进入人的心灵。(3)文化作为治理工具的实用主义和经济主义观点。“文化在现代社会中占据权力形式的不同位置的论述，也许更重要的是文化的各自的生产性。福柯是十分特别的：福柯的那些自由管理的著作，提出(我也同意)一种市民社会，文化和政府之间一种修正的观点，他反对文化自足领域和行动方式，那是葛兰西没有能力提供的。我的论述是推断，文化应该理论地赋予理论公理一套特殊的机制”。“具有管理功能的艺术”实现了最经济和最有效的微观权力的渗透和功用，“正是因为文化具有审美的特性，其才能够发挥教化行动者的作用。同时，文化的传播机制既具有管理功能，也受到功利主义计算法的影响”③。“文化可以作为一种资源，用于教化劝诱民众，使他们一改恶习，谨慎为人处世。”④在自由主义政府的理念中，审美文化和技术这些审美意识形态功能国家

① 托尼·贝内特：《英国文化研究的另一种范式——托尼·贝内特学术自述》，黄望译，《洛阳师范学院学报》2007年第4期。

② Tony Bennett. *The Multiplication of Culture's Utility*. *Critical Inquiry*, 1995(4): 861-889.

③ 托尼·本尼特：《文化与社会》，王杰等译，广西师范大学出版社2007年版，第260页。

④ 托尼·本尼特：《文化与社会》，王杰等译，广西师范大学出版社2007年版，第259页。

机器比法律、军队等强权型国家机器能更有效地监控公民主体。托尼·本尼特有效地揭示了权力分配的微观系统如何在主体的自治的艺术、文化活动中发展出自我调整、自我控制、自我教育的机制。

第一，托尼·本尼特考察了英国沙夫茨伯里（Shatesbury）的美学在英国1688年政体改革中的作用后，认为美学学科的成立是由于国家的治理需要确立起个体自我管理的内在机制，"关于美的礼貌话语就是为政治的权威与社会的秩序提供一个基础。这政治权威和社会秩序既不依赖于神权，也不依赖于霍布斯式的权力，而毋宁说是一种期望被统治者成为'他们自己的政府内的全部持股人'的政治权威和社会秩序。通过沙夫茨伯里引起的对自我的外科手术式分裂，有关趣味和判断力的礼貌话语将被转化成一种自我管理的内在机制"①。

美学之所以成为政府治理的工具，一方面是因为审美的感性学科具有理性无法达到的感受力和自我认知的能力，在康德对三种判断力的不同功能的区分中，审美判断力具有以下的优点：它是协调知解力和道德的桥梁，它从审美主体自我情感中萌发而不是外在力量的强制注入从而产生对道德的认知，"正是通过这一较高级的形式，主体被置于世界的管理之下，理性的利益于是就得到了确保"②。另一方面，虽然鲍姆加登宣告了美学的成立和确立了感性独立的研究价值，但是，感性是低于理性的，感性判断需要在理性的监护下才是正确的，感性要纳入理性知识管理麾下。"既然审美判断与理性知识仅仅在程度上而不是在种类上有区别，而且，对于鲍姆嘉登（鲍姆加登）来说，既然审美是作为并不会自动地从属于较高级的理性法庭的独立判断的一个领域而操作（'我对事物的完满与不完满的鉴别就是判断。因此，我拥有判断的力量'），那么，审美就作为存在于仍处于判断（人民/公民）对理性（国家）的监护

① 托尼·本尼特：《审美·治理·自由》，姚建彬译，《南京大学学报》2009年第5期。

② 托尼·本尼特：《审美·治理·自由》，姚建彬译，《南京大学学报》2009年第5期。

性关系的背景中的自我活动的一个领域而被敞开了。”①作为比理性判断低下的审美活动需要纳入治理性国家管理和监护。康德的《判断力批判》中有两个观点是值得关注的：第一个观点是，美是道德和理性三大价值领域的中介；第二个观点是，审美判断是存在于个体自身之内的目的，它通过共通感达到自由的境界。就是因为审美判断力能连接实践理性和自然理性两大领域的分离状态，所以“这种假设为以诸种能力自由的相互作用为基础的共同判断力提供了基础。在诸种能力自由的相互作用中，想象力与理解力被带入了一种自由的、未及确定的相互和谐之中。于是，作为情感能力的较高级形式，审美判断力就规定了诸种能力之间自由的主体性和谐。如果其他的能力要扮演康德赋予它们的立法角色，这一和谐就十分必要”②。

第二，美学学科的诞生与国家从法律强权型向规训治理型的转型密切相关。托尼·本尼特对1790年康德《判断力批判》的出版与德国1806年改革的关系进行了考察，认为康德关于审美判断力的论述是为了解决沃尔夫的理性主义哲学无法适应国家管理的需要。1806年的改革标志着德国正从强权型的国家过渡到自由的现代国家，强权型的国家概念正让渡于以自由、审美、民主等为核心的社会治理性国家概念。“康德对审美判断的无功利性的论述，出现于他的纯粹理性批判与实践理性批判之后，清楚地表明了将这三种能力之间的关系作为自由的实践互相补充的部分而和谐地结合起来的逻辑，它本身补足了康德对沃尔夫以国家为中心就理性所作的论述的解决办法。”③另外，“18世纪对于审美趣味与社会管理之间关系的关注的整体背景是由后1688年重构国家与公民社

① 托尼·本尼特：《审美·治理·自由》，姚建彬译，《南京大学学报》2009年第5期。

② 托尼·本尼特：《审美·治理·自由》，姚建彬译，《南京大学学报》2009年第5期。

③ 托尼·本尼特：《审美·治理·自由》，姚建彬译，《南京大学学报》2009年第5期。

会之间关系的需要所规定的”①。英国1644年的资产阶级革命胜利后政权机构最主要的任务是建立起一套国家机器，但是接二连三地遭遇了失败。1688年的“光荣革命”是走出政体危机的历史性转折，这是因为1688年的政体改革重构国家与公民社会之间的关系，权力不再是封建专制垄断的中心，它表现为权力中心下降和多元扩散，“英国的社会理论家不能够指望警察用科学的官僚政治程序来提供一种社会管理的机制，反而指望趣味是一种可能从作为消费者的个体在他们的能力的自由活动中涌现出来的机制”②。

第三，托尼·本尼特认为审美无功利的美学性质是通向审美治理的功利性理论旨归的。“构成审美的原初决定性特质的无用性是如何被重新界定的，以便它能够被用作治理的工具。”③具体说来，托尼·本尼特研究了康德对于“审美的无功利性”作为一种审美自治性的规定是如何纳入国家对个人的自我管理的关系中的，审美自治的观点成为国家管理的可用之物。康德在分析审美体验的发生时认为，审美对象不是作为欲望对象，而是作为没有利害关系的凝视对象，这要求审美是无功利的。但是，审美的无功利性后面又隐含着功利性，由于审美判断的最终指向是道德和自由，也即康德所谓的实践理性领域，因此可以说，道德和自由是审美判断无功利的功利性。康德的审美主体是反思的主体，审美判断就是存在于主体自身之内通过反思才能判断的，从审美出发的达到道德和自由境界是主体反思过程体验到的，“审美判断力在自我之内开辟了一个新的空间——一个自我检查和自我改良的空间——其不均衡的分配成为了划分自由治理的边界的重要手段”④。审美判断力作为一种反

① 托尼·本尼特:《审美·治理·自由》，姚建彬译，《南京大学学报》2009年第5期。

② 托尼·本尼特:《审美·治理·自由》，姚建彬译，《南京大学学报》2009年第5期。

③ 托尼·本尼特:《审美·治理·自由》，姚建彬译，《南京大学学报》2009年第5期。

④ 托尼·本尼特:《审美·治理·自由》，姚建彬译，《南京大学学报》2009年第5期。

思判断力非常类似福柯所讲的牧师权力规训主体的功能，它唤起主体对心灵的忏悔、灵魂的拯救的照看和保护等自我管制实践。自我反思能力能够带来自我管制的能力在亚当·斯密的《道德情感论》(1853)中同样得到了研究，“斯密认为，美德的培养依赖于道德窥镜机制(the mechanisms of specular morality)，凭借这种机制，个体学会怎样将中产阶级关于得体和高尚的道德凝视的标准内化，并以此调整自己的行为”①。这样，审美判断的无功利性在康德的自我管理概念中发挥作用，康德的审美无功利性的功利性通向了自我管理的国家治理。所以托尼·本尼特说，“康德的《判断力批判》显然处于(论证的)中心舞台，它提倡的非功利性——审美判断之‘无目的的目的性’——充当了处于净化过程和社会过程的中心的被否定的社会关系的象征，通过净化过程优雅的(refined)趣味与粗俗和野蛮区分开来，通过社会过程，资产阶级象征性地与工人阶级区分开来并使这种区分合法化”②。

第四，托尼·本尼特从“现代文化事实”自我管制新知识的诞生与审美地塑造主体的技术之间的对应关系的分析中，得出政府治理是一种审美地塑造主体的技术的认识。“现代文化事实”是指主要产生于19世纪后期关于穷苦劳动阶级的新知识。“我用‘现代文化事实’指的是在统计学或人种学形式上对处于从属地位的社会群体的日常文化实践的表征。它根源于在那些新兴的自我管理美学实践所生成的知识和管制关系”③。新兴的城市工人阶级成为国家政治管理的对象，他们不同于封建制下的平民可以用君主权威管理，也不同于富有教养的贵族以及中产阶级，这给自由主义政府带来了与过去不同的新问题。为了使这些工人阶级能够具有自我管制的能力，“现代文化事实的发明”应运而生。为

---

① 托尼·贝内特：《现代文化事实的发明：对日常生活批判的批判》，陶东风、周宪主编：《文化研究》(第6辑)，广西师范大学出版社2006年版，第253页。

② 托尼·本尼特：《分裂的惯习》，王杰主编：《马克思主义美学研究》第11辑，中央编译出版社2008年版，第15页。

③ 托尼·贝内特：《现代文化事实的发明：对日常生活批判的批判》，陶东风、周宪主编：《文化研究》第6辑，广西师范大学出版社2006年版，第253页。

了扩展新型的文化自我管制，“越来越依靠一种通过他们所征召的那些人的主体性而运转的新型自我管理方式，它取代了早期的目的在于以通过被君主权威所垄断的抽象的、非个人的计算方式来透视总体可知性的策略”①。美学领域内日常生活实践以及与主体感性相关的知识演变为塑造主体的技术，“这一需求首先得有新的美学话语，通过我们今天所说的文化消费实践，来提供一种了解自我、培养自我、发展自我以及实施自我的方式”②。同时，日常生活中的习惯也被作为治理的工具被运用，“习惯作为重复并作为一种习得的、被社会地加以强化的形式而被人拥有，这种习惯作为专制机制铭刻在19世纪晚期自由主义的政府规划之中。它在这里是作为一种补偿个人自主自我规训能力的方式而起作用的”③。

第三节　文化治理性研究在现代美学中的价值

伯明翰学派的文化研究在20世纪70年代初期就已关注过福柯，比如霍尔在1980年发表的《文化研究：两种范式》中就以一个马克思主义文化研究学者的角度讨论过福柯，只不过当时是以一种排斥的态度来讨论福柯，认为福柯与马克思产生分歧的地方在于福柯否认客观真理以及历史的真实客观性。托尼·本尼特于1983年移居澳大利亚，1998年才回英国，他与霍尔等人对福柯的接受不同的是，托尼·本尼特不是从福柯的话语——权力理论和越轨理论来接受福柯的，而是对于福柯权力理论中的政府治理性产生了兴趣。“托尼·本尼特指出他之所以转向福柯（也就是福柯的‘政府治理’）实质上与马克思主义在激进观念上的决裂

① 托尼·贝内特：《现代文化事实的发明：对日常生活批判的批判》，陶东风、周宪主编：《文化研究》第6辑，广西师范大学出版社2006年版，第253页。

② 托尼·贝内特：《现代文化事实的发明：对日常生活批判的批判》，陶东风、周宪主编：《文化研究》第6辑，广西师范大学出版社2006年版，第253页。

③ 托尼·贝内特：《现代文化事实的发明：对日常生活批判的批判》，陶东风、周宪主编：《文化研究》第6辑，广西师范大学出版社2006年版，第261页。

密不可分。”①托尼·本尼特从转向葛兰西到转向福柯的重要原因在于他认为福柯比葛兰西在处理文化与权力关系中更符合唯物主义和历史主义的马克思主义精神，“福柯的研究还意味着一种比葛兰西方法更物质化、更机构化的处理文化的方式。在葛兰西方法中，赢取认同的斗争大多围绕对政治领域中各观点的认同，这固然十分重要，但要理解特定文化机构如何运作，比如博物馆、艺术馆等机构，葛兰西方法并未像福柯那样提供强有力的工具来理解这些机构的运作”②。

在《有用的文化》中，托尼·本尼特指出，包括一直到马克思主义的西方政治思想国家理论，都将权力规定为唯一来源和君主统治模式，它们都未能认识到权力毛细血管分布与政府现代形式发展的关联。③ 而福柯的权力理论就是要砍掉政治理论中君主专制权力的头颅，福柯是这样论述的：“我们必须指出权力的性质并不是指向由国家机器和意识形态组成的君主司法这个庞然大物，而是指向权力的物质化和实际的运作者，指向臣服、反应和局部系统的运用，指向策略机制机器。”④“即把文学和审美作为塑造主体性的特殊技术进行建构。对审美作为一种形成个人特征的独特技术进行论述。”⑤“把福柯关于主体性的研究、关于治理性复杂性的研究运用于文学、艺术的有关问题的研究中来，大大地拓展了马克思主义美学的研究空间和学术视野。”⑥

福柯关于权力—知识的论述引出“政府治理性”这个关键词，从政

① John Hartley. *A Short History of Cultural Studies*. London：Sage，2003：108.

② 托尼·贝内特：《英国文化研究的另一种范式——托尼·贝内特学术自述》，黄望译，《洛阳师范学院学报》2007 年第 4 期。

③ Tony Bennett. Useful Culture. *Relocating Cultural Studies*：*Developments in Theory and Research*. London：Rovtledge，1993：71-72.

④ M. Foucault. “Two Lectures”. *Power/ Knowledge*：*Selected Interview and Other Writings 1972-1977*，New York：Pantheon Books，1980.

⑤ 托尼·本尼特：《我的学术之路和学术方法》，《文化与社会》，王杰等译，广西师范大学出版社 2007 年版，第 21 页。

⑥ 王杰：《托尼·本尼特的马克思主义美学研究》，《南方文坛》2007 年第 6 期。

治哲学的角度，指出知识如何参与到国家权威机构采用温和的规训方式塑造主体的现代化过程，后期福柯在“生存美学”的分析中发现了现代美学学科已成为这种“知识型”，但他的最终的走向却是美学和伦理学。粗略说来，从“生命政治”的人口的治理，到“治理性”中政府机构、制度有策略地对主体行为的引导，政府有目的和有针对性地引导和运用由知识而建构起的“自我的技术”使主体对自我行为自觉地进行治理，最后塑造出审美的主体。可见，福柯治理性的提出已经隐含着将“政府治理性”从政治哲学转向美学、伦理学研究。福柯关于政府治理性的论述首创性地分析了通过不同知识体系起作用的不同权力形式，尤其是同人口管理相关的权力形式。托尼·本尼特的文化研究受福柯的影响巨大，他把文化分析同意识形态的复杂问题区分开来，认为文化是由不同知识体系和技能构成的范畴，并用来管理人们的行为，而这种管理的具体途径不能简化为某种统一的国家概念或者经济活动的要求。托尼·本尼特从治理性实践(practices of governance)的角度来研究文化以及美学的实践作用，将治理性延伸到文化机构(博物馆和其他收藏机构)、文化政策、知识分子(被托尼·本尼特称为“文化代理人”)研究中。可以说，托尼·本尼特推进福柯的治理性概念到美学研究、文化研究的领域，将治理性与审美之间的复杂关系联系了起来，治理性的内涵也因而扩展到“自由主义政府塑造审美主体的技术”。

归纳起来，托尼·本尼特的文化治理性研究与美学相关的内容如下：(1)将个体的审美当作一种文化，是国家在现代性形成过程中发展出的一种管理方式。审美作为治理术是19世纪现代“国家”概念形成过程中的产物，是适应国家从强权型管理到规训型管理模式的转变而产生的。可以说，文化、审美作为一种塑造主体的技术，康德的“审美作为自由”命题是这个特定的历史时期的文化治理需要的表达。这在伊格尔顿的《审美意识形态》和安德森的《想象的共同体》中都有相似的论证。(2)审美作为治理术不能仅从意识形态、国家机器塑造主体性方面来简单地将其看作虚假的意识形态，因而认为它是消极和压制意义的，国家引导个体通过审美实现自我解放的积极意义，也就是说在审美的方式中，个体既被国家形塑也自我形塑。正是在这个意义上，托尼·本尼特接受福柯治理性理论，“福柯著作的优点在于它主张，在作用于社会的特殊的制度体制背景下，行为者在特定知识框架中行动，他们如何组织和使用文化资源的方式在一定程度上建构了人们的生活方式，在这个意义上，文化应该被看作既是政府统治的工具又是统治的对象，文化和政府在同样程度上既在同一方又是对立面”①。在审美中，如果考虑到19世纪“国家”概念形成这个特殊的历史语境，“只是随着启蒙运动和它的余波，艺术智性活动才逐渐被认识到可以成为工具，以一种积极建设性的方式来改善一般大众的特殊精神活动和行为品质，可以成为培养公民计划的一部分”②。

可以说，福柯和托尼·本尼特关于治理性的研究，说明了自由主义政府与美学、自由主义政府和主体之间的关系，这种对美学的论述方式显然不同于审美现代性话语中的论述框架，它融会了政治哲学、美学、社会学的学科视野，带有文化研究的文化政治美学特征。治理性研究论述了现代美学的出现与国家政治管理之间的关系：(1)在17—19世纪这段特殊的历史阶段，国家管理手段从强制型的暴力方式转向了引导型的驯服模式。(2)国家管理的对象从领土转向了生物学上的人口，后来转向了个体的内心意识，“主体”这个人文主义的概念成为治理术的锁定对象，国家通过一系列复杂的权力、知识体系塑造出既是身体的也是精神的“主体”。(3)治理性是在国家和个体两个轴心上运转的：一方面，国家通过意识形态的机器引导和塑造个体，为此，国家意识形态机器发展出相应的文化机构和文化体制来具体操作对个体行为的规范；另一方面，个体也可以以自我的方式来塑造，通过审美的方式实现生存意义上的自由。在此，审美作为塑造主体的技术既是现代国家治理术的主要方式，也是个体主动要求以审美的方式来自我塑造的方式。审美主体

① 托尼·本尼特：《我的学术之路和理论方法》，《文化与社会》，王杰等译，广西师范大学出版社2007年版，第25页。

② 托尼·本尼特：《文化与社会》，王杰等译，广西师范大学出版社2007年版，第164页。

的外在他律性和内在自治性要求在此获得了既对立又统一的存在。进入现代性过程中的国家机器通过体制隐蔽地运用审美作为塑造主体性的特殊技术。(4)对自我的治理意味着主体性的生产通过主体的审美经验、审美实践来对身体行为进行关注和矫正，与自我灵魂的进化、审美趣味的提升结合在一起，它们是在现代社会的文化机制、文化政策的引导下进行的。

福柯与托尼·本尼特的治理性理论对当下的文化现象具有很深刻的阐释力。谁也不能否认，特别是20世纪60年代以后风起云涌的各种社会运动，首先，各种亚政治形式“政治体系和法团主义体系之外的代理人也可以出现在社会设计的舞台上(这个群体包括职业团体和行业团体、工厂、研究机构和管理阶层中的技术知识界、熟练工人、公民主动权、公共领域等)。其次，不但社会和集体代理人而且个人也可以与后者相互竞争、争夺新兴的政治塑形权”①。一方面，个体的自由是以与政府对立的形式存在着，另一方面，政府也在切实给予主体以某种程度的自由，“审美作为自由”并不仅仅是虚假的意识形态，也是个体自我解放的方式。所以，重新审视审美、自由这些价值，“自由不是政府的对立面，而是对于政府的运作具有重要作用的机制。这将涉及多方面的考虑：其中的文学、审美及自由之间的诸种关系已经作为政府的一个独特领域的组成部分而产生了影响，而不是作为政府的外表，能够以解放的名义为其超然的批判提供基础”②。审美作为治理术是19世纪以来现代“国家”概念形成过程中的产物，美学学科的诞生是适应国家管理模式的转变而产生的治理工具。托尼·本尼特的文化政府治理性论述了现代国家形成过程中个体的审美实践活动是文化管理的对象，文化治理性是将主体、审美、自由主义政府联系在一起考察，说明了审美作为自由主义政府的治理术通过文化制度和文化机构隐蔽地生产和管理主体。

---

① 贝克、吉登斯、拉什：《自反性现代化》，赵文书译，商务印书馆2001年版，第29页。

② 托尼·本尼特：《审美·治理·自由》，姚建彬译，《南京大学学报》2009年第5期。

第八章　文化治理性和审美历史化

托尼·本尼特认为，威廉斯等马克思主义者对什么是“文化研究”的通货(currency)，也即什么是文化研究中的主要对象并不是很清楚，因此他创导的是“另一种选择，即要求构建将自己的领域与文化研究领域区分开来的拥有自己的术语的独特的研究领域”①。他立足于英国19世纪以来的文化批评传统，将他自己的文化研究重新定位，“我将批判性地与英国文化研究出现的(过去与现在的)轨道进行接轨中做到这点”②。也就是说，托尼·本尼特对审美问题的研究③的关注是在英国

---

① 托尼·本尼特：《文化与社会》，王杰等译，广西师范大学出版社2007年版，第157页。

② 托尼·本尼特：《文化与社会》，王杰等译，广西师范大学出版社2007年版，第159页。

③ 很多学者认为，英国文化研究兴起之后排挤了文学、艺术、美学研究，“英国文化研究已经偏离了所谓的‘高雅文化’，转而偏爱大众流行文化，牺牲了对于所有文化形式的可能洞见。……忽视了对于先锋艺术形式与艺术运动的关注，因此也就失去了发掘现代主义艺术的革命潜能的可能性”(陶东风编：《文化研究精粹读本》，中国人民大学出版社2006年版，第23页)。实际上，随着文化研究资料的丰富，更多学者发现英国文化研究中并不存在这种对立，例如中国学者在2006年英国文化研究的专题研讨会上就有这种认识(黄卓越：《英国文化研究与中国研讨会纪要》，《外国文学》2006年第6期)，威廉斯的文化研究并不是排除美学、高雅文化，威廉斯视文化为整体生活方式的人类学概念，文化既包含当下的大众文化形式，也有美学、高雅艺术、文学、习俗等内涵。对于文化研究转向之后的美学复兴的思考，金惠敏认为，“威廉斯以后，美学的任务将是如何对待‘大众文化’这种‘非艺术’现象……由于英国文化研究的反精英性质，因而也就是‘反美学’的性质，因为‘美学’即隶属于一个精英的传统，其于20世纪西方美学史的意义迄今还未受到应有的重视”(金惠敏：《文化研究与美学复兴——20世纪西方美学的(转下页)

文化批评传统和英国马克思主义美学传统双重对话的背景下展开的，“审美作为主体性的认知模式”这一命题既存在于19世纪以来的英国文化批判传统中，也存在于英国马克思主义美学对于审美意识形态的思考问题域中，本章将托尼·本尼特的文化治理性研究放在英国文化批评传统和英国马克思主义对于审美意识形态理论两条链条上进行比较和审视，说明托尼·本尼特的文化治理性研究的理论贡献。

第一节　从审美自由的后康德命题到文化治理的演化

康德美学是审美自律和艺术自律理论建构的共同基础，康德审美无功利的纯美学观点显然是将审美和政府治理性政治功用分裂开来，从这个思路来看，托尼·本尼特的文化治理性的审美实用主义观点与康德的自律性美学是对立的。康德之后的美学发展，特别是当代的美学发展充

(接上页)“文化研究转向”与美学研究的前景》，《艺术百家》2009年第3期)，美学研究面临着如何超越鲍姆加登、黑格尔、康德美学体系发展的新问题，这也正是沃尔夫冈·韦尔斯在《重构美学》中对现代美学的认识，“美学丧失了它作为一门特殊科学、专门艺术结盟的特征，而成为理解现实的一个更广泛，也更普遍的媒介。……美学这门学科的结构，便也亟待改变，以使它成为一门超越传统美学的学科，将‘美学’的方方面面全部囊括进来，诸如日常生活、科学、政治、艺术、伦理学等等”(沃尔夫冈·韦尔斯：《重构美学》，陆杨译，上海译文出版社2002年版，第1页)。在这种情况下看，当下美学超越传统美学发展的新趋势是审美思维在整个生活领域内(包括政治、社会、伦理、艺术、科学)的普遍化。托尼·本尼特对审美问题的研究也是超越康德美学体系的，他对审美问题的理解既继承了英国文化研究学者威廉斯等人的人类学的意义，也具有将美学与生活、社会、政治的整体联系的当代美学新发展的趋向，他认为审美思维渗入整个生活领域里从而使个体行为方式发生改变，他在《分裂的惯习》中分析了高雅的艺术趣味并不是布尔迪厄在《区隔》中规定为资产阶级的文化品位，托尼·本尼特用社会学的统计数据表明在当下的文化生活中，工人阶级、中产阶级和上层管理阶层有着共同的趣味，他们既对现代文学、古典音乐、艺术画廊感兴趣，又会去阅读传记，或者喜欢看电视新闻和时事等节目，大众文化与高雅艺术并不对立。

分说明审美与消费文化、社会生活、政治需要密切关联①，所以审美自律性“是批判性知识分子的小圈子的观点。关于纯艺术的美学观点，是某些文化研究者生出的一种幻觉”②。作为纯艺术和纯美学的批判性审美现代性话语拒绝考察审美、艺术与社会、政治、历史之间的关系，审美自律和艺术自律主张以艺术自身的独立性价值而获得自身的合法性存在，哈金斯指出：“美学‘自律’的概念意味着审美经验或谓之为艺术的东西，摆脱了其他人类事务而具有属于它们自我的生命，其他的人类事务是指道德、社会、政治、心理学和生物学所包含的过程和目标，这个命题说明了自律性的一般含义，也即‘自治’或者‘自身合法化’”③。

但是，托尼·本尼特认为，康德美学对于英国的文学批判和文化批评的影响，不是发展出康德美学中对于纯粹美和审美无功利方面的形式美学的路向，经验主义的英国根据自身的文化批评的需要，汲取的却是康德美学中的“审美作为自由”这种审美的实践和认知的命题。“按照康德的说法，人类在其历史发展过程中，通过科学的发展和艺术的发展，审美能力得到了提高，于是人类的审美能力就可以猜到人的道德，所以美是道德的象征。美不是道德，但它可以暗示人的道德，也就是说，人的道德在人的现实生活中应当留下它的痕迹，应当有它的象征，所以人类通过文明化以后，进入文明世界发展科学和艺术，发展审美，这样慢慢地开始就觉察到了自己的道德本体。”④托尼·本尼特在《审美·自

---

① 以鲍姆加登和康德理论为基础从18世纪建立起的现代美学以审美自律性为基本特征，但是近年发展起来的美国实用主义美学、分析美学和后现代美学、马克思主义美学却从不同侧面否认审美的自律性，这方面的著作有丹托的《艺术终结之后》《美的滥用》、诺埃尔·卡罗尔的《超越美学》、R. 舒斯特曼的《实用主义美学》《生活即审美》，以及伊格尔顿的《审美意识形态》、艾伦·迪萨纳亚克的《审美的人》、沃尔夫冈·威尔森的《重构美学》等。

② 张良从、周海玲：《“文化研究的关键问题”国际学术会议研讨会综述》，《文学评论》2009年第5期。

③ Casey Haskins. “Autonomy: Historical Overview”. Kelly, Michael (ed.). *Encyclopedia of Aesthetics*. Oxford: Oxford University Press, 1988: 170.

④ 邓晓芒：《康德哲学讲演录》，广西师范大学出版社2005年版，第97~98页。

由·政府》一文中指出，他对于审美这个问题的研究来自于“把文化当做自由的一个领域的后康德式（Post-Kantian）建构”①。按照康德对文化的定义，“理性的实体为了任何出于它自己所选择的任何目的的才能的生产，从而也就是存在于自由中的实体的才能的生产，就是文化”②。康德美学的一个核心指向是通过审美实践实现道德伦理的善，自然目的论的系统最终的走向是道德目的论，“在人身上体现的终极目的就是作为道德法则的主体并遵照这个法则而使自己成为自由的存在着的，作为本体看的人”③，所以，康德的审美实践传统对英国的文化批评传统产生了深刻的影响。

审美与认知之间的关系研究也是英国的经验主义美学传统的显著特点，“把审美与认知等同，把美与真等同，这是经验主义自然科学思维方式在美学研究中的表现之一”④。诞生于19世纪的英国文化批评传统的一个深层模式就是相信通过审美认知而实现教育功能。柯勒律治—罗斯金——阿诺德之间存在着一个文化批评的谱系。阿诺德在《文化与无政府状态》（1869）中给文化下过这样的定义：文化是甜美、是光明，甜美是艺术，光明是教育，文化因光明而甜美，因甜美而光明；它是我们思想过和言说过的最好的东西，它从根本上说是非功利的，它对完善的研究，它内在于人类的心灵，又为整个社群所共享，它是美和人性的一切构造力量。文化作为精神生活，是通过审美认知来达成人格的完善，进而论之，达成社会的完善。这与康德真善美的统一和席勒的审美教育观念是一脉相传的，因此，托尼·本尼特说，“康德对于审美、文化与自由之间关系的论述在英国所产生的影响……毋宁是通过柯勒律治和浪漫派传播的”⑤。20世纪利维斯主义文化批评直接继承了阿诺德对于文

① 托尼·本尼特：《审美·治理·自由》，姚建彬译，《南京大学学报》2009年第5期。

② Howard Caygill. *Art of Judgement*. Oxford：Basil Blackwell，1989：389.

③ 康德：《判断力批判》，邓晓芒译，人民出版社2002年版，第3页。

④ 章辉：《经验的限度》，中国社会科学出版社2005年版，第23页。

⑤ 托尼·本尼特：《审美·治理·自由》，姚建彬译，《南京大学学报》2009年第5期。

化教化作用的重视。利维斯在《伟大的传统》中以民族意识、道德主义和历史主义以及一种侧重文学自身美感的有机审美论，阐释了精英主义的文学对于解决 20 世纪社会危机的价值。因此，利维斯等人确立了“英国文学”这门学科，“英国文学不仅是一门值得研究的学科，而且是最富于教育作用的事业”①，“《细察》不仅是一份杂志，而且是一场道德和文化改革运动的中心”②。

威廉斯等文化马克思主义者既继承也批判了阿诺德和利维斯的文化批评主义。一方面，威廉斯等左派利维斯继承了英国文化与文明传统对文化的批判使命，“文化批评家角色的各种形式的道德权威能够在左派批判方案中被重新布置，在左派方案中文化分析能够重新发挥一种重要的政治作用。正是通过这种方式，19 世纪批评传统中培养出来的、稍后的 20 世纪利维斯主义的批判方案中又加以塑造的独特的道德声音开始转变为一种偏向左派的新立场，它提供了一种合理性，使文化在新左派所优先处理的问题之中处于中心地位”③。但托尼·本尼特与一般人对威廉斯的理解不同的是，托尼·本尼特在对威廉斯的文化概念进行词源学的分析后认为，威廉斯的文化研究不同于阿诺德、利维斯的文化批评传统的地方在于威廉斯从人类学的角度提出文化在“人类进化，人类完善，人这个物种整体成长的过程”④中的实用(功用)主义价值。威廉斯的文化定义中包含着将“文化(审美)作为改革者的科学”⑤的命题，“跟随泰勒，威廉斯对文化分析的核心理解中包含着文化、可完善性和改革的辩证法。”⑥

① 特里·伊格尔顿：《二十世纪西方文学理论》，伍晓明译，陕西师范大学出版社 1987 年版，第 39 页。

② 特里·伊格尔顿：《二十世纪西方文学理论》，伍晓明译，陕西师范大学出版社 1987 年版，第 62 页。

③ 托尼·本尼特：《我的学术之路和理论方法》，《文化与社会》，王杰等译，广西师范大学出版社 2007 年版，第 17 页。

④ Rarmond Williams. *The Long Revolution*. Harmondworth：Penguin，1965：59.

⑤ Tony Bennett. *Culture*：*A Reformer's Science*. London：Allen & Unwin，1998：87.

⑥ Tony Bennett. *Culture*：*A Reformer's Science*. London：Allen & Unwin，1998：96.

另一方面，威廉斯作为马克思主义者，他的文化批评观念也继承了西方马克思主义关于审美救赎和艺术自律对革命主体的塑造的观点，即“审美成为主体性认知的模式”的马克思主义的论题，并认为“审美作为自由”是通向马克思主义的主体自由的必要途径。“英国马克思主义文论和美学主要是从工人阶级、少数民族等被压迫的社会群体的角度，以及这些群体的日常生活经验出发，来研究和说明大众传媒与审美规律相互结合、共振的文化条件下审美启蒙的机制和可能性问题。”①20 世纪 70 年代英国马克思主义深受阿尔都塞学派影响，80 年代实现了“葛兰西转向”，英国马克思主义非常重视意识形态的实践性作用，它不认同自卢卡奇到法兰克福学派的西方马克思主义的观点，即自律性的审美经验是反抗资本主义意识形态以及资本主义国家机器的主要力量，而是继承了阿尔都塞的意识形态理论，将审美视为一种意识形态。即使这样，英国马克思主义对于审美(也就是文化研究中的文化)作为实现自由的政治功能给予了期待，也就是说，英国马克思主义发展了阿尔都塞学派马克思主义审美的他律性认识，否定了自卢卡奇以来的西方马克思主义审美自律性认识的单一性维度，提出了马克思主义对于审美主体的启蒙、主体自由研究需要的复杂性和辩证性思路。以上论述表明，自英国 19 世纪的阿诺德文化批评传统开创以来，经验主义的英国文化批评传统一直在探索康德的“审美作为自由”的命题。但是主体的审美如何通向自由，如何平衡审美认知论和审美实践论之间的关系，具体说来，即如何考察审美实践具体化和历史化对主体的塑造的影响，审美自治与审美他律的如何扭结而发生历史关联，在阿尔都塞结构主义马克思主义的影响下和转向葛兰西之后，这个既复杂又辩证的问题还需要继续思考。

托尼·本尼特肯定了英国马克思主义者对于审美他律性(也即审美意识形态)在文化研究和阶级斗争中的重要贡献和影响，可以说，英国马克思主义的文化研究揭示文化和权力之间的密切关系是对审美历史化

① 王杰：《漫长的革命：20 世纪英国马克思主义文论的问题和理论立场》，《湖北大学学报》2008 年第 1 期。

的一种进步。英国整个文化批评传统在康德美学的框架下思考审美和自由之间的关系，从审美自律性（即阿诺德传统和利维斯主义）的纯粹理想走向审美他律性（即以威廉斯为中心的文化研究）自觉认识，从学理上讲，就是超验性的康德美学转向对于审美的社会历史条件的分析，将审美的政治功能转向话语、媒介、阶级、性别、身份、殖民、族群等具体的社会条件和时代现实的分析只是审美历史化的一个方面，但是，托尼·本尼特并不认为审美的历史化仅仅止步于揭示出阶级和身份中的问题，马克思主义文学和美学中对于“现代国家”在“审美作为塑造主体的技术”中的重要作用并没有完整地揭示出来。“我认为应该对马克思主义文学和美学理论的这些方面加以反驳，因为它们与马克思主义的历史论证原则存在尖锐的冲突，在我看来这个历史论证原则是马克思主义思想的本质特征，但是一旦变成要对‘审美’进行分析了，许多马克思主义者似乎更乐于弃之不用。”①

马克思唯物主义要求彻底地历史化地论证审美问题，不仅仅是在意识形态这个领域，而更多的是在审美实践领域研究审美问题。阿尔都塞学派的马克思主义研究已经注意到了现代化过程中国家在生产意识形态上的主导作用，“所有意识形态国家机器，无论它们是什么，促成了相同的结果：生产关系的再生产，即资本主义剥削关系的再生产”②。意识形态国家机器甚至成为比强制性国家机器更重要的资本主义国家的运行机制。而意识形态国家机器的重要机制是“意识形态将个体当作属民质询”③，意识形态国家机器不同于强制性国家机器的一个基本区别是，强制性国家机器通过暴力起作用，而意识形态国家机器通过意识形态起作用，“除了具体的主体以外，不存在意识形态，而且只有通过主体才

---

①　托尼·本尼特：《我的学术之路和理论方法》，《文化与社会》，王杰等译，广西师范大学出版社2007年版，第15页。

②　斯拉沃热·齐泽克：《意识形态的崇高客体》，季广茂译，中央编译出版社2002年版，第154页。

③　阿尔都塞：《意识形态与意识形态国家机器》，齐泽克等：《图绘意识形态》，方杰译，南京大学出版社2006年版，第122页。

能使意识形态的这种指归成为可能；意思是：通过主体的范畴及其功能"①。一个可以成立的逻辑推论是："主体"是意识形态国家机器塑造属民的核心概念。伊格尔顿在英国的文化批评传统中发现，利维斯的精英主义与威廉斯的大众主义都潜伏着"主体"这个概念，"这种从文学向文化政治学的转移并非只是不适当的，因为连接这些领域的是主体性的观念。文化意味着社会主体性的范畴——一种比意识形态宽泛但又比社会狭窄、不如经济那么明显却又比理论更切实的范畴"②。审美作为塑造主体性的特殊技术，一定要历史地放在自启蒙运动以来国家机器管理功能转变的背景下被思考。英国马克思主义文化批评继承了阿尔都塞的意识形态理论，如关于意识形态与主体性的复杂关系，但是对于蕴含在阿尔堵塞意识形态中的"国家"和"审美"之间的关系并没有被充分重视。在托尼·本尼特看来，英国文化研究中的后康德美学的"审美和自由"的关系，在马克思主义历史论证的原则下，要求作为"审美和政府治理性"的关系被重新考虑。"文化研究中至少误解了一些它的研究领域的有机层面。我想提出，如果把文化看作一系列历史特定的制度地形成的治理关系，目标是转变广大人口的思想行为，这部分是通过审美智性文化的形式、技术和规则的社会体系实现的，文化就会更加让人信服地构想。同样，它的出现最好可以被看作现代社会化早期社会生活特有的日益治理化过程的一部分。"③

第二节　文化治理性与审美意识形态比较

托尼·本尼特的文化治理性研究的是主体、审美与国家治理之间的

① 阿尔都塞：《意识形态与意识形态国家机器》，齐泽克等：《图绘意识形态》，方杰译，南京大学出版社2006年版，第122页。

② 特里·伊格尔顿：《文化的观念》，方杰译，南京大学出版社2003年版，第46页。

③ 托尼·本尼特：《文化与社会》，王杰等译，广西师范大学出版社2007年版，第163页。

关系，与文化治理“相关的概念是文化政策、文化、政府、文化领导权、意识形态、实践”①，文化治理性作为审美塑造主体的技术与西方马克思主义中的“审美意识形态”研究极其相似，但托尼·本尼特更侧重于从审美实践而不是审美认知的角度论述美学问题，“人们把马克思主义美学看作是实践而不是理论，其独特性在于它意欲转变的主体的区域，也在于为了这种意图的自我技术”②。托尼·本尼特的“政府治理性”理论是在阿尔都塞的“意识形态国家机器”关于主体生产、伊格尔顿的“审美意识形态”与主体的生产、审美作为意识形态的生产、美学学科知识的诞生与国家治理的关系等相关问题的研究基础上进行的。不同于审美意识形态观点对审美他律性和审美主体臣属性的单方面的强调，文化治理性辩证地分析审美主体的生产与意识形态国家机器之间既对抗又合作的关系，认为审美自治是审美他律的前提条件，也更强调国家机器作为审美活动产生的物质性要素的重要性。

西方马克思主义学者一直关注着资本主义社会中主体性、审美和意识形态之间的复杂关系，但是他们对于审美和意识形态之间关系的观点却是很不相同的。大致说来，在处理审美、主体性和意识形态三者之间的关系上，阿尔都塞学派之前的西方马克思主义学者基本上是沿袭了浪漫主义美学以来的审美自律性、审美自由的逻辑，认为主体性建立在审美自律基础上，构成对意识形态的对立。卢卡奇的阶级意识强调的是无产阶级的自我意识和主体性在历史发展中的作用，艺术体现了完整的人类本性，艺术承担了反对人的异化、实现人的自由解放的伟大任务；法兰克福学派更是以精英主义的立场将艺术救赎推向极致：本雅明的艺术怀乡、马尔库塞的新感性、阿多诺的否定辩证法对当代社会现实的否定性和对抗。归纳起来，从卢卡奇到法兰克福学派的西方马克思主义以艺术自律性对抗和批判现实，这是一种美学人道主义。而阿尔都塞学派之

① John Hartley. *A Short History of Cultural Studies*. London: Sage, 2003: 106.

② 托尼·本尼特：《文化与社会》，王杰等译，广西师范大学出版社 2007 年版，第 63 页。

后西方马克思主义却强调审美的意识形态化和意识形态的审美化，审美不再是自律性的，而是意识形态国家机器塑造主体性的工具，资本主义社会里的审美自律性幻象因此也是主体性的幻象。这种转向在阿尔都塞那里就开始了，他认为“每一件艺术作品，都是由一种既是审美的，又是意识形态的意图产生出来的”①。马歇雷认为，文学是以意识形态为原料所进行的生产活动，是对意识形态材料加以赋形的活动，正是这种赋以形式的行为将意识形态置于一个与自己相异的处境之中，所以产生偏离意识形态的效果。伊格尔顿认为，首先，“审美就是意识形态”②，审美“是一种特别有效的意识形态媒介”③。保罗·德曼说审美“作为作用域历史现实的最强大的意识形态动力仍然与我们紧密相关”④，詹姆逊说“审美行为本身就是意识形态的，而审美或叙事形式的生产将看作是自身独立的意识形态行为，其功能是为不可解决的社会矛盾发明想象的或形式的‘解决办法’”⑤。以上这些论证了审美和意识形态之间的密切关系，审美不再是自治性存在的纯净王国，用阿尔都塞的话讲，审美是国家机器意识形态化的工具。

审美意识形态和主体生产之间的关系是怎样的呢？在阿尔都塞那里，他把意识形态看成一种思想构架，是个人与其真实条件的想象性关系的一种“表征”，个体意识与意识形态之间“既存在真实的关系，又存在‘体验的’和‘想象的’的关系”⑥。人们通过它阐释、感知、经验和生

① 陆梅林选编：《西方马克思主义美学文选》，漓江出版社 1988 年版，第 537 页。

② 特里·伊格尔顿：《审美意识形态》，王杰等译，广西师范大学出版社 2001 年版，第 91 页。

③ Terry Eagleton. *Criticism and Ideology*：*A Study in Marxist Literary*. London：NLB，1976：20.

④ Paul De Man. *The Rhetoric of Romanticism*. New York：Columbia University Press，1984：264.

⑤ 詹姆逊：《政治无意识》，王逢振等译，中国社会科学出版社 1997 年版，第 67~68 页。

⑥ Louis Althusser. *Essays on Ideology*. London and New York：Verso Books，1984：202.

活于他们置身其中的现实，所以他们并不与现实之本来直接照面。在这个意义上，意识形态具有欺骗性，也正因为如此，统治阶级才极其热衷于对人们进行意识形态的灌输，在这个过程中，便产生了一系列机构，如教会、学校、家庭、法律、工会、媒体(出版、广播、电视)等，以及诸多文化方面(如文学、艺术、体育等)的意识形态。他把政府、军队、法庭和监狱等称为强制性国家机器而与意识形态国家机器区别开来，因为强制性国家机器通过暴力起作用，而意识形态国家机器通过意识形态起作用。资本主义国家机器中的意识形态的生产“通过主体范畴的运转把具体的个体召询成具体的主体”①，“除了具体的主体以外，不存在意识形态，而且只有通过主体才能使意识形态的这种指归成为可能；意思是：通过主体的范畴及其功能”②。一个可以成立的逻辑推论是：“主体”是意识形态国家机器致力塑造的目标。虽然阿尔都塞揭示了意识形态国家机器在主体生产方面的关键作用，但是对于主体的生产以审美的方式获得却没有展开，这在他之后的伊格尔顿的《审美意识形态》中得到了充分论证，伊格尔顿认为身体是审美意识形态的物质基础，意识形态的主体生产却是以身体为载体得以实现的，是以审美的方式生产出主体。“诞生于 18 世纪的陌生而全新的美学话语并不是对政治权威的挑战，但它可以解读为专制主义统治内在的意识形态困境的预兆。为了自身的目的，这种统治需要考虑‘感性的’(sensible) 生活，因为不理解这点，什么统治也不可能是安稳的。”③现代性是一个分化的社会：理性与感性，普遍与特殊，一般与个别，内容与形式，精神与感觉，自我与他人的分化，法律、权威与理性如何植入单子式的自我主体中？正是在这个意义上，内在化机制需要高度自律自治的主体，在此，

① 阿尔都塞：《意识形态与意识形态国家机器》，齐泽克等：《图绘意识形态》，方杰译，南京大学出版社 2006 年版，第 122 页。

② 阿尔都塞：《意识形态与意识形态国家机器》，齐泽克等：《图绘意识形态》，方杰译，南京大学出版社 2006 年版，第 122 页。

③ 特里·伊格尔顿：《审美意识形态》，王杰等译，广西师范大学出版社 2001 年版，第 3 页。

“审美……扮演着主体的统一的角色，这些主体通过感觉冲动和同情而不是通过外在的法律联系在一起，每一个主体在达成社会和谐的同时又保持独特的个性。审美为中产阶级提供了其政治理想的通用模式，例证了自律和自我决定的新形式，改善了法律和欲望、道德和知识之间的关系，重建了个体和总体之间的联系，在风俗、情感和同情的基础上调整了各种社会关系。另一方面，审美预示了马克斯·霍克海默所称的‘内化的压抑’，把社会统治更深入被征服者的肉体中，并因此作为一种最有效的政治领导权模式而发挥作用”①。美学学科作为社会结构中适应法律等强制性国家机器内化和赞同机制的需要而诞生了。根据伊格尔顿对现代美学这门学科起源的考察，审美是一种意识形态。

从上面的论述中可以看出，西方马克思主义美学在论述审美、主体性和意识形态之间的关系时，以阿尔都塞为分水岭，存在着审美的自治性和审美的他律性(审美意识形态化)观点的分野；存在着审美主体具有自主性的阶级意识和审美主体被意识形态生产和召唤的区分。政府治理性却是将审美意识研究中这两种对立的观点——审美自治与审美他律两者统一起来。在自由主义政府治理术中，权力是生产性、创造性与渗透性的统一；权力还是无主体来源的、不确定的、复数的，并不是一方可以绝对地压制另一方，权力是各个方向力量的角力和制衡；权力是自下而上的而不是传统的自上而下的，不是中心式而是分散的微观的。因此，在政府治理性的研究中，权力有组织地、有策略地生产和规训审美主体。

一方面，意识形态国家机器的文化机构、文化制度和文化政策赋予了被塑造的主体在某种程度上的自主和自决的可能性，自我可以审美地自我生成“自我的技术”。在这个要点上，政府治理性不同于阿尔都塞的意识形态理论和伊格尔顿的审美意识形态理论，它不是简单地、消极地认为意识形态国家机器塑造主体性是虚假的意识形态，因而对主体是

① 特里·伊格尔顿：《审美意识形态》，王杰等译，广西师范大学出版社2001年版，第16~17页。

压制和否定的。“审美作为主体塑造的技术”既是作为自由主义政府的治理术存在的，也是作为可以成为个体自我实现审美化的生存论意义而存在的。国家在引导个体通过审美实现自我解放的积极的意义，也就是说在审美的方式中，个体既被国家型塑也自我型塑，它是国家实行对公民培养和管理的策略，以一种积极建设性的方式来培养一般大众的特殊精神活动和行为品质，艺术和文学自律性是政府实现对个体的审美伦理和自我审美塑造的管治前提，没有审美自治和审美自由这个理论前提，政府对主体的管治就无法找到治理的工具和手段。

另一方面，政府治理性认为审美活动始终是在政府的管理和组织下进行的，托尼·本尼特比较了彼特·贝格尔(Peter Burger)的艺术自律理想与亨特的福柯治理性研究的区别。贝格尔在讨论审美和教育之间的关系时，“没有充分地注意机构联系机制，是由于这种机制，这种艺术规律原则进入了教育领域，并且产生了具体影响”①。相反，亨特却恰恰注意到教育机制和教育机制中的“审美具体地影响了文学艺术教育运用的环境，但它不是以观念形式而是作为一套类似于国家机器的自我形成实践做到。在这个层面上，美学不是像绝大多数马克思主义者论述的那样，起着压制作用的意识形态，而是被看作个人形成技术的组成部分，它的作用被评价为积极的建设行动，成了一种规范广大民众品行的手段，成了更为常见的管理手段和治理性的组成部分”②。对此，托尼·本尼特评价亨特在审美研究中比贝格尔更唯物主义地研究审美与文学教育之间的关系，“它提供了将文学自律问题更彻底的唯物主义式的重新与语境化的基础”③。所以，托尼·本尼特的研究注重审美自律化得以运行的物质性要素，包括政府文化管理中的动力因素——代理人(实践型知识分子)研究，和现代审美文化活动的物质环境，“聚焦于物

① Tony Bennett. *Outside Literature*. London: Routledge, 1990: 179.

② 托尼·本尼特：《文化与社会》，王杰等译，广西师范大学出版社 2007 年版，第 59 页。

③ 托尼·本尼特：《文化与社会》，王杰等译，广西师范大学出版社 2007 年版，第 60 页。

质的、技术的以及体制的过程。通过这些过程，审美文化在新的环境(博物馆、艺术馆、交响音乐厅、图书馆、文学与科学协会)中变得可以触知、可以看见并且可以表演了。这些新的环境汇集了处于新的相互关系中的文本、人工制品、技艺和人。在此一过程中，审美文化也变成了可以用新的方式……审美实践变成了可以利用的东西。审美实践在这些制度中新近被集合起来"①。自由主义政府发挥的意识形态功能是政府机制、规则对主体的审美活动进行管理。相较于审美意识形态的研究，政府治理性研究更强调了国家机器这个"物质"的作用，也就是说，强调国家的制度、计划、分析、程序、策略等的运用，强调国家文化政策和文化机构、教育机构、文化市场对个体审美行为的规范和引导，更关注审美实践在意识形态国家机器的监控下是如何形成的和怎样实施的。这样，文化治理性与布尔迪厄的文化场域、迪基和丹托的艺术界、艺术制度形成了对话关系。这是更符合马克思主义的唯物主义和历史主义关于审美和主体形成的观点的。

第三节　审美自治与审美他律的历史化联结

康德"审美作为自由"的演绎是指审美是发生在审美主体内部的精神活动，它的一个假设就是审美是无功利的，审美是自治的，审美只是关涉主体自我的事件，它超然于主体之外的社会和实践。"审美本身经常被等同于自由的这样一种所在——作为治理术的外在物、一个纯粹自由的领域，以及一种批判的源泉。"②但是，康德的审美无功利作为立法型国家在18世纪政府治理的手段，随着从管理的他治到自治的国家形态的改变，审美无功利作为自治的理想方式(后福柯主义)迅速收编了审美作为自由的想象(后康德主义)，审美的无功利作为一种统治阶级

① 托尼·本尼特:《审美·治理·自由》，姚建彬译，《南京大学学报》2009年第5期。

② 托尼·本尼特:《审美·治理·自由》，姚建彬译，《南京大学学报》2009年第5期。

高雅的审美标准，充当了国家治理性中对自治的需求。审美作为自由的想象，或者说通向自由的途径，是在具体的文化实践中，也就是管理者和被管理者之间的文化实践中展开的，是在现代国家的审美体制下进行的，审美实践变成了可以利用的东西。托尼·本尼特以马克思主义的历史论证原则，将审美放在19世纪国家形成这个特定的历史和社会实践之中来认识，可以清楚地看到"构成审美的原初决定性特质的无用性之特质是如何被重新界定的，以便它能够被用作政府的一件工具"①。康德的"审美作为自由"是在此特定的社会历史条件下转化成为福柯的"审美作为塑造主体的技术"的，这也意味着从审美自治单一型到审美自治与审美他律关联型的转变。

审美的自治性和审美的他律性在马克思主义这里并不是以决然对立的形式存在的。一方面，马克思主义认为审美需要是实现人性和自由的方式。审美需要的一个假定就是审美是可以自治的，马克思主义的观点并不是否定审美的自治性的，而是批判不作历史分析的超验的审美自治性，"在我看来，把审美当作一种精神与现实之间关系的不变模式来建构，这很难与作为一种旨在对所有的社会和文化现象进行彻底的'历史化'(historicisation)的历史科学的马克思主义概念相协调。如果精神与现实之间关系的审美模式的结构是普遍的并因此是超历史的……它只能解释这些文学艺术实践的偶然的、短暂的方面，而不是它们的本质，因为早在对它们的生产、流通和接受的特定历史条件进行分析之前，它们的结构，准确地说它们的审美结构已经给出了这一本质。"②文学等审美方式的本质不在于它可以给出一个本质主义的定义，而在于认识文学的内在自律性与外在的社会历史意识形态性扭结的知识背景下，文学可以考察"文学等审美等产生什么效果以及如何产生效果"，文学的效果来自某种文学话语与社会的认同。换言之，这是历史之手撮合的结果。文学

① 托尼·本尼特：《审美·治理·自由》，姚建彬译，《南京大学学报》2009年第5期。

② 托尼·本尼特：《我的学术之路和理论方法》，《文化与社会》，王杰等译，广西师范大学出版社2007年版，第14页。

不仅分析文学的存在，更重要的是分析文学如何历史性地存在。“马克思主义尊重艺术在社会状况之上的超验性，然而同时，它并不满足于只是牢记这种事实，或在新康德主义精神的意义上，在研究艺术的社会发生的方法与艺术的价值问题之间提出一种简单的二元性。马克思主义既重视艺术的超验性，又努力根据其特定的社会历史状况来解释它。”①

另一方面，马克思主义是以历史论证原则得出审美是被一定的社会历史意识形态他律的结论的。但不是以审美的历史论证原则，是否就意味着，福柯的“审美作为主体塑造的技术”是将康德的“审美作为自由”的审美自律性消解了，置换成为“审美是他律的”呢？我们承认，托尼·本尼特的文化治理性是将审美、自由和政府三者之间连接在一起，审美作为政府的治理术必然是运用文化制度和文化机构，例如博物馆、艺术馆、交响音乐厅、图书馆、文学的与科学的协会，成为自由主义政府隐蔽地管理个体的方式。在此，个体的审美体验，看什么和怎么看，都是在政府文化管理机制的调控下进行的。在此，貌似个体自治形式下的审美实质是审美的他治，审美文化也变成了可以用新的方式进行文化管理。但是，我们是不是将审美的自律行为和审美的他治之间的关系过于简单化地对立了呢？“审美自始就是一个矛盾的双面概念。一方面，它是一种真正的解放力量，主体通过感性律动和兄弟情感而不是外加的律法联结成群体，每一个个体为何具有自己独一无二的特殊性，但是可以和谐地融入社会。审美为中产阶级的政治追求提供了极为有用的范式，典型地表现出新的自主和自决形式，改造了律法与欲望、道德与知识之间的关系，重铸了个体与总体的联结，以习俗、情感和怜悯为基础修正了社会关系。另一方面，审美是马克斯·霍克海默所称的‘内化的压抑’，把社会权力插入被支配者的内心深处，这是一种极为有效的政治霸权形式。”②

① 托尼·本尼特：《文化与社会》，王杰等译，广西师范大学出版社2007年版，第25页。

② 特里·伊格尔顿：《自由的特殊：审美的兴起》，马尔赫恩编：《当代马克思主义文学批评》，刘象愚译，北京大学出版2002年版，第75页。

我们不要忽视了审美自律性这个康德命题中的人道主义的审美救赎功能。一方面，审美的历史原则将审美放在历史和社会实践中考察，破除审美自律性和审美救赎的幻象，充分认识审美是在一定社会条件下发生的；另一方面，审美毕竟作为个体经验层面上的想象性存在，是人类最基本的需要，也是人类进步和人类文明的标志。“审美作为主体塑造的技术”既是作为自由主义政府的治理术存在的，也是作为可以成为个体自我实现审美化的生存论意义而存在的。这样，“审美作为主体塑造的技术”中这个“主体”(subject)，既是国家中的属民，具有被管理、被治理的性质，又是动态的自决的主体。我们发现，如果没有康德意义上的、自我主体的审美经验上的审美自律性这种“审美作为自由”的想象，审美作为一种管理的艺术是无法实现的。所以，审美的他治和审美的自律之间并不存在着矛盾，“通过解释把艺术的生活和生活的艺术之间的关系连接起来的‘和’的各种组织形式，自律和他治之间的关系得以展开”①。审美话语中的自律与他治中的矛盾，并不是决然地对立性的，其实应该引入治理性的概念来解释这样的一致性。为此，托尼·本尼特认为布尔迪厄对不同阶级审美趣味的高雅和粗俗的区分是对阶级惯习的单一性的假定统一，实际上“布尔迪厄把自律和他治之间的关系解释为彼此之间简单的对抗关系中确定的对立性原则”②是不符合当下文化政治实践的，当下的文化消费实践是高雅的资产阶级文化趣味正逐渐变得与工人大众具有高度的共享性，同时，大众的通俗文化形式也逐渐为精英的管理阶层喜闻乐见。并且，通过审美实践达到自我提升和自我反射、自我反思的特征是人类普通的心理结构，无论是高雅的还是通俗文化的审美经验，都是以自治的形式达到政治治理的需要，“艺术的审美体制产生了自律和他治之间的关系的一系列不同的情节设置(emplotments)，所有这一切都是可能的行动过程的不同‘情节设置’，

① 托尼·本尼特：《分裂的惯习》，王杰主编：《马克思主义美学研究》第11辑，中央编译出版社2008年版，第22~23页。

② 托尼·本尼特：《分裂的惯习》，王杰主编：《马克思主义美学研究》第11辑，中央编译出版社2008年版，第17页。

这些过程是由源自‘把自律和他治链接起来的同一根纽带’但被它们加以不同地运用的那个‘和(and)’引发的”①。

托尼·本尼特将文学、艺术和审美的相对自律性放在物质性的制度、体制等审美自律实践的外在环境中考察，这种审美历史化观点与迪基的“艺术界”、丹托的“艺术世界”、布尔迪厄的“文学场”有着相似之处，他们都认为文学、艺术不是自治的，而是由外在于文学、艺术的制度、惯例、习俗、场域决定的。迪基以习俗、惯例、规则所形成的一个系统结构来解释“艺术”是什么，“将艺术家、艺术品、艺术世界以及艺术界系统称为‘诸内曲概念’(inflected concepts)。一个‘内曲概念’术语是要在指明一系列概念中的一个概念。这一系列概念都向内弯曲相互依靠，相互包容，相互支持。理论系列概念中其他概念，我们就无法理解其中一个”②。艺术界的系统论将读者和作品、作家以及由习俗传统形成的具有某种程度自律的艺术界放在一起来动态地考虑。丹托说：“把某物看成是意识需要某种眼睛看不到的东西——一种艺术理论的氛围，一种艺术史的知识：这就是艺术界。”③贝克·霍华德(Howard S. Becker)相信，艺术界是“一个人际网络，网络中的人们以他们对行事惯例的共识为基础开展合作，生产出让这个艺术界得以闻名的艺术作品”④。对于贝克来说，惯例是艺术界的游戏规则，负责艺术品创意和制作的核心人员和帮助艺术实现展示、归类的辅助人员，按照艺术界的游戏规则以及特定的审美经验判断共同生产出了艺术品，因此无论是个体还是集体形式的艺术形式，都是许多人参与的结果。

与此类似的是布尔迪厄的“文学场”，一方面，文学场认为文学具

① 托尼·本尼特：《分裂的惯习》，王杰主编：《马克思主义美学研究》第11辑，中央编译出版社2008年版，第17页。

② 迪基：《艺术界》，朱立元编：《二十世纪西方美学经典文本》(第三卷)，复旦大学出版社2000年版，第826页。

③ Danto, Artheu C. “The Artworld”. *Aesthetics: The Big Questions*. Cambridge: Blackwell, 1998: 40.

④ 维多利亚·D. 亚历山大：《艺术社会学》，章浩、沈杨译，江苏美术出版社2009年版，第5页。

有相对的自足性，它是知识分子特有的文化资本和象征资本，文学场是按照文学自身的规律来生产的；另一方面，文学场最终还是由权力关系所决定的，如果转换为马克思主义术语和语汇，“权力”则是经济基础所决定的对上层建筑系统的诸种表现，按照这种文学社会学的观点，布尔迪厄的主要贡献在于将文学的相对自律性生产的表象放在文学生产的社会基础——经济资本、文化资本、象征资本的场域中去考察，“场域分析指出，供求关系、艺术家与公众的关系以及文化生产场域与社会阶级场域的关系，通常以场域的结构与程序为中介。在文化生产场域中相互斗争的生产者以及他们的文化产品，更多反映的是他们在这种斗争中的统治与被统治的相应位置，而不是反映消费者的需求。而消费者反过来依据他们在社会阶级斗争中的统治或被统治地位来选择产品”①。

但是，布尔迪厄认为“学校制度、国家、教堂、政治党派或联盟不是机构，而是场”②。布尔迪厄场更强调权力的斗争的动态性和场域斗争中终结性的关系型结构，而对机构、制度等实体存在并不关心。大致说来，托尼·本尼特的文化治理性研究始终强调审美活动是自主的同时也是由国家相关机构的体制和制度来组织和策划的，这与这些强调语境和场域的艺术理论有着重合之处，但是，托尼·本尼特审美历史化的观点更强调机构、制度等物质性国家机器的治理性功能和意识形态特征，并强化这些机构按照治理目标运用自由、民主的标签，对普通公众行为的自我约束和自我管理。迪基、丹托、贝克和布尔迪厄对艺术自律的外在条件例如艺术机构、艺术惯例、艺术制度的关注重点是强调艺术品自身与外在的艺术界之间的互动性、协商性、妥协性的相互生产，他们只是将单一的艺术品的本体思考扩展到了围绕艺术品生产的外围条件，顶多也不过是考察“文化资本、象征资本、经济资本在各个艺术界机构之

① 戴维·斯沃茨：《文化与权力——布尔迪厄的社会学》，陶东风译，上海译文出版社 2006 年版，第 151 页。

② 布尔迪厄：《文化资本与社会炼金术——布尔迪厄访谈录》，包亚明译，上海人民出版社 1997 年版，第 148 页。

间的互相转换的转化的状况”①。他们思考停留于艺术品生产的外在环境作为一种艺术规律如何特殊地、内在地和潜隐性地决定艺术品的存在，并未追问艺术制度和艺术机构背后的意识形态性质，也忽视了公众作为意识形态国家机器治理标的在艺术品生产、展示中的对象性存在。如果说，迪基、丹托、贝克和布尔迪厄关于艺术世界和文学场域的研究已经使艺术走向艺术社会学，那么托尼·本尼特的视角更关注艺术与主体生产、意识形态国家机器之间的关系，是一种更马克思主义式的艺术社会学。

① 殷曼楟：《惯例与艺术观念的生产》，汝信主编：《外国美学》第19辑，江苏教育出版社2009年版，第224页。

第九章　博物馆与文化治理

“现今，我们生活在一个深受博物馆学影响的世界——这个世界本身不再是两个世纪以来博物馆学思想影响的产物。博物馆是我们现代产生并且维系下来的中心点之一。”①第三世界博物馆学重要论坛的“博物馆国际联合会”(International Council of Museums)这样说明博物馆的作用：“博物馆必须在世界文化快速变化中加强自己的文化意识，在国际化的国家体系中加强民族身份认同，并在全球性发展中发挥自己特定的社会教育作用。”②博物馆因为与景观社会的视觉艺术、民族国家的意义表征、全球化下的后殖民主义、身份认同、性别研究的联系，成为文化研究新兴的领域，20世纪六七十年代的新博物馆运动③使博物馆学从注

---

① D. Preziosi. “Brain of the Earth's Body：Museums and the Framing of Modernity”. *The Rhetoric of the Frame：Essays on the Boundaries of the Artwork*. Cambridge：Cambridge University Press，1996：97.

② Martin Prosler. “Museum and Globalization”. *Theorizing Museums*. Oxford：Blackwell，1996：22.

③ 新博物馆学是指具有一整套侧重理论分析的关于博物馆目的和功能的探讨，并且在运作中与传统博物馆学有较大区别的博物馆学。1989年出版的《新博物馆学》一书的主编彼得·弗格（Peter Vergo)在这本论文集中首先把书名定为新博物馆学，在这本书的序言中对新博物馆学下了如下的定义：“新博物馆学是一种对‘旧’博物馆学、博物馆内部与外部专业普遍而广泛的不满的陈述……旧博物馆学的疏失在于太过于重视博物馆的方法(Methods)，而忽略了它的目的(Purpose)，博物馆学在过去很少被提及或受到重视……除非彻底地对博物馆在社会中所扮演的角色予以重新检验——这并非意味着仅仅以更多的增加收入或更多的观众作为标准来衡量博物馆的成败与否，则博物馆将会发现自己到处被人看成是‘活化石’罢了。”作者在这篇序言里所说的“活化石”是指从地球历史上的中生代(距2.5万年至650万年以前）至今天一直生活在深海里的空棘鱼类，这类鱼随着年龄的增长，（转下页)

重藏品管理的研究转向强调博物馆的文化研究，故新博物馆学也被称为“文化博物馆研究”。托尼·本尼特因为将博物馆视为文化治理实践的政治空间，因而他的理论在新博物馆理论中占据重要地位。安德森在《想象的共同体》中也意识到博物馆与政府的治理术是紧密相连的，“博物馆和博物馆化的想象(museumizing imagination)都具有深刻的政治性”②，“人口调查、地图和博物馆就如此相互关联地共同阐明了晚期殖民地政府思考其统治领地的方式”③。但真正在理论上系统地研究博物馆治理性的还是托尼·本尼特。

西方文化是一种视像性表达机制④文化，特别注重空间与物的意义

(接上页)身躯改变了，相对地脑子也在萎缩。美国博物馆学家哈里森1993年发表的《90年代博物馆观念》一文中指出：新博物馆学的观念是对于“传统”博物馆学的观念及过去的概念作检讨与批判。它的重心不再是传统博物馆所一向奉为准则的典藏建档、保存、陈列等功能，转而关怀特定社群与社区的需要，博物馆不再局限于一个固定的建筑空间内，它变成一种思维方式，一种以全方位、整体性与开放式的观点洞察世界的思维方式。结合上述两位学者的解释，我们可以这样理解新博物馆学的特点：它把工作和关怀的重点放在博物馆与人的身份意义的建构上，而不仅仅放在博物馆的物质基础——藏品上。它提供了一种新的人文主义的博物馆观念，强调“以人为本”。

② 本尼迪克特·安德森：《想象的共同体》，吴叡人译，上海世纪出版集团2005年版，第167页。

③ 本尼迪克特·安德森：《想象的共同体》，吴叡人译，上海世纪出版集团2005年版，第171页。

④ 从古希腊开始的西方文化偏向于视像性表达机制。西方文化在哲学上可以归纳为西方的重理性主义、主客二分，以及身(物质、欲望)心(精神、心灵)二元论等思维特点，其基本前提为主体与对象之间的空间距离，这样需要通过一系列的制度、仪式以及话语规范等意识形态，来调节不同个体欲望之间以及个体欲望与社会发展方向之间的对立和冲突。所以，西方文化相较于东方文化，是以主客观的对立、冲突、矛盾运动为特征的，主体与对象之间有永远也无法彻底超越的距离和空间。通过对客体的模仿，主体得以摆脱物质性和肉体性的缺陷和局限，达到精神升华的目的。欲望的视觉性表达模式以透视规律为基础，主体与对象、精神和肉体等在透视规律的作用下自然地二元划分开来，所以在主客观对立二分的思维方式下，西方特别重视“看”这种视觉组织的作用，福柯在《词与物》的第一、二、三、七章论述了词语意义是如何围绕视觉从模仿的再现转变为表现机制而被生产的原理。(本章在西方文化的视觉性表达机制方面，主要参阅引用了王杰老师的《审美习俗、习性与自由治理》《民歌与大众文化》《影像与基源性幻象》《审美幻象与审美人类学》等文章的观点)，而近年来兴起的空间美学和视觉文化的研究的深层原因，不仅是新兴媒介和技术的运用，而且是西方视像文化传统的延续。

生产之间的关系。博物馆之所以成为近代社会市民化的机制，就是因为博物馆作为空间组织了市民化的“看”(视觉)。①《博物馆的诞生》出版于1995年，托尼·本尼特将他的博物馆研究放在“文化：政策与政治”这个研究序列里。它的研究目的是论述作为展示阶级、国家、种族和性别等权力关系的文化及其执行权力的文化机构里的政治和政策。“我这本书的目的是将博物馆、展示会和博览会等机构的实践视为这些机构的倡导者、设计者、指导者和管理者的计划。”②

第一节　从规训权力到治理权力

福柯的政府治理研究是他在后期一些讲座和演讲中形成的思想，由于时间的原因还没有来得及深入和展开。托尼·本尼特的博物馆研究则继承了福柯关于现代性知识与机构诞生之间关系的主题，认为公共博物馆是随着现代化进程伴随着文化、美学的知识生产而诞生，它作为一种政府治理术，不同于福柯有关监狱、军队、医院、学校等机构是规训性的权力运作场所，公共博物馆、图书馆、艺术厅、音乐厅等文化机构和文化机制是治理型权力在起作用，它是福柯政府“规训权力”与“自我的技术”理论结合出的文化技术。

福柯的治理性研究说明了自由主义国家的治理目标是人口，强调权力生产出知识话语并运行到政府机构中，机构的制度、策略、程序管理取代军队、监狱、法庭等暴力管理。福柯认为18世纪末19世纪初现代性形成的这个特殊的时刻一直影响到我们当下，因此只有对现代知识、权力、政府机构、政治制度进行社会构形的知识考古学才能解释当下的社会。托尼·本尼特认为，福柯在说明监狱、医院、学校、军队等机构在现代性过程中起到了边沁的“监狱群岛”的功能，监控和规训的权力

---

① Tony Bennett. *Civil seeing: Museums and the Organisation of Vision.* In S. MacDonald(ed.) *Companion to Museum Studies*. Oxford: Blackwell, 2005.

② Tony Bennett. *The Birth of Museum*. London: Routledge, 1995: 11.

通过这些机构渗透入每个公民的身体的生产中，其目的是生产出符合资本主义生产需要的劳动力。发生在19世纪的人口激增、自然灾害、饥饿和械斗引发国家安全问题，以及诸如酗酒、赌博、懒惰、斗殴等陋习显然会导致国家人力资源的浪费，19世纪的国家为了增加国家的财富和经济利益，需要将劳动人口作为一种资源进行管理，把懒惰的人改造为勤勉的劳动力。“要使这些人走出酒吧而变成选民，最好的方法莫过于为他们开放免费的博物馆，博物馆被证明是道德改革引导人们远离酗酒和鲁莽行为，对他们行为进行管理最好的文化卫生机构。”①这个时候兴起的马尔萨斯的人口理论(Malthusianism)对穷人负责任的观点正好促使了自由主义政府的兴起。自由主义政府以人口、安全、经济增长为国家的职责，以人口的生产、塑造、看护和管理为目标，“人口逐渐超过所有其他东西，显示为治理的最终目的”②，治理型国家运用权力微观政治经济学原则布局政府机构，制定出制度、分析、程序发挥权力更经济、更简洁和更有持久性和影响力的监控和规训。

但是福柯的治理理论存在着四个缺陷。第一，福柯在考虑权力对人口生产的观点中过于强调国家机构在现代性过程中运用知识，即医学、生物学、精神病学、刑罚学、性学等知识对生物性的人口的身体的生产，而忽视了人文学科知识在人的学科的诞生与人是具有自我反思性思维的人的塑造之间的关系。托尼·本尼特认为艺术、美学等人文学科知识也发展出一种文化技术，治理型国家的文化机构让接触到文化技术的公民能通过自我反思达到自我思想、感情、行为和生活方式的修正，自我自愿发展出一种自我技术的文化知识。

第二，福柯还是以批判的姿态来审视现代性的，“福柯将现代性的所有方面都看成是规诫性的，忽视了现代生活与现代政治形式在促进自

① Tony Bennett. Acting on the Social: Art, Culture, and Government. Tony Bennett. *Critical Trajectories: Culture, Society, Intellectuals*. Hoboken: Blackwell Publishing, 2007: 88.

② G. Burchell, C. Gordon and P. Miller (eds.). *The Foucault Effect: Studies in Governmentality*. Chicago: The Unversity of Chicago Press, 1991: 100.

由、法律和平等方面的进步意义"①。在福柯看来，即使规训型的权力是温驯劝导性的而非暴力血腥的，它也不过是权力的策略学改变，依然是统治技术并更有效地实现控制和管理。福柯忽视了以辩证的方法来审视现代性，"资本主义现代性的确是一种堕落，不过像所有最有趣的堕落一样，它是向上的而非向下的堕落，是人能量的一种释放，也是对它的一种约束。在当代理论中，只有马克思主义强调现代性乃是人类幸福的一个革命性进步，而且它还以同等的激情坚持认为，现代性是一场漫长的屠杀和剥夺的噩梦"②。资本主义的现代性是人类历史发展过程中必然的环节，它体现着自由与邪恶的辩证法：它是人类历史上迄今为止阶级矛盾、经济剥削最严重的，非人性化也是最严峻的，但同时现代性也带来了人类的巨大的解放和自由，托尼·本尼特认为文化的特殊性在于它不仅是批判性的，而且是与政府合作的，不合作就意味着失去了批判的立足空间。

第三，托尼·本尼特在《审美·治理·自由》一文中谈到福柯晚期思想中的"生存美学"提到了对自我的塑造，认为福柯的"自我的技术"完全逆转了早期研究的权力统治和规训的性质，福柯从统治性的权力（受权力主宰）向自我的技术③（自我美学化自我主宰）的转变过于突兀，"晚期著作对自我建构的分析又脱离了对社会权力与统治的周密的思考"④，托尼·本尼特坚持社会还是处于规训型权力松散的管制之下，

① 凯尔纳、贝斯特：《后现代理论——批判性的质疑》，张志斌译，中央编译出版社2002年版，第89页。

② 特里·伊格尔顿：《甜蜜的暴力》，方杰译，南京大学出版社2007年版，第255页。

③ 福柯在《自我的技术》（1982）中将技术划分为四种：（1）生产的技术，它是关于生产、改变或操纵事物的方法；（2）符号的技术，它是关于使用符号、意义或者意味的策略；（3）权力的技术，它决定客体的行为并使主体屈从于统治；（4）自我的技术，它允许个体使用手段、策略自己锻造自己、改变自己。（莫伟民：《主体的命运》，上海三联书店1996年版，第300页）

④ 凯尔纳、贝斯特：《后现代理论——批判性的质疑》，张志斌译，中央编译出版社2002年版，第89页。

福柯所谓的脱离社会权力和统治的社会形态——“异托邦”(heterotopias)并不存在①，托尼·本尼特显然是认为，政府的统治技术与“自我的技术”之间只有合作才能实现治理，而不是福柯认为的脱离现实社会寻求异托邦的存在。另外，福柯“关心的只是性和自我建构技术，而不是古希腊的民主的自我管理实践。福柯强调驾驭自我对驾驭他人的重要性，但却从不讨论经由民主的生活实践进行的自我建构”②。托尼·本尼特认为自我技术的建构在一定程度上意味着自我获得了自由和民主的现代文明。

第四，福柯的“自我的技术”的内涵是“个体通过自己的手段或求助于他人，把某些作用施加在它们自己的肉体、心灵、思想、行动和存在方式上，从而改变自身，以达到某种幸福、纯洁、智慧、完美或不朽的状态”③。福柯“自我的技术”来源于古希腊性伦理学实践关于身体快感的节制和运用养生法主动地创造出自我主体。而托尼·本尼特认为这些自我的技术来源于现代社会中的日常生活实践与美学实践，这是因为日常实践领域衔接了前反思无意识自我和反思性的自我意识，“日常是或多或少以一种‘自在的客观化’(objectivation-in-itself)前反省形式而存在的，而进入一种自在自为(objectivation-for-and-in-itself)的客观化，后者逐渐成为双重意识的反映形式，在这种意识中，日常也成了人类这一物种的自我意识发展的场所”。与日常生活实践一样具有能以无意识形式唤起自我反思意识的是“习性”(habit)，它作为先天本能与后天习惯(custom)一起构建，所以充当了人关于自身反思自由治理实践的手段，“习惯被调用来作为自主的自我管理形式的一种机制”④，作为一种机制的习性，“一是通过个体对自由的渴望来实行对个体统治的构想可能实

① Tony Bennett. *The Birth of Museum*. London: Routledge, 1995: 1.

② 凯尔纳、贝斯特：《后现代理论——批判性的质疑》，张志斌译，中央编译出版社2002年版，第87页。

③ 莫伟民：《主体的命运》，上海三联书店1996年版，第300页。

④ 托尼·贝内特：《现代文化事实的发明：对日常生活批判的批判》，陶东风、周宪主编：《文化研究》(第6辑)，广西师范大学出版社2006年版，第253页。

行之处”，二是“它能实行更为直截了当的统治形式”①，习性能够使人产生对自我行为的控制，“并让人格的规定层面完全干涉能够进行自由实行反思性判断的能力，而在倾向于强调习性作为自我统治的自动形式的机制方面”，所以日常生活实践和习性是后福柯时代新发现的自由治理策略。对福柯的治理性研究和“自我的技术”理论中的这些缺陷，促发了托尼·本尼特去研究文化治理性的实践领域公共博物馆。②

第二节　公共博物馆的诞生

博物馆在19世纪从私人收藏场所向公共空间的转化是现代性过程中的一个重要方面，它通过艺术的治理功能，使新兴城市中的工人阶级

① 托尼·本尼特：《文化、历史与习性》，王杰主编：《马克思主义美学研究》第11辑，中央编译出版社2008年版，第28页。

② 世界上第一个具有近代博物馆特征的博物馆，直至17世纪80年代才出现。文艺复兴、宗教革命、地理大发现和启蒙思想等促进了西方文明的民主化、科学化，也将各类公私收藏推向对研究古典文化和科学探索兴趣愈趋浓厚的社会公众。1682年英国贵族阿什莫林将其收藏的货币、徽章、武器、服饰、美术品、考古出土文物、民族民俗文物和各种动植矿物标本全部捐献给牛津大学，阿什莫林艺术和考古博物馆（Ashmolean Museum）正式对外开放，除进行藏品展示外，还增加了实验和教学的新职能，由此开创了将私人收藏公之于世、建立近代博物馆的先河。18世纪工业革命之后，随着欧洲资本主义民主文化运动的兴起，一批重要的博物馆，如爱尔兰国家博物馆（1731）、维也纳自然历史博物馆（1748）、伦敦不列颠博物馆（1753）、威尼斯艺术学院美术馆（1755）、哥本哈根国立美术馆（1760）、俄国爱尔米塔什艺术馆（1764）、西班牙国立博物馆（1771）等相继建立，过去仅供宫廷和封建贵族赏阅的珍藏室，终于转化成为社会公众服务的博物馆。但直至被视为现代博物馆开端的法国卢浮宫开放，才标志着博物馆社会化时代的到来。1793年法国国民议会决定将卢浮宫建成为属于全民所有的国家博物馆，每10天有3天免费开放藏品，在它的带动下，之前仅供有限公众参观的许多大博物馆也开始对全民开放，博物馆作为社会文化设施的基本功能为国家部门及民众所广泛认可。至19世纪以及20世纪上半叶，科学技术全面发展，欧美博物馆的收藏品从艺术品、远方的珍稀品扩展到自然历史、技术和工业史、地方历史文化产品等，一些大型博物馆开始兴建，如美国史密森学院和纽约大都会艺术博物馆等，博物馆事业逐渐步入了全面发展的历史时期。（参见王宏钧主编：《中国博物馆学基础》，上海古籍出版社1990年版，第58~61页）

(以及工人家庭的主妇和儿童)主动、自愿地去实现自我规范和自我管理,“在19世纪鼓励理性的消遣,同时出现的有公共艺术画廊、博物馆和音乐厅,我们发现产生了一种新型的面对面的文化,文化被组织成为具有治理能力的规划和治理有实践用途的机制,它旨在改变民众道德和行为方式,而不再是美学叙述中文化作为人拥有的内在属性”①。19世纪政府鼓励兴办这些公共文化机构,成功地将资产阶级的文化和意识形态转化为工人阶级自我的思想和情感。19世纪政府的管理者认为,如果这些工人阶级参观者经常接触艺术,能够帮助他们摆脱粗俗不雅而形成个人温柔而优雅的行为。另外,对博物馆的参观者提供的不仅是艺术品的熏陶,博物馆还通过参观秩序、参观流程、参观空间布局等措施调控参观者的行为,“展览同样使用了一些技术——宣传册、训练有素的服务人员、有适当说明作用的标签——专门设计以确保穷人从展览中获得合适的信息。新制度,在某种程度上专门为公众游览制定——如国家美术馆——对游人的监督和管理通过以下几种方法提供:对国家美术馆的空间进行适当划分,每个展厅安排两个督导人员;以单行线的方式组织游览线路,不允许人们回到已游览的展厅;开放而有条理的组织使游人在这里能进行自我监督”②。通过艺术博物馆的参观活动,参观者变为对自我行为约束和修正的主体。“19世纪在这两者之间设置博物馆、美术馆和图书馆,并让它们完成塑造工人的任务,使工人不仅不再经常去酒吧而且也不想再去,还自愿地在婚姻关系中保持道德克制,联合起来反对酒吧的美术馆、博物馆和图书馆,可以作为一个行动者,能够把工人改变成一个‘谨慎的主体’。”③

当时伴随着艺术博物馆同时出现的还有各种自然历史博物馆、人类

① Tony Bennett. “Useful Culture”. *Relocating Cultural Studies: Developments in Theory and Research*. London: Rovtledge, 1993: 76.

② 托尼·本尼特:《文化与社会》,王杰等译,广西师范大学出版社2007年版,第169页。

③ 托尼·本尼特:《文化与社会》,王杰等译,广西师范大学出版社2007年版,第169页。

学博物馆、地理学博物馆等，这些博物馆灌输发展、进化、文明、现代理念，“使用文化自我作为改造社会的方式不局限于美学领域。19世纪下半叶被证明是西方民主培养出新型自由权市民的时期，培养和管理的方式是让这些民众学习自然课程(无论是和谐的巴莱主义还是达尔文的进化自然论)和进化课程(无论是岩石的历史，还是人种的进化，或者是人类社会从‘原始’向复杂的进化)”。① 托尼·本尼特的治理性继承的是福柯的对人文主义的批判，人文主义者认为公民的提升和改造通过或者依赖任何内在的或者精神的转变达到认知真理，这是福柯批判的“真理政治”。所以，在托尼·本尼特看来，公共博物馆是一个公民对自我的文明化行为内视和自审的空间，他们在此对照着文明需要的行为改造自我，形成自我约束、自我管理的规范，并通过工人传递给他们生活环境内的妻子儿女，以此扩大文化治理的范围和影响面。由此公共博物馆发展了文化传播的新型微观系统，这种系统能够毫无阻碍地在社会内部扩大文化的影响范围。

公共博物馆的出现实现了以下四个方面的转化。第一，博物馆、艺术画廊和音乐厅从私人空间向公共空间的转化是君主型强制性权力向规训型的治理权力的转化。私人博物馆、画廊和音乐会是展示教皇、皇家、贵族收藏珍异和炫耀财富、展现权威以及标榜高雅审美情趣的私人场所，“皇家收藏的图解的规划有助于确证王室的辉煌和权力，从而将参观者置于臣服于上级权力的关系之中”②。而公共博物馆却遵循着管理这些中世纪皇家收藏的不同原则，公共博物馆的特征是“修辞性地将公共(被想象为公民)整合进博物馆本身展示的权力形式”③，公共博物馆却是将作为文化财富的集体所有权的艺术品资源平等地和免费地向所

① Tony Bennett. Acting on the Social: Art, Culture, and Government. *Critical Trajectories: Culture, Society, Intellectuals*. Hoboken: Blackwell Publishing, 2007: 93.

② 托尼·本尼特:《文化与社会》，王杰等译，广西师范大学出版社2007年版，第167页。

③ 托尼·本尼特:《文化与社会》，王杰等译，广西师范大学出版社2007年版，第167页。

有可算是公民的人开放。与之相反，“公共博物馆将访问者置于一种新的权力关系之中，使他‘成为一位公民因而成为政府的一位股东’。也就是说，公共博物馆作为一种工具，有助于向现代民主政体的公民传输被表征为属于他们自己的权力”①。

第二，公共博物馆不是布尔迪厄认为的用博物馆的围墙区隔出文雅的资产阶级和粗俗的工人阶级，而是通过对工人阶级的驯化和改造以达到符合资产阶级文明标准的生活方式、行为方式。如果说有区隔，那么它仅仅区分出接受文明改造者与不接受文明改造者，前者对后者形成需要自我改造、自我管理的压力。在很多学者看来，艺术是脱离大众的精英主义的。布尔迪厄认为资产阶级以高雅艺术的欣赏作为标榜阶级身份实现阶级区隔的方式，“统计表明，接触文化产品是有教养的阶级的特权……假如说，我们的社会向所有人提供利用博物馆陈列的作品的完全可能性，是无可争辩的话，那么，问题依然是，只有那些有着实际可能性的人才能做到这一点。博物馆在其形态与组织的最为细小的局部上就暴露了其真实的功用，即强化某些人的归属感，以及另一些人的排斥感”②。伊格尔顿指出艺术是资产阶级享用的商品，奥尔加特注意到20世纪的现代主义艺术是注定不流行的和拒绝大众的，20世纪艺术的“形式主义”倾向、抽象和深奥的主题，都使得艺术成为大众不可理解的“小圈子”艺术，艺术的生产者和消费者都是象征文化、价值的和神圣化的精英群体。“基本的生存状况的差异产生了‘奢侈的趣味与必需品的趣味之间的一个基本对立’……它还产生了两个相应的对立的阶级习性类型：对自由的趣味与对必需品的趣味。”③由此收藏艺术品的场所如博物馆、艺术展厅是较少的让公众能接受和广泛接触的公共收藏机构。

---

① 托尼·本尼特：《文化与社会》，王杰等译，广西师范大学出版社 2007 年版，第 167 页。

② Pierre Bourdieu, Alain Darbel and Dominique Schnapper. *The Love of Art: European Art Museums and Their Public* Caroline. Stanford: Stanford University Press, 1990: 37.

③ 布尔迪厄：《文化资本与社会炼金术》，包亚明译，上海人民出版社 1997 年版，第 190 页。

布尔迪厄认为知识分子作为“统治阶级的受统治的小部分”，他们的工作就是“寻找展示那些象征符号以区别他们与大众阶层的桀骜不驯的成员的界线的趣味原则和行为方式”①。因此，公共博物馆充当了区隔的工具：艺术品作为一种文化资本流行于知识分子群体，藏品高雅、抽象的精英主义风格无法让工人阶级理解和欣赏艺术；不断出台的新的展示规则使那些没有闲暇时间和没有文化知识的工人阶级望而却步，它对那些不准备学习相应的文化能力的人是不可见和不可理解的。但是，托尼·本尼特反驳布尔迪厄等人对艺术和公共博物馆的看法，他认为现代艺术的功能不是布尔迪厄所谓的“区隔”，而是以民主的形式广泛渗透进工人阶级的生活并校正或者塑造工人阶级的行为。博物馆平等地对每个公众免费开放，公众在参观博物馆时没有受政治、阶级、文化和经济等条件的限制。诞生于19世纪的公共博物馆与中世纪的私人博物馆相比，它从贵族权力的炫耀性质变成了公民广泛参与的民主形式，它利用空间和视觉艺术形式，抹平了贵族和公民之间的区隔。“尽管博物馆在理论上是民主的，向每个人开放，但它在现实中已经证明是一种发展那些社会区分的实践的非常显著的建设性的技术。”②它的无区隔却形成了新的区隔，那就是去看博物馆的人和不看博物馆的人、粗俗的人和高雅的人、有知识的人和没有知识的人之间的区别。博物馆变成了政治理性，参观者成为教育公民、培养主体而不是被动地接受客体的场域，他们主动培养自我文雅、文明、规范的行为和生活方式，博物馆更应该是作为区分大众的工具而在运转。

第三，公共博物馆作为公共教育机构具有区别于福柯的监狱机构的单向度的驯化功能，监狱的驯化功能对于接受者而言是被动性的，“尽管它们并不使用粗暴的、血腥的惩罚，尽管它们使用禁闭或教养的‘仁厚’方法，但是，最终涉及的总是肉体，即肉体及其力量、它们的可利

① Tony Bennett. Putting Policy into Cultural Studies. *Cultural Studies*. London: Routledge, 1992: 30.

② 托尼·本尼特：《文化与社会》，王杰等译，广西师范大学出版社2007年版，第168页。

用性和可驯服性、对它们的安排和征服。”①而公共博物馆的治理功能是公民主动地产生自我管理、自我塑造、自我改变行为方式和生活方式的愿望，它体现的是现代政府作为教育者教育公民追求民主、进步、发展等理性主义现代文明。19 世纪新兴的公共博物馆、免费的图书馆、市民化的艺术画廊等对普通民众开放的公共机构承担着公共教育的功能，它们经常与法庭、监狱、救济院，甚至是与公共卫生设施和淡水供应联系在一起。据托马斯·格林伍德《博物馆和艺术画廊》一书的考证，“把公共博物馆、免费的图书馆、警力的提供，以及街道的清扫等作为英国主要城市市民自治程度的表征并列在一起”②。这些公共文化和公共卫生设施与在《规训与惩罚》中所揭示的监狱的诞生史一样，“它们作为政府的高级文化的机构和实践，相似地旨在生产一种更经济的文化权力”③，博物馆的形成史作为政府新的管理策略的一部分而形成，它旨在生产出一种公民不需要外在和强制性指导而是自我主动不断地驯导和规范自身的行为。《博物馆的诞生》对规训性权力空间——监狱与治理性权力空间——博物馆学进行了比较，认为监狱是一种建立规则和规训身体的全景敞视式的统治和监管，而博物馆却是在控制展示什么，展示顺序，展示的秩序和参观要求，谁在看博物馆，展示的空间布局等，向参观者提供学习知识的权力。它不是展示权力，不是驯服身体，而是让参观者主动塑造自我、管理自我；不是封闭性的内抑空间，而是可以自由出入并融合高科技展示艺术、娱乐、商业便利设施向所有的公众开放。虽然博物馆作为自由主义政府的现代治理术与福柯关于监狱的理论非常相似，但是博物馆运用的是美学和文化的功能，通过主体自我反思的形式主动去改变自我的行为。博物馆的诞生如果和监狱的诞生进行比较，则分明可以看出，监狱是在全景敞视式的“权力的眼睛”的注视下生产出符合资本主义社会需要的劳动力身体；而公共博物馆是民主的修

① 福柯：《规训与惩罚》，刘北成译，三联书店 1999 年版，第 27 页。

② Tony Bennett. *The Multiplication of Culture's Utility*. *Critical Inquiry*, 1995(4): 861-889.

③ Tony Bennett. *The Birth of Museum*. London: Routledge, 1995: 24.

辞术，它为大众提供教育资源，但它实际上成了改变公众行为方式的工具。

第四，博物馆作为公共空间并不是哈贝马斯所言的现代民主策源地，而是葛兰西的市民社会理论民主的修辞术。在现代性形成的过程中，“与博物馆的社会性空间的重组化同时发生的是资产阶级公共空间的出现”①。在哈贝马斯那里，“公共领域”是由各种非官方的组织或机构构成的私有有机体，它包括团体、俱乐部、党派、沙龙、报纸、杂志、书籍等，在这个公共空间里，新兴资产阶级运用文学批评和媒体舆论等为人们提供公众利益事务的场所或论坛从而进行公共性批判，“他们认为通过新兴的文化批评和文学评论去质疑美学判断和美学意义而形成政府政治程序雏形，因为政府听从于这些争辩和批判中的合理部分”②。因而公共空间发挥了民主，具有一种对政治的批判和监督功能。但是，哈贝马斯艺术和文化批判功能被随后发生的资本主义“大众文化”(mass culture)生产过程证明是理想主义的，这是因为在机器复制年代大众文化的再生产过程中，“随着艺术品的光晕消退，艺术品也就失去了唯一性和与它根植的传统中的身份，艺术品的意义可能会成为政治争辩的对象而不是实现政治批判性的工具”③。与哈贝马斯的公共空间中的民主理论相似的是葛兰西的市民社会中的民主理论，但葛兰西所谓的市民社会中的民主不是单维度的民主政治批判，而是霸权与反霸权的权力拉锯、协商、合谋等辩证式的双向运用。市民社会是统治阶级实现“文化领导权”和被统治阶级建立对立的“文化领导权”的主要斗争领域，因此市民社会具有双面性特征：它既可以为统治阶级提供统治工具，又可以作为被统治阶级反抗的武器。而博物馆独有的、特定的政治形式非常典型地承担了这种修辞性的权力同谋关系，“福柯式‘规训权力’的理解运用到博物馆中，这是葛兰西的霸权理论在现代的一种新形式，是权

① Tony Bennett. *The Birth of Museum*. London: Routledge, 1995: 25.
② Tony Bennett. *The Birth of Museum*. London: Routledge, 1995: 26.
③ Tony Bennett. *The Birth of Museum*. London: Routledge, 1995: 26.

力的修辞性策略”①。葛兰西的文化领导权理论揭示了以文化为资源实现了意识形态的形塑作用，而只有把福柯的治理型权力运用到博物馆实践中，说明博物馆在“人的诞生”现代性形成过程中体现为一套策略和政策的运用，以文化自治的方式实现了对现代公民的塑造，才具体论证了葛兰西的文化意识形态的型塑作用是如何发生的。葛兰西的文化领导权的视角隐含了福柯论述的权力的治理性与权力的机构性运作，也可以从文化领导权理论中推演会出现“例如重构博物馆的表征实践以促进反霸权的对抗主体的出现”②，但葛兰西与福柯都忽略了塑造公民的文化技术的政治规划对文化机制、文化机构、文化政策、文化代理人的研究，也就失去了建设性地将博物馆作为政治的特殊形式的研究。

第三节　空间表征、知识生产与主体塑造

“公共博物馆作为一种工具，有助于向现代民主政体的公民传输被表征为属于他们自己的权力。”③托尼·本尼特将公共博物馆视为文化治理的政治空间，他的博物馆研究是关于空间表征、知识生产与主体塑造三者之间的一套文化技术的空间政治美学。福柯在《词与物》中揭示了“人”作为推论性建构物的诞生过程，“人”从古典时期的“再现”主体而变成现代时期科学知识分析的对象，现代人是作为“知识的主体和知识的对象”而被构造出来的，近代知识的形成和扩散与社会政治制度的建构机器正当化过程关系密切，“特别是注意到知识领域中的科学论述的创造者同社会政治活动领域中控制政治权力机器运作程序的统治者之间的密切关系，并把这种密切关系具体地体现在两者之间在知识论述扩散

① Tony Bennett. *The Birth of Museum*. London: Routledge, 1995: 6.

② 托尼·本尼特：《文化与社会》，王杰等译，广西师范大学出版社 2007 年版，第 169 页。

③ 托尼·本尼特：《文化与社会》，王杰等译，广西师范大学出版社 2007 年版，第 167 页。

和权力运作的策略方面的相互勾结”①。把博物馆视为表现一系列知识与权力间特定关系的机制场所，公共博物馆作为一系列新的权力、新的知识与权力关系的场所，从内部塑造公民。“博物馆、艺术馆、图书馆、音乐厅等，这些组成了大众民主制度下一系列能动地塑造公民的文化能力的新的文化与权力关系的一部分。”②博物馆以这种方式提供了一种语境，使新的行为方式可能内在地成为自我行为的规则。“这些仅仅形成博物馆的空间与视觉之间的关系的组织化的一个方面，它给公众提供了一个自我监视的位置，是它自己本身直接构建和维持公众行为规范。”③博物馆是有政治理性的，它成为教育公民、培养主体而不是被动地接受知识的场域。

第一，公共博物馆作为治理性的文化技术是一种政治空间，博物馆作为空间是福柯权力理论所论述的“知识—权力—空间”三者之间相互生产的关系的实践。列斐伏尔关于空间的叙述中就认为，社会空间不同于物理空间在于它是生产性的，“列斐伏尔的‘生产’概念不仅具有经济学的意味——事物的生产，更是一个更宽泛的哲学概念——知识的生产、体制的生产等”④。它生产出来的“技术既是客观的又是主观的，既是实在的又是隐喻的，既是社会生活的媒质又是它的产物，既是活跃的当下环境又是创造性的先决条件，既是经验的又是理论化的，既是工具性的、策略性的又是本质性的”⑤。社会空间是生产意义和价值的场域。它生产的工具就是知识，“它代表了知识的政治用途。记住知识在这一体系下，是多多少少被‘直接’整合进了各种生产力，且通过‘中介’，

---

① 冯俊：《后现代主义哲学讲演录》，商务印书馆2003年版，第427~428页。

② 托尼·贝内特：《英国文化研究的另一种范式——托尼·贝内特学术自述》，黄望译，《洛阳师范学院学报》2007年第4期。

③ Tony Bennett. *The Birth of Museum*. London：Routledge，1995：101.

④ Stuard Elden. *Understanding Lefebver*：*Theory and the Possible*. London：Continuum Press，2003：44.

⑤ 陆扬：《空间何以生产》，《马克思主义美学研究》第11辑，中央编译出版社2008年版，第208页。

整合进了生产的社会关系"①。这个观念是从福柯那里生发出来的，"通过书写监狱、医院和军营的历史，福柯确认了三种独特的知识形态或知识体系。……这三种知识——文艺复兴、古典主义和现代时期——构成了机构的形态和特性。……福柯的三种知识形态是与博物馆历史之间有联系的"②。福柯的《事物的秩序：人文科学考古学》《知识考古学与关于语言的话语》《临床医学的诞生：医疗检查的考古学》《规训与惩罚》四本书系统地将现代性的过程展现为：现代性的过程是三种知识型渗透和构建相应的国家机构(也即空间)的过程，监狱、医院、军营是现代知识的产物。权力的"战略和战术通过对领土的移植、分配、分界、控制，以及对区域的组织来运行，这样就构成了某种地理政治学"③，因此，福柯的权力理论被称为"权力的地理学"，权力—知识生产出了空间，并且这个空间是政治性的，不是客观中立的。

第二，公共博物馆是知识表征的空间。博物馆的治理功能的实现是通过把它自身设置为表征的空间。首先，表征民主、平等。"在博物馆里，理想和秩序的世界在知识和视像的控制场所展现出来，生发出来；然而，该世界是民主化的，由此至少在原则上，那个位置(大写的人的位置)的占有对于所有人都是开放的、自由的、可以得到的。"④现代博物馆里遵循的是表征均衡性(representational proportionality)原则，即不同组群的文化在博物馆之中得到平等的表征。在博物馆展览性的实践中，现代博物馆的政治和政策定位趋于维护不同的文化群体的平等的表征。

其次，表征进化。托尼·本尼特认为大英博物馆因为表述进化成为

---

① Henri Lefebvre. *The Production of Space*. Oxford：Blackwell，1991：8.

② Eilean Hooper-Greenhill. *Museum and the Shaping of Knowledge*. London：Routledge，1992：23.

③ 福柯：《权力的眼睛——福柯访谈录》，严锋译，上海人民出版社 1997 年版，第 213 页。

④ 托尼·本尼特：《文化与社会》，王杰等译，广西师范大学出版社 2007 年版，第 227 页。

教育公民的有力工具，被政府投资建设，它也成为维多利亚晚期最有影响力的公共文化。英国博物馆的做法在1880年后对整个英语世界产生了重要影响，澳大利亚和美国公共博物馆的诞生可视为英国博物馆的衍生物，这些早期博物馆的主题都是演化：演示人类由低级社会形态向高级社会形态演变的进化论的教科书。“通过评价一系列不同方式的、19世纪在自然历史、人类学和解剖学收集物的布局来展开这样的讨论，让参观者将人类进化发展的路径理解为从简单到复杂的生命形式。博物馆的功能在于将一种人类进化作为机制、人类不断提高作为一种进程和知识叙述出来。”①博物馆里的参观顺序是按照从古代到现代的时间安排的，公共博物馆成为各类学科知识的孵化器，成为人类进化的演示课堂，展品“被嵌入时间的流动之中，根据进化系列中授予它们的位置而区分开来。我认为，正是这种转变能最好地说明公共博物馆的话语空间。博物馆的诞生与一系列知识的出现相一致，并给后者的出现提供了重要的机构条件。这些知识(地理学、生物学、考古学、人类学、历史学和艺术史)的每一种在其博物馆学的运用，将课堂安排为进化序列的部分……在它们的相互作用中，进化序列形成了一个被彻底历史化的物与人的总体化秩序”②。

最后，表征记忆。现代公共博物馆基本上是发端于殖民国家。它们通过展示被殖民地国家遗物表现殖民地历史，它们将被殖民地的遗物展示为“他者”和“异乡”的神秘文化符号，这也是殖民国家对被殖民国家掠夺物战利品的展览，既是表征进化(殖民国家作为进化后的人类高级形态对被殖民地国家即人类社会低级形态的文化占有)，同时也是通过将遗物视为记忆而建构本国家的民族身份。“在全世界范围内，博物馆普遍起到的主要作用是构筑对特定民族国家群体有意义的生活世界秩序

---

① Tony Bennett. *The Birth of Museum*. London: Routledge, 1995: 10.

② 托尼·本尼特：《文化与社会》，王杰等译，广西师范大学出版社2007年版，第225页。

和集体身份。"①所以，托尼·本尼特认为，他对博物馆的研究是发掘"在后达尔文主义的历史科学发展中，进化博物馆作为一种新的记忆机器如何发挥功能，不断变化的实践和政治自由形式，历史科学和政府对土著的占领在殖民关系上是以完全不同的方式连接的"②。例如，大英博物馆里陈列的"埃尔金石雕"是举世闻名的巴台农神庙的雕塑，但是大英博物馆一直拒绝将雕塑归还给它的故乡希腊，这是因为，"'埃尔金石雕'已成为英国传统的一部分，如同它本身是希腊文化的一部分"③。通过展示埃尔金石雕，英国将自身展示为古代雅典文明的继承者，借此"英国使自己的殖民和控制他国人民的政治决策合理化"④。当现代社会普遍面临着传统消解的危机，对记忆、传统、历史的重构就变得十分重要，"传统为记忆印痕整合为记忆提供了稳定作用的框架。可以想见，随着传统的消解，'印痕记忆'更加裸露，在身份建构和社会规范之意义方面也变得更加不确定"⑤。遗物和博物馆成为人们重新去建构传统和阐释认知世界的方式。"现代性是没有传统的传统，它表现为强迫症在后传统社会中，人们的认同和本体性的安全感还是来自于已经变化了的传统，亦即风俗、习惯、遗物、纪念碑和对话主义(而不是个人主义)"。⑥

第三，公共博物馆是公民学的一门课程，博物馆作为文化机构，将人类进化的这种"可完善性"与文化改革目标联系起来，"那些似乎不成

---

① 徐贲：《全球化、博物馆与民族国家》，《去国·汶化·华文祭：2005年华文文化研究会议》，中国台湾交通大学会议论文，2005年。

② Tony Bennett. *Pasts Beyond Memory: Evolution, Museums, Colonialism*. London: Routledge, 2004: 3.

③ 珍妮特·马斯汀：《新博物馆理论与实践导论》，钱春霞等译，江苏美术出版社2008年版，第2页。

④ 珍妮特·马斯汀：《新博物馆理论与实践导论》，钱春霞等译，江苏美术出版社2008年版，第2页。

⑤ 贝克、吉登斯、拉什：《自反性现代化》，赵文书译，商务印书馆2001年版，第86页。

⑥ 贝克、吉登斯、拉什：《自反性现代化》，赵文书译，商务印书馆2001年版，第81页。

熟的、落后的、不完美的、原始的、粗糙的或者仅仅是地方性的和有限性的生活方式就可以被文化改革堂而皇之地消灭”①。与福柯在《词与物》中讲到的人既是知识的主体也是知识的客体一样，托尼·本尼特认为在博物馆中也是将人组织为知识的主体和客体。人既是在博物馆中作为地质学、考古学、人类学等知识构建出来的对象，也是作为进化发展中的成果，是具有认知能力的。托尼·本尼特发现英国博物馆形成了维多利亚时期最具影响力的文化，“博物馆是展现和讲述，因此民众可以参观学习。……让民众认识到，它们被当作知识的主体而不是管理的客体”②。

博物馆实现的政治理性的玄妙之处在于，它完全让参观者自主自动自愿地参观。由此，通过公民进入公共博物馆解读博物馆空间里的知识表征达到了治理效果。“公共博物馆承担了监视空间的功能，在这个空间里，行为被规训进入管理程序，行为呈现为自然化和控制式的凝视：是安全的参观者。它像是监狱或者看守所，博物馆履行了观察实验室的功能，它在监视和捕捉行为技术上的进步、对出入口的窃听、群体行为模式的调查、关注时间跨度的统计——已经成为管理实践领域内非常广泛的技术：例如大型卖场的设计。当然它是现代政治更公平化模式的努力，博物馆已经成为运用参观空间使社会—人口统计学形象可视的空间。”③公共博物馆里的各种图像、史料、文物是没有声音的，但是这种实证式的史料却起着隐蔽的意识形态的功能，“它意味着发明一种用以控制某一用途的意识形态，同时意指知识高度功利性使用中的种种内在矛盾，虽然表面上看知识是非功利的。这一意识形态没有被标记，对于接受其实践的人来说，它就是知识难分难解的一个组成部分”④。巧妙

① Tony Bennett. *Culture: A Reformer's Science*. London: Allen & Unwin, 1998: 102.

② Tony Bennett. *The Birth of Museum*. London: Routledge, 1995: 98.

③ Tony Bennett. Figuring Audience and Reader. *Critical Trajectories: Culture, Society, Intellectuals*. Hoboken: Blackwell Publishing, 2007: 59-60.

④ Henri Lefebvre. *The Production of Space*. Oxford: Blackwell, 1991: 8-9.

的地方在于，让无声的展品唱主角，也包括参观者在欣赏过程中运用知识，同时掺杂其他社会文本上的互文性记忆和审美经验，这些知识无声地引导着参观者的解读。许多博物馆学家认为，当今的物馆通过景观而引导参观者在历史情境中引起审美经验和创造学习潜能，但是，这些“景观并非意象的集合；相反，它是由意象思考人与人之间的社会关系……在内容和形式上，景观都作为现行制度的状况和目标的全部正当理由而存在着”①。

第四，博物馆是作为新的自我技术出现的，为公民改造自我行为提供了空间语境。“博物馆也为群众转化为合乎秩序的、理想的、自我规范的公众提供了一种机制。……人们已经把博物馆看成是对与大众集会的地方相联系的行为方式的纠正，这样也就把它看作有能力引导公众行为方式转变的工具。”②这些仅仅形成博物馆的空间与视觉之间的关系的组织化的一个方面，博物馆为公众提供了一个自我监视的位置，是它自己本身直接构建和维持公众行为规范。③ 博物馆实现了审美的教育功能，在这些博物馆里包含着“展示和解释”的实践活动。艺术展品与人是用一种设计好的方式去具体化和交流特定的文化意义与价值。这些对所有来访者开放的机构，显示了规范参观者行为的相似的程序，并以此理想地、谨慎地达到自我的恒久。最后，通过参观者在展览空间里的物理运动，参观者(审美教育)的经验得以实现，展示会、博物馆、博览会都实现了规范参观者行为的目的。在这种方式下，博物馆的参观者是“身心统一”的，实质上，“长在腿上的大脑”不过是在一种引导的交流的信息下“被组织着行走”④。

第五，在消费主义社会中，博物馆、展览会、商场综合成为“展览

① Guy Debord. *The Society of the Spectacle*. New York: Zone Books, 1994: 12-13.

② 托尼·本尼特:《文化与社会》，王杰等译，广西师范大学出版社 2007 年版，第 229 页。

③ 托尼·本尼特:《文化与社会》，王杰等译，广西师范大学出版社 2007 年版，第 231 页。

④ Tony Bennett. *The Birth of Museum*. London: Routledge, 1995: 6.

联合体”，它们作为消费主义时代的公共博物馆新形式，既继续履行着公共博物馆对公民行为的治理功能，又承担了消费主义意识形态的新功能，隐晦地表达了政府将消费主义作为新的价值和文化实现治理功能的新趋向。“托尼·贝内特已经展示了博物馆、娱乐公园、国际博览会与19世纪的百货公司之间的纽带关系。这些空间按等级制度陈列着成千上万的展品，它们相互借鉴，慢慢地灌输着改革、消费和展览的资本主义价值观。”①托尼·本尼特通过对英国黑泽欢乐海滩这个现代娱乐公园的个案研究，提出了另一个解释那些现代娱乐与当代展览会博物馆的技术和现代化的修辞和技术之间关系的理论。黑泽欢乐海滩是欧洲最大的娱乐公园，就像宣传手册上说的那样，它标榜自我为最大的、最好的、独有的、最新潮的、最刺激的娱乐中心，托尼·本尼特考察了设计者如何将它组织和标识为消费和市民治理的结合物。欢乐海滨不仅仅是一个娱乐休闲的场所，“通常那里的人们主要是有着不同历史、传统和动机的不同规模、类型和复杂性的群体。去欢乐海滨是人们的一种文化事件，一群人，两个人，一个家庭，一个年轻人俱乐部或者邻居或者工作旅游的生活中一个不一样的时刻，不是强调每个系列里个人的‘欢乐的王国’，而是欢乐海滨以不同的方式被不同群体使用和协商，在此，相关群体在文化关系和过程中被规范。你进入欢乐海滨的那个群体的语境和参观的时机，决定了体验方式的不同”②。欢乐海滨不是一种可以逾越的场所，但它又是一个试图去逾越或者在某种程度上说是邀请——甚至是煽动对它的逾越的场所。它构造了一种不同于外面世界的隔离，用围墙物质性地、像括弧一样将其分离出来，欢乐海滨由此产生了一种不受拘束的快乐，这种快乐是在意识形态编码允许的范围内运作的。

另外一个个案是在布里斯班(澳大利亚东部港口城市，昆士兰州首府)召开“1988年国际博览会”，“1988年国际博览会的形式已经被发展

① 珍妮特·马斯汀：《新博物馆理论与实践导论》，钱春霞等译，江苏美术出版社2008年版，第16页。

② Tony Bennett. *The Birth of Museum*. London: Routledge, 1995: 244.

为一种空间，在那里参观者被要求为自我不断更新和现代化”①。托尼·本尼特分析了现代博览会是如何自动与澳大利亚两百年自治的纪念活动配合成为市民现代化的象征之物的。“博览会最好被认为是为参观者提供了行为的范本，而不是一般所认为的那样是一种可阅读的文本”②。布里斯班1988年国际博览会使每一个参与的公民不是通过灌输公民以逻辑、意识和思维等教育手段，而是通过公民参观行为的实践去改变每个人的行为。布里斯班1988年国际博览会商业方面的便利设施是先行的，“博览会设计了它未来的任务——一种新的生活模式和消费水平——这个任务是使消费者形成新的国际化大都市的风格，也形成了市民生活的新的规训”③。消费主义结合着新的进化、进步的现代化理念，让“1988年国际博览会”以实践的和技术的方式承担着对城市居民进行重新塑造的功能，它的出现意味着，市民未来要按照博览会上提供的美好生活模式、理想的角色和正确文明的行为方式这个镜像，结合时代进化和现代大都市的现代目标，去审视自身的行为方式、培养正确的行为方式。

总之，托尼·本尼特的博物馆研究说明了文化治理性实现方式。第一，博物馆作为一种社会性的公共空间是区别于私人博物馆的，博物馆从私人空间向公共空间的转变参与到了19世纪现代性知识型对“人的诞生”构建的过程中，体现治理型政府开拓出公共空间的实践语境，去实现文化权力对主体行为的修正和规范，治理权力运用机构、机制、策略、程序去管理民众。第二，博物馆是表征的空间，它涉及的是空间叙述与知识生产的关系，博物馆表征出启蒙、理性、进化、科学、民主的现代性理念，这种理性主义或者说现代性的表征是通过安排和展示自然、文化的展品，设计展览路线，保护文化和启蒙民众，传递文明，传播有用的知识等手段进行的。“过去博物馆是放置一些文物，现在却是

① Tony Bennett. *The Birth of Museum*. London: Routledge, 1995: 10.

② Tony Bennett. *The Birth of Museum*. London: Routledge, 1995: 212.

③ Tony Bennett. *The Birth of Museum*. London: Routledge, 1995: 228.

用知识重构人，它转化为对现在思想的一种看护”①。第三，现代博物馆关注的是参观者而不是展览本身，博物馆的发展是为了观察参观者的身体的规训功能，博物馆是为塑造参观者的公共行为的新形式而诞生的。“博物馆是自由治理的权力在现代的新的形式的表征空间，它体现了自由治理型的权力与知识与参观者的行为规范之间的张力和关系。”②公共博物馆演示了一种新的文化“政府性”关系的发展，在这种工作中，高级文化作为社会管理的新方式而被关注。这将涉及一种新的思考方式，“将博物馆视为发展出一套新的文化机制工作，也将博物馆的功能视为一种技术性的环境，在那里，文化艺术展品重新进入社会藏品的展览，作为政府的计划目的在于形成社会行为的普遍规范”③。

小结 “文化治理性”

文化治理性是托尼·本尼特深入思考文化领导权问题的产物，托尼·本尼特在大众文化的阅读构形研究中，已经发现了制度、政策、机构等物质性要素是政府治理性功能的体现，因此，文化治理性是托尼·本尼特将大众文化研究中发现的治理性向整个文化、审美和艺术领域的延伸。托尼·本尼特将福柯的这个政治哲学概念拓展为文化美学概念。托尼·本尼特发现，起源于19世纪的自由主义政府通过对文化的管理发展出一套自我管理、自我发展、审美自治的“个人的技术”。因此，文化治理性是阐释自由主义政府如何将美学、艺术、文化等学科的知识演化为塑造主体的文化技术。个体既是在审美实践活动中文化管理的对象(客体)，又是自由主义政府的治理术运用文化制度和文化机构促进自我进行管理的主体。所以说，文化治理性说明了自由主义政府与美学学科形成、自由主义政府与审美主体塑造之间的关系，说明了19世纪

① Tony Bennett. *The Birth of Museum*. London: Routledge, 1995: 24.

② Tony Bennett. *The Birth of Museum*. London: Routledge, 1995: 24.

③ Tony Bennett. *The Birth of Museum*. London: Routledge, 1995: 6.

美学学科诞生与现代“国家”概念形成以及“现代性”形成之间的同构关系。托尼·本尼特对审美与现代性关系的阐述，继承了伊格尔顿关于美学学科产生与现代性形成之间是同构关系的观点。与审美批判性不同的是，托尼·本尼特指出审美自治和艺术自律是在制度生产的背景下适应个体自我规训的大众教育机制需要而产生的，审美自治、文学教育、艺术自律不是现代性的批判性力量，而是现代性整个“知识型”构造中的一部分，它们之间是同构和合作的关系，而不是批判性的张力关系。

由是观之，文化治理性理论已经跳出了康德审美自治与后现代美学审美他律的决然对立框架，审美作为人类的精神需求以及自由意识的想象性对象化存在，不仅是在意识和观念层面存在的，而且是在实践、实现层面上存在的。所以，托尼·本尼特不是抽象地研究审美基础理论，而是考察审美如何在文化机构和文化制度等物质性条件下得以实践的问题，他将康德的审美自由理想历史地融入国家的治理性思考的领域内，一方面坚持了审美在马克思主义美学中的救赎功能，坚持了审美具有解放和实现自由的意义，肯定了以审美自律提升主体的功能；另一方面，发展了英国文化批评传统中对于审美意识形态功能的社会学分析，分析了审美发生的文化体制和文化机构的运转规律，剖析了审美是如何被社会性和物质性要素他律的。可以说，托尼·本尼特以审美的复杂性和辩证性，以及历史化分析审美发生机制的观点，发展了以威廉斯观点为代表的英国马克思主义文化批评理论。

结　　语

托尼·本尼特作为自20世纪80年代以来活跃在文化研究领域内的重要理论家，其学术发展的路向始终与英国马克思主义的发展命运紧密联系在一起。因为文化、历史、文学理论领域内对马克思主义的发展，英国马克思主义成为继阿尔都塞之后西方马克思主义阵营里的先锋军。但是，自威廉斯到托尼·本尼特为大众文化学院化研究确立起文本学地位之后，出现了以符号民主代替现实阶级斗争的费斯克的文本消费抵抗；霍尔和托尼·本尼特实现"转向葛兰西"的学术范式整合之后，出现了以拉克劳和墨菲理论为代表的语言政治学和微观政治学。英国马克思主义迅速从马克思主义研究的先锋堡垒变成了后马克思主义的温室，阶级斗争和政治经济学这两个经典马克思主义的核心概念被稀释变味，英国马克思主义的发展也面临着前所未有的危机。托尼·本尼特的理论框架从阿尔都塞转向葛兰西，后再转向福柯，他在探索文化领导权的实现方式的同时，表现出对马克思主义一种复杂而又暧昧的坚守与背离。

西方马克思主义是"一个现实感非常强烈的社会思潮，其思考的核心问题就是无产阶级革命的方式和道路问题"①。可以说，托尼·本尼特探索无产阶级革命的方式和道路的第一步，是试图说明大众文化作为文化领导权争夺场域的文本学价值，大众文化是葛兰西的文化领导权发生卷入、争夺、赢取、丧失、协商、谈判的斗争场域，大众文化文本的接受(阅读)是大众传媒时代最基本的文化实践活动，读者是这个场域

① 李文阁：《近年来马克思主义哲学研究中的几个热点问题》，《红旗文稿》2011年第13期。

中主流意识形态意欲命中的靶的，而大众阅读却可以富有创造性地改写和背离文本，并相信大众在这个场域中通过“阅读构形”活动，参与到大众传媒时代消费主义社会形态的重构活动中去。处于20世纪80年代中期的托尼·本尼特还是以大众文化（即威廉斯提出的“新兴文化”）构形社会结构，即对不发生革命质变而只有微观社会结构量变的无产阶级革命方式充满了乐观情绪。应该说，在20世纪80年代中期英国文化马克思主义与以伊格尔顿、詹姆逊等为代表的晚期马克思主义学者在这个节点上发生了分野。

当20世纪80年代初期托尼·本尼特用阿尔都塞结构主义的方法研究大众传媒中消费主体意识的时候，其马克思主义批判色彩是很强烈的。而伴随着大众文化的符号学文本分析的成功建制，文化研究在发展过程中逐渐局限于文本分析而取代了早期文化研究对于大众包括工人的日常生活经验的关注。繁盛的大众文化文本研究面临着文本泛滥和文化研究去政治化的问题。进入20世纪八九十年代，“我们的文化生活被文本所包围，特别是媒介文本。如果没有文本分析，文化研究简直就无法存在，许多论者都认为文本分析是从研究方法上区别了文化研究与文化社会学”①。另外，具经验主义传统的英国素有对下层民众关注的民族志传统，而这种对下层民众的关注极易在消费主义和多元政治的诱惑下，裂变出消费抵抗、符号民主、话语政治、微观政治等文化研究的路向。

这促使托尼·本尼特在20世纪80年代后期开始思考大众文化文本研究的限度问题和消费抵抗中的“积极的读者”的限制性要素。托尼·本尼特认为“阅读构形”中文本、读者和社会的相互动态性关联的生产始终是在意识形态国家机器的治理下开展的，他将文本的生产和接受限定在意识形态的物质性要素——意识形态国家机器的机制下进行。托尼·本尼特的文本研究、读者研究从经验和实践的维度使意识形态理论

① Nick Couldry. *Inside Culture: Re-imagining the Method of Cultural Studies*. London: SAGE, 2000: 67.

具体化，从意识形态国家机器运作的机制来规定文本的生产和接受，对大众文化文本研究的泛化和去政治化倾向起到了一定的遏制和纠偏作用。但是，正如我们看到的那样，托尼·本尼特虽然对费斯克的消费抵抗和拉克劳、墨菲的微观政治保持着审慎的态度，但并未从根本上否定大众文化文本的学院化研究方法，对积极的受众的符号民主以及后马克思主义的话语政治止步于有限的修辞性批评，缺乏对大众传媒的政治经济学批判力度。①

伴随着对文本与意识形态国家机器的机制、制度、机构之间关系的关注，托尼·本尼特将目光从大众文化拓展到文学、艺术、审美的整体文化领域，考察意识形态国家机器中的体制、制度、机构与审美主体的关系，转向福柯的治理性理论(governmentality)。托尼·本尼特关于文化机构和文化政策的文化治理性研究是面对20世纪90年代以来的英国社会政治环境和社会结构变化，理论上回应知识分子如何继续获得文化领导权的问题。文化研究进入20世纪90年代的一个基本现实是，20世纪80年代撒切尔夫人的新自由主义执政理念获得了普遍认可，布莱尔政府新提出了“第三条道路”中左的多元政治联盟，工会权力的消减和工党改造以后的整个社会政治的右翼倾向，这需要重新阐释权力与文化的关系：阿尔都塞结构主义认为主导集团意识形态对主体的生产是压制性的，而取代阶级分析以性别、身份、族性、青年亚文化、消费为研究对象的新葛兰西派，则认为实现“自下而上”方式抵抗、游戏、僭越支配集团的前提是支配集团的权力并不完全是权威压制型的。福柯的政府治理性理论认为，新自由主义政府与传统的权威型政府最大的区别是国家机器引导主体对自我行为的主动性生产，这种生产性权力比阿尔都塞的压制型权力与葛兰西的协商型权力更具有隐蔽性和渗透力，它不是权力的消减和政治的终结，而是通过“文化机构及其行为如何使社会的

① 批判的传媒社会学研究坚持用政治经济学的方法，追究媒体文化工业的所有权和控制权问题，探讨媒体从业人员的实际操作权。这种媒体政治经济学与文化研究在20世纪80年代经过一场论证之后，变成一种公开的理论对峙。参见费斯克：《理解大众文化·中文版导言》，中央编译出版社2001年版。

文化和阶级间的一种特殊类型的关系制度化(确立、确定、稳定、稳固)……它们并非简单的现有模式的重新安排。它们确立了阶级和文化间新的'力量关系'，重新设计和塑造了生活文化领导权的本质。它们调动起广泛的认同，帮助赢得大众的支持，以此确保不同的阶级——文化权威类型"①。所以，对文化机构和文化政策的治理性研究成为文化领导权研究的继续。

应该说，托尼·本尼特文化治理性理论阐释了自由主义政府的文化机构如何运作文化政策从而形成文化技术去审美地塑造主体，始终在意识形态国家机器与主体生产关系研究的视域下进行，也曲折地说明了知识分子如何在阶级分析失效论的压力下重新取得文化领导权的问题。②这是20世纪90年代之后文化研究普遍进入后现代主义格局时对马克思主义基本理论的一种坚守。然而，文化治理性与审美意识形态理论不同的是，它虽然坚持意识形态对主体生产的压制性，但是同时肯定了自由主义政府利用意识形态国家机器对主体生产的合理性，这就很难撇清它与自由主义政府的同盟关系。同时，文化治理性在人类学进化论意义上肯定政府对提升民众素质的积极性的正面意义，存在着文化进化论以及文化优劣论的嫌隙。文化治理性研究说明了英国马克思主义在政治局势右转之后，理论突围的艰难性和复杂性。

---

① 霍尔：《大众文化与国家》，陶东风编：《文化研究精粹读本》，中国人民大学出版社2006年版，第285页。

② 托尼·本尼特认为知识分子不是游离于权力体系之外而拥有公共空间的批判者，而是进入体制内专业化的实践型知识分子，这些知识分子进入政府内成为制定文化政策实现文化知识技术转化的代理者、行动者(agenda)，"以一种会对社会和文化管理的官僚形式的运作产生长期影响的方式，来设法证明普通公众所关注的事件，并希望能对这些事件产生影响力"，从而将批判性和反思性的意见渗入权威机构的意识形态中。

参考文献

(一)托尼·本尼特的英文理论著作(含编著)

Tony Bennett. *Formalism and Marxism*. London: Routledge, 1979.

Tony Bennett and Gurevitch Michael. and James Curran, Janet Woollccott (eds.). *Culture, Society and the Media*. London: Methuen, 1982.

Tony Bennett and C. Mercer, J. Woollacott (eds.). *Popular Culture and Social Relations*. Milton Keynes and Philadephia: Open University Press, 1986.

Tony Bennett and J. Woollacott. *Bond and Beyond: The Political Career of a Popular Hero*. London: Methuen, 1988.

Tony Bennett. *Outside Literature*. London: Routledge, 1990.

Tony Bennett. *Popular Fiction: Technology, Iideology, Production, Reading*. London: Routledge, 1990.

Tony Bennett and Simon Frith (eds.). *Rock and Popular Music: Politics, Policies, Institution*, 1993.

Tony Bennett. *The Birth of the Museum: History, Theory, Politics*. London: Routledge, 1995.

Tony Bennett. *Culture: A Reformer's Science*. London: Allen & Unwin, 1998.

Tony Bennett and Mike Emmison and John Frow. *Accounting for Tastes: Australian Everyday Cultures*. New York: Cambridge University Press, 1999.

Tony Bennett and David Carter(eds.). *Culture in Australia: Policies, Publics, Programs.* Australia Ligare Pty Ltd, 2001.

Tony Bennett. *Cultural Policy and Cultural Diversity: Mapping the Policy Domain.* Belgium: Council of Europe Publishing, 2001.

Tony Bennett. *Pasts Beyond Memory: Evolution Museums Colonisation.* London: Routledge, 2004.

Tony Bennett and Elizabeth Silva (eds.). *Contemporary Culture and Everyday Life.* Durham, UK: Socialogypress, 2004.

Tony Bennett and Lawrence Grossberg and Meaghan Morris(eds.). *New Keywords—A Revised Vocabulary of Culture and Society.* Hoboken: Blackwell Publishing, 2005.

Tony Bennett. *Critical Trajectories: Culture, Society, Intellectuals.* Hoboken: Blackwell Publishing, 2007.

Tony Bennett and John Frow (ed.). *The Sage Handbook of Cultural Analysis.* London: SAGE, 2008.

Tony Bennett and Mike Savage, Elizabeth Silva, Alan Warde, Modesto Gayo-Cal and David Wright. *Culture, Class Distinction.* London: Routledge, 2009.

Tony Bennett and Patrick Joyce (eds.). *Material Powers: Culture, History and the Material Turn.* London: Routledge, 2010.

(二)托尼·本尼特的主要英文论文

Tony Bennett. *Marxism and Popular Fiction. Literature and History*, 7. 2(1981): 138-165.

Tony Bennett. *Popular Culture: Themes and Issues. Popular Culture U*203, MiltonKeynes: Open University Press, 1982.

Tony Bennett. *Text, Readers, Reading Formations. The Bulltin of the Midwest Modern Language Association*, 1983(1): 3-17.

Tony Bennett. *Texts in History: The Determinations of Readings and Their*

Texts. Midwest Modern Language Association, 1985(1): 1-16.

Tony Bennett. *The Polictical Rationality of the Museum. An Australian Journal of the Media*, 1990(1): 35-55.

Tony Bennett. *Putting Policy into Cultural Studies. Cultural Studies*. Lawrence Grossberg, Cary Nelson, Paula A. Treichler (eds.). London: Routledge, 1992: 23-37.

Tony Bennett. *Useful Culture*. V. Blundell, J. Shepherd and I. Taylor (eds.). *Relocating Cultural Studies: Developments in Theory and Research*. London: Rovtledge, 1993.

Tony Bennett. *The Multiplication of Culture's Utility. Critical Inquiry*, 21.4(1995): 861-889.

Tony Bennett. Valda Blundell. *First Peoples: Cultures, Policies, Politics. Cultural Studies*, 1995(1): 1-11.

Tony Bennett. *Towards a Pragmatics for Cultural Studies*. J. McGuigan (ed.). *Cultural Methodologies*. London: Sage, 1997.

Tony Bennett. *Cultural Studies: a Reluctant Discipline*, *Cultural Studies*, 1998(4): 528-545.

Tony Bennett. *The Historical Universial: the Role of Cultural Value in the Historical Sociology of Pierre Bourdieu. The British Journal of Sociology*, 56.1 (2005).

Tony Bennett. Civil seeing: Museums and the Organisation of Vision. S. MacDonald (ed.). *Companion to Museum Studies*. Oxford: Blackwell, 2005.

Tony Bennett. *Habitus Clivé: Aesthetics and Politics in the Work of Pierre Bourdieu. New Literary History*, 2007(1): 201-228.

Tony Bennett. *Making Culture, Changing society: the Perspective of Culture Studies. Culture Studies*, 2007(4-5): 610-619.

(三)中文部分

托尼·本尼特:《文化与社会》,王杰等译,广西师范大学出版社2007年版。

托尼·本尼特:《知识分子、文化与政策:技术的、实践的与批判的》,孟雅丽译,金元浦等编:文化研究(第二辑),天津社会科学出版社2001年版。

托尼·本尼特:《走向文化研究的语用学》,阎嘉译、陶东风主编:《文化研究精粹读本》,中国人民大学出版社2006年版。

托尼·本尼特:《大众文化与"转向葛兰西"》,陆杨译,陆杨、王毅选编:《大众文化研究》,上海三联书店2001年版。

托尼·本尼特:《通俗文化与"葛兰西转向"》,汪凯、刘晓红译,奥利弗·博伊德—巴雷特、克里斯·纽博尔德编:《媒介研究的进路》,新华出版社2004年版。

托尼·本尼特:《文本、读者、语境》,潘德重译,李宏图选编:《表象的叙述——新社会文化史》,上海三联书店2003年版。

托尼·本尼特:《现代文化事实的发明:对日常生活批判的批判》,陶东风、周宪主编:《文化研究》(第6辑),广西师范大学出版社2006年版。

托尼·本尼特:《批评与文学》,寿静心译,《周口师专学报》1991年第3期。

托尼·本尼特:《科学、文学与意识形态》,寿静心译,《辽宁大学学报》1994年第4期。

托尼·本尼特:《英国文化研究的另一种范式——托尼·贝内特学术自述》,黄望译,《洛阳师范学院学报》2007年第4期。

托尼·本尼特:《置政策于文化研究之中》,赵国新译,罗钢、刘象愚主编:《文化研究读本》,中国社会科学出版社2000年版。

托尼·本尼特:《托尼·贝内特谈文化研究与知识分子》,陶东风译,《文艺研究》1999第1期。

托尼·本尼特：《马克思主义与通俗小说》，刘象愚译，弗朗西斯·马尔赫恩：《当代马克思主义文学批评》，北京大学出版社 2002 年版。

托尼·本尼特：《西方马克思主义与文学批评与美学遗产》，张来民译，《黄淮学刊》1993 年第 3 期。

托尼·本尼特：《形式主义与马克思主义文学批评》，张来民译，《黄淮学刊》1992 年第 2 期。

托尼·本尼特：《俄国形式主义与巴赫金的历史诗学》，张来民译，《黄淮学刊》1991 年第 2 期。

托尼·本尼特：《审美·治理·自由》，姚建彬译，《南京大学学报》2009 年第 5 期。

托尼·本尼特：《分裂的惯习》，王杰主编：《马克思主义美学研究》第 2 辑，中央编译出版社 2009 年版。

托尼·本尼特：《文化、历史与习性》，王杰主编：《马克思主义美学研究》第 2 辑，中央编译出版社 2009 年版。

托尼·本尼特：《美学·社会·政治——托尼·本尼特访谈录》，《文艺研究 》2011 年第 3 期。

(四)相关英文参考文献

M. H. Abams. *A Glossary of Literary Terms*. New York: Thomson Learning Pte Ltd, 1999.

T. W. Adonrno. *The Culture Industry: Selected Essay on Mass Culture*. J. M. Bernstein(ed.) London: Routledge, 1991.

Louis Althusser. *Essays on Ideology*. B. Brewster and G. lock (trans.). London and New York: Verso Books, 1984.

Matthew Arnold. *Culture and Anarchy*. London: Cambridge University Press, 1961.

Chris Barker. *The SAGE Dictionary of Cultural Studies*. London: SAGE, 2004.

Chris Barker. *Make Sense of Cultural Studies*. London: SAGE, 2002.

Susan Bassnett. *Studying British Cultures: An Introduction.* London: Routledge, 2003.

Valda Blundell, John Shepherd and Ian Taylor (eds.). *Relocating Cultural Studies*. London: Routledge, 1993.

Pierre Bourdieu and Alain Darbel. *The Love of Art: European Art Museums and Their Public*, Caroline Beattie and Nick Merriman (trans.). Stanford: Stanford University Press, 1990.

Paul Bowman (ed.). *Interrogating Cultural Studies.* London: Pluto Press, 2003.

G. Burchell, C. Gordon and P. Miller (ed.). *The Foucault Effect: Studies in Governmentality.* Chicago: The Unversity of Chicago Press, 1991.

Howard Caygill. *Art of Judgement*. Oxford: Basil Blackwell, 1989.

Kelton Cobb. *The Blackwell Guide to Theology and Popular Culture.* Oxford: Balckwell Publishing, 2005.

Nick Couldry. *Inside Culture: Re-imagining the Method of Cultural Studies*. London: SAGE, 2000.

Stuart Cunningham. *Framing Culture—Criticisim and Policy in Australia*. Sydny: Allen & Unwin, 1992.

Stuart Cunningham. *Cultural Studies from the Viewpoint of Police.* Graeme Turner(ed.). *Nation, Culture, Text—Australian Cultural and Media* Studies. London: Routledge, 1993.

Jacques Derrida. *The Post Card, Form Socrates to Freud and Beyond*, Alan Bass. (trans.). Chicago: The University of Chicago Press, 1987.

Terry Eagleton. *Criticism and Ideology: A Study in Marxist Literary.* London: NLB, 1976.

Terry Eagleton. *After Theory.* New York: Basic Books, 2002.

A. Easthope. *British Post-Structuralism Since 1968.* London: Routledge, 1988.

T. S. Eliot. Notes. *Towards the Definition of Culture*. New York: Harcourt, Brace and Company, 1949.

Marjorie Ferguson and Peter Golding (eds.). *Cultural Studies in Question*. London: SAGE, 1997.

John Fiske. *Television Culture*. London: Routledge, 1989.

M. Foucault. *Two Lectures*. C. Gordon(ed.) *Power/ Knowledge: Selected Interview and Other Writings* 1972-1977. New York: Pantheon Books, 1980.

M. Foucault. *Ethics: Subjectivity and Truth, Essential Works of Foucault*. P. Rabinow(ed.). New York: New Press, 1997.

John Frow and Meaghan Morris (ed.). *Australian Cultural Studies: A Reader*, Urbana and Chicago: University of Illinois System, 1993.

John Frow. *Marxiam and Literary History*. Cambridge: Harard University Press, 1986.

Philip Goldstein. *Post-Marxist Theory: An Introduction*. New York: State University of New York Press, 2005.

Philip Goldstein and L. Machor, James (eds.). *New Directions in American Reception Study*. Oxford: Oxford University Press, 2008.

Antonio Gramsci. *Selections from the Prison Notebooks*. London: Routledge, 1971.

Michael Groden and Martin Kreiswirth (eds.). *The Johns Hopkins Guide to Literary Theory and Criticism*. Baltimore and London: The Johns Hopkins University Press, 2005.

Lawrence Grossberg, Paula Cary Nelson, A. Treichler (eds.). *Cultural Studies*. London: Routledge, 1992.

Stuart Hall, Dorothy Hobson, Andrew Lowe and Paul Wills (eds.). *Culture, Media, Language*. London: Routledge, 1980.

David Harris. *Form Class Struggle to the Politics of Pleasure: The Effects of Gramscianism on Cultural Studies*. London: Routledge. 1992.

John Hartley. *A Short History of Cultural Studies*. London: Sage, 2003.

Casey Haskins. "Autonomy: Historical Overview". Michael Kelly(ed.). *Encyclopedia of Aesthetics*. Oxford: Oxford University Press, 1988.

Terence Hawkes. *Structuralism and Semiotics*. London: Routledge, 2003.

Richard Hoggart. *The Uses of Literacy*. New York: Oxford University Press, 1970.

Frederic Jameson. *The Prison-House of Language: A Critical Account of Structuralism and Russia Formalism*. Princeton: Princeton University Press, 1972.

Harvey J. Kaye. *The British Marxist Historianss: An Introductory Analysis*. New York: Polity Press, 1984.

Douglas Kellner. *Media Culture*. London and New York: Routledge, 1995.

Gavin Kendall and Gray Wickham. *Understanding Culture: Cultural Studies, Order, Ordering*. London: SAGE, 2001.

Ernesto Laclau and Chantal Mouffe. *Hegemony and Socialist Strategy: Towards a Radical Democratic Politics Second Edition*. London and New York: Verso, 1985.

F. R. Leavis. *Mass Civilisation and Minority Culture*. Cambridge: The Folcroft Press, INC, 1930.

F. R. Leavis and Denys Thompson. *Culture and Environment: The Training of Critical Awareness*. London: Chatto and Windus, 1933.

F. R. Leavis. *The Common Pursuit*. Harmondsworth: Penguin, 1962.

Q. D. Leavis. *Fiction and the Reading Public*. London: Chatto&Windus, 1932.

Lin Chun. *The British New Left*. Edinburgh: Edinburgh University Press, 1993.

Giuseppe Mantovanic. *Exploring Borders: Understanding Culture and Psychology*. London and Philadelpia: Routledge, 2000.

Janet Marstine. (ed.). *New Museum Theory and Practice: An Introduction.* Hoboken: Blackwell Publishing, 2006.

Jim McGuigan. *Cultural Populism.* London: Routledge, 1992.

McRobbie Angela. *Postmodernism and Popular Culture.* London and New York: Routledge, 1994.

Andrew Milner. *Reimagining Cultural Studies: The promises of Cultural Materialism.* London: SAGE, 2002.

Francis Mulhern. *The Moment of "Scrutiny"*. London: NLB, 1979.

Francis Mulhern. *Culture/Metaculture.* London and New York: Routledge, 2000.

Sally R. Munt. (ed.). *Cultural Studies and the Working Class.* London and New York: Cassell, 2000.

Tom O'Regan. *Australian Television Culture*, Sydney: Allen & Unwyn, 1993.

Tim O'Sullivan, John Hartley, Danny Saunders, Martin Montgomery and John Fiske (eds.). *Key Concepts in Communication and Cultural Studies.* London and New York: Routledge, 1994.

Paul de Man. *The Rhetoric of Romanticism.* New York: Columbia University Press, 1984.

D. Preziosi. *Brain of the Earth's Body: Museums and the Framing of Modernity.* Paul Duro. (ed.). *The Rhetoric of the Frame: Essays on the Boundaries of the Artwork.* Cambridge: Cambridge University Press, 1996.

Martin Prosler. *Museum and Globalization.* Sharon MacDonald and Gordon Fyfe(eds.). *Theorizing Museums.* Oxford: Blackwell Pub, 1996.

Peter Sedgwick and Andrew Edgar. *Cultural Theory: the Key Thinkers*, London: Routledge, 2002.

John Storey. *Cultural Theory and Popular Culture: An Introduction.* Pearson Longman, 2009.

John Storey (ed.). *What is Cultural Studies? A Reader.* London:

SAGE, 1997.

Graeme Turner. *British Cultural Studies: An Introduction*. London: Routledge, 2003.

U. Eco. *The Role of the Reader: Explorations in the Semitotics of Texts*. Bloomington and London: Indiana Univeristity Press, 1979.

Peter Widdowson. *Radical critical theory and English*. John Hoyles (ed.). *Re-reading English*. London: Methuen, 1992.

Raymond Williams. *Culture and Society 1780-1950*. London: Harper Torchbooks, 1958.

Raymond Williams. *The Long Revolution*. Harmondsworth: Penguin, 1965.

Raymond Williams. *Politics and Letters: Interviews with New Left Review*. London: Verso, 1979.

Raymond Williams. *Problems in Materialism and Culture: Selected Essays*. London: Verso, 1980.

Ian Woodward. *Understanding Material Culture*. London: Routledge, 2007.

(五)中文参考文献

巴赫金:《马克思主义语言哲学的道路》,张杰选编:《巴赫金集》,上海远东出版社 1998 年版。

巴赫金:《小说理论》,河北教育出版社 1998 年版。

陶东风编:《文化研究精粹读本》,中国人民大学出版社 2006 年版。

本尼迪克特·安德森:《想象的共同体:民族主义的起源与散布》,吴叡人译,上海世纪出版集团 2005 年版。

布尔迪厄:《文化资本与社会炼金术——布尔迪厄访谈录》,包亚明译,上海人民出版社 1997 年版。

陈光兴:《英国文化研究的谱系学》,饶芃子主编:《思想文综》(第四辑)，暨南大学出版社 1999 年版。

戴维·斯沃茨：《文化与权力——布尔迪厄的社会学》，陶东风译，上海译文出版社 2006 年版。

戴维·莱恩：《马克思主义的艺术理论》，艾晓明等译，湖南人民出版社 1987 年版。

戴维·麦克莱兰：《马克思以后的马克思主义》，林春、徐贤珍译，东方出版社 1986 年版。

丹尼斯·德沃金：《文化马克思主义在战后英国》，李凤丹译，人民出版社 2008 年版。

丹尼·卡瓦拉罗：《文化理论关键词》，张卫东等译，江苏人民出版社 2006 年版。

德雷福斯、拉比诺：《福柯：超越结构主义与阐释学》，钱俊译，台湾桂冠图书股份有限公司 1992 年版。

德鲁·米尔恩：《解读马克思主义文学理论》，王杰主编：《马克思主义美学研究》第 1 辑，中央编译出版社 2008 年版。

迪基：《艺术界》，朱立元编：《二十世纪西方美学经典文本》(第三卷)，复旦大学出版社 2000 年版。

邓晓芒：《康德哲学讲演录》，广西师范大学出版社 2005 年版。

菲利普·史密斯：《文化理论：导论》，张鲲译，商务印书馆 2008 年版。

冯俊：《后现代主义哲学讲演录》，商务印书馆 2003 年版。

福柯：《规训与惩罚》，刘北成译，三联书店 1999 年版。

福柯：《知识考古学》，马月译，三联书店 1998 年版。

福柯：《安全、领土和人口》，http：//sex. ncu. edu. tw/course/Michel%20Foucault/link/fou_link01. htm.

福柯：《性经验史》，佘碧平译，上海人民出版社 2002 年版。

福柯：《什么是启蒙?》，汪晖，陈燕谷主编：《文化与公共性》，汪晖译，三联书店 1998 年版。

弗朗西斯·马尔赫恩：《当代马克思主义文学批评》，刘象愚译，北京大学出版社 2002 年版。

葛兰西：《狱中札记》，葆煦译，人民出版社 1983 年版。

葛兰西：《葛兰西文选》，李鹏程编，人民出版社 2008 年版。

格雷姆·特纳：《英国文化研究导论》，唐维敏译，台湾亚太图书出版社 2000 年版。

哈贝马斯：《公共空间的结构转型》，曹卫东等译，学林出版社 1999 年版。

胡惠林：《文化政策学》，上海交通大学出版社 1999 年版。

黄德发：《政府治理范式的制度选择》，广东人民出版社 2005 年版。

霍克海默、阿多诺：《启蒙辩证法》，渠敬东、曹卫东译，上海人民出版社 2006 年版。

珍妮特·马斯汀编著：《新博物馆理论与实践导论》，钱春霞等译，凤凰出版传媒集团 2008 年版。

吉姆·麦克盖根：《文化民粹主义》，桂万先译，南京大学出版社 2001 年版。

凯尔纳、贝斯特：《后现代理论——批判性的质疑》，张志斌译，中央编译出版社 2002 年版。

康德：《判断力批判》，邓晓芒译，人民出版社 2002 年版。

拉曼·塞尔登：《文学批评理论——从柏拉图到现在》，刘象愚等译，北京大学出版社 2003 年版。

莱姆克等：《福柯与马克思》，陈元等译，华东师范大学出版社 2007 年版。

威廉斯：《文化与社会》，吴松江、张文定译，北京大学出版社 1991 年版。

威廉斯：《马克思主义与文学》，王尔勃、周莉译，河南大学出版社 2008 年版。

凌建侯：《巴赫金哲学思想与文本分析法》，北京大学出版社 2007 年版。

刘成：《理想与现实——英国工党与公有制》，江苏人民出版社2003年版。

陆梅林：《西方马克思主义美学文选》，漓江出版社1988年版。

陆扬：《文化研究概论》，复旦大学出版社2008年版。

罗刚、刘象愚主编：《文化研究读本》，中国社会科学出版社2000年版。

马克思、恩格斯：《马克思恩格斯全集》第4卷，人民出版社1979年版。

范大灿编：《作品、文学史与读者》，文化艺术出版社1997年版。

马修·阿多诺：《文化与无政府状态》，韩敏中译，三联书店，2002年版。

麦克罗比：《文化研究的用途》，李庆本译，北京大学出版社2007年版。

莫伟民：《主体的命运》，上海三联书店1996年版。

佩里·安德森：《西方马克思主义探讨》，高銛等译，人民出版社1981年版。

佩里·安德森：《西方左派图绘》，张亮等译，江苏人民出版社2002年版。

齐泽克等：《意识形态的崇高客体》，季广茂译，中央编译出版社2002年版。

齐泽克等：《图绘意识形态》，方杰译，南京大学出版社2006年版。

乔万尼·阿瑞吉，贝弗里·J. 西尔弗等：《现代世界体系的混沌与治理》，王宇洁译，三联书店2006年版。

阮宗泽：《第三条道路与新英国》，东方出版社2001年版。

汝信主编：《外国美学》第19辑，江苏教育出版社2009年版。

约翰·斯道雷：《文化理论与通俗文化导论》(第二版)，杨竹山等译，南京大学出版社2006年版。

约翰·斯道雷：《记忆与欲望的耦合》，徐德林译，广西师范大学出版社2007年版。

Stuart Hall，陈光兴：《文化研究：霍尔访谈录》，唐维敏译，台湾远流出版社 1998 年版。

斯图亚特·霍尔：《文化研究：两种范式》，傅德根译，《马克思主义美学研究》(第 3 辑)，广西师范大学出版社 2000 年版。

H. R. 姚斯等：《接受美学与接受理论》，周宁等译，辽宁人民出版社 1987 年版。

特里·伊格尔顿：《二十世纪西方文学理论》，伍晓明译，陕西师范大学出版社 1987 年版。

特里·伊格尔顿：《当代西方文学理论》，王逢振译，中国社会科学出版社 1988 年版。

特里·伊格尔顿：《审美意识形态》，王杰等译，广西师范大学出版社 2001 年版。

特里·伊格尔顿：《文化的观念》，方杰译，南京大学出版社，2003 年版。

特里·伊格尔顿：《理论之后——文化理论的当下和未来》，李尚远译，商周出版社 2004 年版。

特里·伊格尔顿：《甜蜜的暴力》，方杰译，南京大学出版社 2007 年版。

俞可平：《治理与善治》，中央编译出版社 2000 年版。

约翰·费斯克：《理解大众文化》，王晓珏译，中央编译出版社 2001 年版。

詹姆逊：《政治无意识》，王逢振等译，中国社会科学出版社 1997 年版。

特里·伊格尔顿：《语言的牢笼》，钱佼汝等译，百花洲文艺出版社 1995 年版。

章辉：《经验的限度》，中国社会科学出版社 2005 年版。

张进：《新历史主义与历史诗学》，中国社会科学出版社 2004 年版。

张良从、周海玲：《习性与文化研究的关键问题》，《马克思主义美学》第12卷第2期，中央编译出版社2009年版。

张亮：《阶级、文化与民族传统》，江苏人民出版社2008年版。

周凡主编：《后马克思主义：批判与辩护》，中央编译出版社2007年版。

周凡、李惠斌主编：《后马克思主义》，中央编译出版社2007年版。

周宪：《审美现代性批判》，商务印书馆2005年版。

周宪主编：《文化现代性精粹读本》，中国人民大学出版社2006年版。

王宏钧主编：《中国博物馆学基础》，上海古籍出版社1990年版。

王杰：《审美幻象研究》，广西师范大学出版社1995年版。

王杰：《马克思主义与现代美学问题》，人民文学出版社2000年版。

王杰：《审美幻象与审美人类学》，广西师范大学出版社2002年版。

王杰：《马克思主义美学研究》第12卷第2辑，中央编译出版社2009年版。

王杰：《马克思主义美学研究》第13卷第1辑，中央编译出版社2010年版。

王章辉：《英国文化与现代化》，辽海出版社1999年版。

维多利亚·D. 亚历山大：《艺术社会学》，章浩等译，江苏美术出版社2009年版。

乌尔里希·贝克、安东尼·吉登斯、斯科特·拉什：《自反性现代化——现代社会秩序中的政治、传统与美学》，赵文书译，商务印书馆2001年版。

(六)相关硕博论文

孙颖：《走向文化批评的英国马克思主义批评》，吉林大学2010年博士学位论文。

徐德林:《英国文化研究的形成与发展》,北京大学 2008 年博士学位论文。

罗昔明:《托尼·贝内特及其政治文化观念》,北京语言大学 2006 年硕士学位论文。

(七)期刊论文

肖寒、胡疆峰:《伯明翰学派和英国文化研究——黄卓越教授访谈》,《中国图书评论》2007 年第 4 期。

黄卓越:《伯明翰文化研究学派后期的界定——斯图亚特·霍尔访谈录》,《中国图书评论》2008 年第 4 期。

黄卓越:《文化研究:追忆与讨论——在伦敦访斯图亚特·霍尔》,《西北师大学报》2007 年第 5 期。

王杰:《托尼·本尼特的马克思主义美学研究》,《南方文坛》2007 年第 6 期。

王杰:《20 世纪英国马克思主义文论的问题》,《湖北大学学报》2008 年第 1 期。

王杰、托尼·本尼特:《美学、社会、政治——托尼·本尼特访谈录》,《文艺研究》2011 年第 3 期。

张良从、周海玲:《"文化研究的关键问题"国际学术会议研讨会综述》,《文学评论》2009 年第 5 期。

陈立旭:《大众文化研究转向,费斯克理论之考察》,《文化艺术研究》2009 年第 5 期。

杨东篱:《伯明翰学派与文化研究的演进》,《河北大学学报》2008 年第 6 期。

杨击:《抵制与救赎:两种批判策略的比较研究》,《新闻大学》2004 年第 4 期。

曾军:《从"葛兰西转向"到"转型的隐喻"》,《学术月刊》2008 年第 4 期。

肖军:《文化理论的理论突围》,《西北师大学报》2005 年第 1 期。

萧俊明：《新葛兰西派的理论贡献：接合理论》，《国外社会科学》2002年第2期。

陆扬：《利维斯主义与文化批判》，《外国文学研究》2002年第1期。

道格拉斯·凯尔纳：《文化马克思主义和现代文化》，雷保蕊、张春美译，《上海行政学院学报》2006年第5期，

麦克莱伦：《历史与现在：马克思和马克思主义》，陈亚军译，《世界哲学》2005年第1期。

黄卓越：《英国文化研究与中国研讨会纪要》，《外国文学》2006年第6期。

汪正龙：《马克思主义与形式主义对话的可能性》，《文艺理论研究》2008年第3期。

周凡：《葛兰西与后马克思主义的生成》，《现代哲学》2008年第6期。

斯科特·拉什：《后霸权时代的权力——变化中的文化研究》，程艳译，《江西社会科学》2009年第8期。

安德鲁·本尼特：《读者反应批评之后的阅读理论》，李永新、汪正龙译，《江西社会科学》2010年第1期。

安德鲁·本尼特：《作者理论与文学问题》，汪正龙译，《文学理论研究》2010年第1期。

曹莉：《剑桥批评传统的形成和衍变》，《外国文学》2006年第5期。

马征：《文化研究在中国》，《文艺理论与批评》2005年第1期。

附录 1

托尼·本尼特的文化治理理论

——兼论英国文化马克思主义 20 世纪 90 年代以来问题、方法和策略①

一、去政治化危机和重新定位文化研究

英国文化研究在 20 世纪 80 年代以后发生了重大变化，原本实践色彩和批判意识让位于话语政治和后现代的微观政治，马克思主义美学研究中的阶级分析和政治经济学分析日渐稀薄。霍尔曾指出："《新时代》(写于 1989 年的著作)的出现，伯明翰学派发生了很大变化，即从现代走向了后现代。……后现代出现之后，一方面把过去的概念系统给解构了，一方面文化研究开始泛化。"②英国文化研究的多元化表现为，进入后现代之后"阶级斗争和政治经济学研究这两个马克思主义最基本的核心领域被分解了，文化研究中的马克思主义色彩也渐趋稀薄"③。这引发了很多人去反思 20 世纪 80 年代以来的文化研究面临的问题：麦克盖根批判文化研究走向民粹主义，戴维·哈里斯在《从阶级斗争到快乐的政治》中指责文化研究已经成为狭隘的教条主义，霍尔称文化研究处于"极端危险的时刻"，提出对文化研究跨学科的研究方法的反思和对文

---

① 本文发表于《马克思主义文艺研究》2017 年第 1 期，于 2017 年 3 月在中国社科院、中国艺术研究院和云南大学联合主办第七届中华文艺复兴论坛暨"文化治理与审美制度问题研究"学术研讨会上宣读并作主旨发言。

② 肖寒、胡疆峰：《伯明翰学派和英国文化研究——黄卓越教授访谈》，《中国图书评论》2007 年第 4 期。

③ 周海玲：《审美的历史化和政府治理性——试论托尼·本尼特文化研究中的关键因素》，《马克思主义美学研究》2009 年第 2 期。

化研究学院化体制化前景的担忧。在这种情况下出现了“什么是文化研究”，“什么是文化研究的关键因素”①等相关问题的思考。

20世纪90年代以来，重新定位文化研究出现了两股旗鼓相当的潮流：“一些人致力于表征与被排斥的实践之间接合的文本过程理论，另外一些人则从制度和政策方面致力于如何保持文化研究政治性活力讨论。”②对于文本政治伴随着后现代的解构主义以及消费主义，不少学者批评其是“语言论转向”后的“文本的陷阱”——“由于受某些流行的解构形式和在生活力量当中更普遍流行的影响，文化研究者热衷于在阅读和解释文化实践时抹去这些实践扎根于其中的社会背景。依然有许多对于文化的文本分析脱离生产和消费它的物质条件，也因此无法发展出一种充分综合化的分析模式。”③相比较之下，面对“葛兰西转向”之后文化研究普遍存在的危机和难题，英国马克思主义者的托尼·本尼特文化政策研究则保持了文化研究的政治性，可以说，从文化政策研究到系统提出文化治理研究是托尼·本尼特积极思考文化马克思主义进入后现代多元主义的理论应对。

不同于对文本政治的热衷，托尼·本尼特从政策和制度性方面指出文化研究始终是在物质性因素范围内的文化政治实践，说明了文化既受制约又积极生产的作用。托尼·本尼特对拉克劳和墨菲“后现代主义被整合进了葛兰西主义的框架”④的文本政治持否定态度，提出要“超越文化领导权”⑤。托尼·本尼特说，葛兰西的局限性在于“对制度不感兴

① 此次关于文化研究关键问题国际会议是一次反思和批评文化研究泛化和思考文化研究未来的国际研讨会，参见张良丛、周海玲：《“文化研究的关键问题”国际学术研讨会综述》，《文学评论》2009年第5期，第215~218页。

② Valda Blundell(eds.). *Relocating Cultural Studies*. London: Routledge, 1993: 1.

③ 陶东风编：《文化研究精粹读本》，中国人民大学出版社2006年版，第26页。

④ 托尼·本尼特：《文化与社会》，王杰等译，广西师范大学出版社2007年版，第166页。

⑤ 托尼·本尼特：《文化与社会》，王杰等译，广西师范大学出版社2007年版，第166页。

趣，也没有充分考虑到区分出另一种文化技术与特定系列的政治关系和政治形式的关系”①。这些文本政治严重地忽视了文化权力的机制维度，“文化研究以意义和文本取代了现实的政治，事实是，文化机构和文化组织这样的政治性物质部门生产和分配了文化的文本、意义”②。托尼·本尼特指出，拉克劳和墨菲的话语理论侵蚀了马克思主义的社会学，他们简化“政治为社会的修辞术建设”③，因而他们未能认识到“社会生活的特殊信仰是由具体的积极性所赋形的，这同时也是行为管理、标准规范的法制化、建议和决策的制定、方案的计划和执行等过程”④。

对于托尼·本尼特而言，威廉斯、霍加特和汤普森等人开创的文化马克思主义过于纠缠意识和意识形态斗争而未能充分关注到权力和文化政策作为物质性技术对文化唯物主义的理论价值。托尼·本尼特指出文化研究的理论模式中存在着制度性的权力——政府的政策、技术和管理文化机构的权力。根据这种观点，文化以及与之相关的功能是文化技术组织形塑了社会生活和人们的行为，“文化技术成为机构和组织的‘机器’生产出特殊的权力、知识的知识型，这里的文化不仅仅是关于表征和意识的事情，也是机构实践、管理惯例和空间知识组织。对于托尼·本尼特而言，文化被理解为政府治理再恰当不过了，文化和权力之间的关系显著地塑造着现代社会”⑤。为此，托尼·本尼特提出走向文化研究的语用学：“成为语用学意味着关注‘与实践的结果或价值’或者与‘一个政府或共同体的事务’相关”，它从文化实践运行的角度，“文化研究的理论兴趣很少关注各种条件——体制的、推论的、政治的这些限

① Tony Bennett. *Putting Policy into Cultural Studies*. Lawrence Grossberg(eds.) *Cultural Studies*. New York and London: Routledge, 1992: 23-27.

② Chris Barker. *The SAGE Dictionary of Cultural Studies*. London: SAGE, 2004: 40.

③ Tony Bennett. *Outside Literature*. London: Routledge, 1990: 264.

④ Tony Bennett. *Outside Literature*. London: Routledge, 1990: 267.

⑤ Chris Barker. *The SAGE Dictionary of Cultural Studies*. London: SAGE, 2004: 40.

制各种文化实践的形式和规定"①。文化研究需要在与政府政策关注点的密切联系中发展起来，在与作为发展一种更加平实的实践概念手段的行业的联系中发展起来。

因为大众文化文本的符号学民主的盲目乐观，忽视了大众文化生产的最基本的政治经济学意义上的物质维度的批判力量，托尼·本尼特提出的"阅读构形"(Reading Formation)理论中就包含着对大众文化生产的物质性要素——文化机构、文化政策、代理人的关注：阅读构形关注文本与历史、文本与意识形态、文本与制度性话语的生产的关系，将文本研究限定在意识形态的物质性要素——意识形态国家机器的机制、制度下进行。所以说，托尼·本尼特的文本研究从经验和实践的维度使意识形态理论具体化，他沿着文本与意识形态国家机器的机制、制度、机构和代理人关系的关注，将目光从大众文化拓展到关注文学、艺术、审美的整体文化领域与意识形态国家机器的关系，转向福柯的治理性理论，并最终形成了20世纪90年代文化治理性(Cultural Governmentality)的理论。托尼·本尼特从意识形态国家机器的运作的机制方面来规定文本的生产和接受，对大众文化文本的泛化和去政治化倾向起到一定的遏制和纠偏作用。

二、从文化领导权转向文化治理

英国马克思主义要"超越葛兰西"意味着重新思考文化研究的核心命题——20世纪90年代出现了新型的文化与权力关系，托尼·本尼特的文化治理理论适应20世纪90年代出现文化与权力新型关系而推进了葛兰西文化领导权研究的深入。"在考察权力与文化之间的协同作用的时候，也就是讨论文化政治性和文化政策问题的时候，文化研究早期文本中的两个相关概念必须要重提，即意识形态和文化领导权。"②托尼·

① Tony Bennett. *Culture: A Reformer's Science*. London: Allen & Unwin, 1998: 17.

② Chris Barker. *Making Sense of Cultural Studies*. London: SAGE, 2002: 178.

本尼特对阿尔都塞、葛兰西、福柯和布尔迪厄等理论家的参照、理解和接受，侧重于从国家机器与主体意识形态的生产的关系推进马克思主义的文化唯物主义的实践运用。应该说，葛兰西的国家理论、阿尔都塞的文化主体与意识形态理论、福柯的生产性权力理论和布尔迪厄关于习俗和区隔的文化社会学与托尼·本尼特的文化政策研究共同构成了英国文化马克思主义持续研究主体意识与权力关系的问题域。

第一，文化治理理论是葛兰西的国家理论的发展，葛兰西的国家理论中关于市民社会和文化领导权关系的论述，明确了国家作为治理主体积极建构文化体系和培育现代民主化市民社会的功能。“葛兰西的国家理论在马克思主义的国家研究传统中‘构成了真正哥白尼式的革命’，它的革命性突出地表现在强调国家在社会活动(包括经济和文化)中发挥的作用是积极的、肯定性的，而不是负面的、压制性的。而且，葛兰西还首次将文化，尤其是大众文化置于国家活动领域的中心。”①葛兰西认为，“国家的一般概念中包含着原来属于市民社会概念中的一些成分(因为可以这样说：国家=政治社会+市民社会，换言之，国家是受强制盔甲保护的领导权)”②。葛兰西对于国家的重新定义区分了强制性的政治社会和以文化领导权的认同为标志的市民社会，其中政治社会是指包括行政机关、军队、警察、法庭、监狱等在内的保证统治阶级专政和经济利益的强制性暴力性的国家机器。而市民社会是指包括教会、工会、学校、政党等各种组织和团体在内的文化机构，这些机构“总在一起构成统治阶级政治的或文化的领导机关”③。政治社会的特征是政治和经济上的强制、压迫和剥削，而市民社会的特征是文化和价值观的教育、赞同、认可和接受。现代资本主义社会就是市民社会和政治社会的结合，肯定了国家在市民社会、在组织文化方面的积极作用，因为统治阶级为了实现阶级统治必须实施文化领导权，而文化领导权实现的过程同

① 陶东风编：《文化研究精粹读本》，中国人民大学出版社 2006 年版，第 29 页。

② 葛兰西：《葛兰西文选》，李鹏程编，人民出版社 2008 年版，第 207 页。

③ 葛兰西：《狱中札记》，葆煦译，人民出版社 1983 年版，第 217 页。

时也是发展市民社会民主化的过程，国家“把提高广大人民群众的道德文化水平，使之达到符合生产力发展所要求的水平，从而符合统治阶级利益的水平，作为自己的主要职能之一”①。并提出了国家的强制因素将伴随着道德国家或市民社会因素的增长而逐渐消亡的观点。托尼·本尼特继承福柯的自由主义政府的观点，认为国家政府从权威型压制性的管理，转变为发展个体去主动地在文化上接受国家的教育和规训。

第二，文化治理性理论继承了阿尔都塞的意识形态国家机器对主体的塑造的观点。阿尔都塞的意识形态理论提出了主体是一种文化上的建构而不是以经济、政治来划分的阶级，并且指出了意识形态国家机器作为物质机构从文化上塑造、生产主体在整个社会结构中的重要地位，意识形态的生产是一种依靠意识形态国家机器的文化机构对个体具有构造作用的生产活动。其实福柯的治理术理论与阿尔都塞的主体生产理论的理路是一致的：“福柯关于惩罚和自我管理技术的研究工作与阿尔都塞的质询过程、意识形态的观念和主观性的形成的观察有惊人的相似之处。”②阿尔都塞明确提出了意识形态国家机器作为主体性建构的物质基础和体制化结构在整个社会结构中的作用。阿尔都塞考察了意识形态生产在马克思关于社会扩大再生产中的地位，社会生产条件的扩大再生产包括劳动力的再生产和现存生产关系的再生产，而这些依靠意识形态来完成，“劳动力的再生产不仅要求一种劳动技能的再生产，同时还要求一种对于现存秩序规则加以人身屈从的在生产，即工人对统治意识形态的归顺心理的再生产，以及一种剥削和压迫的代理人恰如其分地操纵统治阶级意识形态的能力的再生产”③，但是，阿尔都塞在分析主体个体意识与国家主导意识形态之间的关系时却“对想象和虚构主要作出了消

① 葛兰西：《葛兰西文选》，李鹏程编，人民出版社 2008 年版，第 203 页。

② 莱姆克等：《福柯与马克思》，陈元等译，华东师范大学出版社 2007 年版，第 18 页。

③ 阿尔都塞：《意识形态与意识形态国家机器》，齐泽克等：《图绘意识形态》，方杰译，南京大学出版社 2006 年版，第 122 页。

极的解释和评价"①，阿尔都塞虽然说明了主体的个人意识溢出主导意识形态的可能性，遗憾的是，阿尔都塞基本上是强调主导意识形态对主体绝对性的控制和生产，忽视了国家的主导意识形态在主体生产过程中从文化上提升、培养主体的积极性。托尼·本尼特则吸收了福柯的权力—知识相互生产的观点，说明了国家功能在现代性过程中的转化，国家发展出一套文化的知识技术，运用文化机构、文化政策、文化制度从文化上积极主动地塑造审美主体。

第三，文化治理理论是英国文化马克思主义"文化与权力关系"研究在20世纪90年代引入福柯权力理论的理论成果。文化马克思主义从70年代末期就开始"否定阶级范畴与阶级分析的有效性"②，进入90年代的一个基本现实是，传统的产业工人消失，中产阶级的新兴，阶级意识的淡化，多元化的政治联盟，而20世纪70年代的阿尔都塞的意识形态理论和葛兰西的文化领导权理论显然很难说明现下英国工人阶级作为阶级存在的理论依据，葛兰西理论所主张的"民族大众"、"市民社会"作为一个整体的阶级与主导集团的意识形态的争夺文化领导权的反霸权斗争在现实上已经不成立了。霍尔就指出在90年代以来，"统治阶级在关于如何组织国家文化之间的关系上仍然存在尖锐分歧。这些分歧更明确的证据在撒切尔主义影响下快速积累。在这种情况下，国家与文化之间的关系又有了不同的组织方式。但是，在大众民主制国家，领导权越来越依赖于国家扩大了的文化作用这一总的趋势(即葛兰西所扩展了的国家理论的要点)，这是不容置疑的"③。

英国文化马克思主义对权力的认识也发生了变化：阿尔都塞意识形态国家机器概念倾向于将国家机器看成是对被统治者的主宰和控制，权

① 王杰：《马克思主义与现代美学问题》，人民文学出版社2000年版，第275页。

② 陶东风编：《文化研究精粹读本》，中国人民大学出版社2006年版，第17页。

③ 陶东风编：《文化研究精粹读本》，中国人民大学出版社2006年版，第285页。

力对阿尔都塞而言还是压制性的；但葛兰西的文化领导权概念开始认识到权力的获得“来自于支配集团取得信任的能力，也就是证明支配集团的统治不仅是为自己谋利，同时也是为那些从属集团谋利的能力”①。从多元决定和最终受基础支配的阿尔都塞结构主义，到支配集团与被集团的协商谈判的葛兰西主义，取代阶级分析出现的性别、身份、族性、青年亚文化、消费等各种研究，说明英国文化马克思主义吸收葛兰西主义以“自下而上”方式抵抗、游戏、僭越支配集团的理论前提——肯定支配集团的权力并不完全是权威压制型的。这就自然将葛兰西的从属集团与统治集团的协商模式推向福柯的权力生产理论，托尼·本尼特认为“可以积极地看待文化与权力的某些关系，而不是把文化与权力的任何关系都看成是天然压制性的，就要引入一种源自福柯的观点”②。

此外，福柯著作的优点在于，它主张“在作用于社会的特殊的制度体制背景下，行为者在特定的知识框架中行动，他们如何组织和使用文化资源的方式在一定程度上建构了人们的生活方式”③。福柯之后，文化研究不仅强调权力是要去抵抗的，而且权力也是可以策略地生产出抵抗的力量。另外，权力被认为是流通于社会各个层面和社会关系之中从而起到支配集团和被支配集团之间黏合剂的作用，权力的运行是生产和产生各种行为、关系和社会秩序过程的核心部分。托尼·本尼特的文化机构和文化政策的文化治理研究是福柯权力概念被引入文化研究之后，对权力与文化关系的重新审视，是面对90年代以来的社会政治环境的变化如何继续获得文化领导权的问题。对此，霍尔也认为20世纪90年代以来的“文化机构及其行为如何使社会的文化和阶级间的一种特殊类型的关系制度化(确立、确定、稳定、稳固)这些形构是随着更广泛、

① 乔万尼·阿瑞吉、贝弗里·J. 西尔弗等：《现代世界体系的混沌与治理》，王宇洁译，三联书店2006年版，第32页。

② 陶东风编：《文化研究精粹读本》，中国人民大学出版社2006年版，第227页。

③ 托尼·本尼特：《文化与社会》，王杰等译，广西师范大学出版社2007年版，第25页。

影响更为深远的‘划时代’的变动及历史变迁而发生变化的。但是，它们并非简单的现有模式的重新安排。它们确立了阶级和文化间新的‘力量关系’，重新设计和塑造了生活文化领导权的本质。它们调动起广泛的认同，帮助赢得大众的支持，以此确保不同的阶级—文化权威类型。”①这说明文化政策、文化机构的研究是文化与权力关系研究的深入和发展。

第四，文化治理理论是在澳大利亚特殊的文化政治背景下提出的，托尼·本尼特吸收布尔迪尔关于习俗形成和审美与自由自治等文化社会学的理论观点，实现了澳大利亚政府要求的文化治理。“澳大利亚的学术，政治和文化坐标在很多方面完全不同于英国社会”②，1993 年 7 月托尼·本尼特在悉尼的格里菲斯大学由文化政策研究所主持召开了“后殖民时代的构形：民族、文化、政策”国际会议，这个会议的主题“讨论‘白人移民社会’进入后殖民语境中文化政治和文化政策”③。澳大利亚、加拿大和新西兰等殖民地国家在民族主义意识觉醒之后的政治环境是土著与白人之间的矛盾，“在白人和澳洲土著之间发展适中的跨文化理解的相互尊重和宽容的关系，正是被作为一项需要完成的任务摆在我们面前，这种任务需要发展它自身的独特的管理和控制形式”④。在澳大利亚就成立的“第一人民”组织主张通过干预文化政治和文化政策，呼吁以文化自治激励民族意识以反对国内的殖民主义。⑤ 在后殖民主义的语境下，政府需要运用文化来协调白人和土著的矛盾和创造文化多样

① 陶东风编：《文化研究精粹读本》，中国人民大学出版社 2006 年版，第 285 页。

② 托尼·本尼特：《文化与社会》，王杰等译，广西师范大学出版社 2007 年版，第 23 页。

③ Tony Bennett and Valda Blundell. *First Peoples*: *Cultures*, *Policies*, *Politics*. Tony Bennett and Valda Blundell(eds.). *Cultural Studies*. London: Routledge, 1995: 1.

④ 托尼·本尼特：《文化与社会》，王杰等译，广西师范大学出版社 2007 年版，第 195 页。

⑤ Tony Bennett and Valda Blundell. *First Peoples*: *Cultures*, *Policies*, *Politics*. Tony Bennett and Valda Blundell(eds.). *Cultural Studies*. London: Routledge, 1995: 5.

性共存的模式，因此必须要考虑尊重土著的习俗、律法和文化的多样性，因而政府对大众媒体、电影、博物馆、艺术画廊和图书馆等文化资源的管理就特别重要，“试图改革生活方式的文化资源管理仍然是当代社会中现行的文化政治和文化政策的非常重要的一部分”①。“终结了殖民主义和帝国主义关系的社会比占支配权力的社会更迫切地需要文化政策。”②而布尔迪厄对习俗的审美治理引导、文化资源和文化资本的场域化生产等观点，无疑成为托尼·本尼特协助澳大利亚政府制定文化政策的理论资源。

另外，70—80 年代，土著澳大利亚人作为第一代澳大利亚人无论是在物质利益还是“澳大利亚这种在联邦政治体系中权力更为分散的分布状况使得葛兰西所提出的以政府为中心的权力集团概念似乎永远都不可能产生”③。葛兰西文化领导权理论中关于权威型的国家政府以及市民社会、有机知识分子的理论不适应阐释澳大利亚政府、文化、权力之间的关系，而福柯关于政府对人口的管理、布尔迪厄对于习俗(habit)作为人的行为方式将审美和自由治理联系起来的观点更符合澳大利亚以及新自由主义国家的政府与文化的关系。“布尔迪厄对文化建构社会差别的作用的研究，对于我们在自由民主制下阶级和文化的关系的研究是最具生产性的框架，也是能产出可批判地用于学术公众与政策领域的文化统计学的最好、最具生产性的理论框架。皮埃尔·布尔迪厄的著作同时也是探索资本主义市场社会中美学与社会的关系问题的很好的方法。”④

① 托尼·本尼特:《文化与社会》，王杰等译，广西师范大学出版社 2007 年版，第 195~196 页。

② 托尼·本尼特:《文化与社会》，王杰等译，广西师范大学出版社 2007 年版，第 173 页。

③ 托尼·本尼特:《文化与社会》，王杰等译，广西师范大学出版社 2007 年版，第 24 页。

④ 托尼·贝内特:《英国文化研究的另一种范式——托尼·贝内特学术自述》，黄望译，《洛阳师范学院学报》2007 年第 4 期。

三、文化治理与文化唯物主义

文化治理理论阐释的是自由主义政府如何将美学、艺术、文化等学科的知识演化为塑造主体的文化技术，具体说来，托尼·本尼特运用福柯的政府治理理论，采用布尔迪厄的社会学方法，与政府的文化部门合作，考察文化、美学、艺术如何以知识的形式构成了社会性(the social)①，文化治理理论可以概括为文化塑造审美主体的文化技术。“福柯关于自由主义政府、审美与主体之间关系的政府治理理论(Governmentality)特别符合阐释20世纪80年代以来的社会变迁。托尼·本尼特将福柯的这个政治哲学概念拓展为文化美学概念。”②文化治理理论是自由主义政府利用文化机构和文化政策运作审美知识去塑造公民主体的一种文化技术。托尼·本尼特从治理性实践(Practices of Governance)的角度来研究文化以及美学的实践作用，将治理性延伸到文化体制(博物馆和其他收藏机构)、文化政策、知识分子研究中。文化治理理论承续了威廉斯的“文化和社会”的研究传统，是对威廉斯、霍尔等人的文化唯物主义的实用主义策略调整，并试图回应在阶级消亡论和阶级分析失效论的理论压力下如何保持文化研究的实践精神和批判力的统一的问题。③

第一，文化治理理论承续了威廉斯提出的“文化与社会”的主题，托尼·本尼特将文化定义为一种审美地塑造主体的治理技术，继续了威廉斯等英国马克思主义将文化作为人类的整体生活方式的理解，从文化的政府治理功能方面发展了威廉斯的人类学意义上的文化概念。托尼·本尼特指出，威廉斯在文化唯物主义的研究中有两点非常重要。第一就

① the social 译作“社会性”，这是托尼·本尼特自创的词语，具体借鉴了福柯的知识型概念，用以表达政府运用知识、制度、审美、习俗等文化要素对人的社会性的形塑。

② 参见周海玲、张志强:《实践精神和文化批判的耦合——当代文化研究领军人物托尼·本尼特学术研究综述》,《南方职业教育学刊》2013年第5期。

③ 参见周海玲、张志强:《实践精神和文化批判的耦合——当代文化研究领军人物托尼·本尼特学术研究综述》,《南方职业教育学刊》2013年第5期。

是威廉斯将文化定义为整体生活方式，将文化的定义从狭义的审美、艺术定义扩展到了人类学的概念，使文化的定义从审美现代性的批判理论中解脱出来。第二就是威廉斯在《漫长的革命》(1965)中业已提出文化的人类学意义上的实用主义观点，威廉斯认为文化对"人类进化，意味着人这个物种的整体成长的过程"①。托尼·本尼特的文化治理性研究的起点就是威廉斯的文化实用主义发现。

但是威廉斯在考察文化含义的时候，"错过了18世纪晚期和19世纪转变的最有特色的层面……这是因为出现了新社会管理领域，文化被构建为既是治理的对象又是治理的工具：就对象或者目标而言，术语指涉着下层社会阶级的道德、礼仪和生活方式，就工具而言，狭义文化(艺术和智识活动的范围)成为道德、礼仪和行为符码等领域的管理干预和调节的手段"②。所以，托尼·本尼特认为，文化的定义遗漏了一个重要的治理性的意义，"文化看作是一系列历史特定的制度地形成的治理关系，目标是转变广大人口的思想行为，这部分是通过审美智性文化的形式、技术和规则的社会体系实现的"③。文化通过以下四个方面获得规定：

(1)文化的目标针对具体的行为品性和行为方式。

(2)文化作为一种技术用来培养或转变行为品性或行为方式。

(3)文化技术集合成为特殊的管理手段。

(4)管理手段通过文化技术程序而运转。

托尼·本尼特这样定义文化，文化与知识、塑造主体的技术、人的行为之间是生产关系，知识作为塑造主体的技术发挥了权力对社会构形和社会关系的生产能力，因此文化治理是指"利用随着'现代'阶段产生的知识和专门技术等具体文化形式的发展而产生的各种文化手段作用于

① Raymond Williams. *The Long Revolution*. Harmondsworth: Penguin, 1965: 65.

② 托尼·本尼特：《文化与社会》，王杰等译，广西师范大学出版社2007年版，第162~163页。

③ 托尼·本尼特：《文化与社会》，王杰等译，广西师范大学出版社2007年版，第163页。

塑造人类总体"①。所以，文化治理性理论中审美与主体、国家之间的关系，与盛行于传统西方美学中审美现代性视角是不同的，以审美自律性为特征的传统西方美学将审美和文化视为对抗现代性危机的否定性美学，而文化治理性则从人类学的意义上肯定国家运用审美和文化这种治理手段对民众主体的积极意义，是国家政治在现代性过程中选择审美和文化作为国家治理的柔性策略，因此文化治理性是与审美自律性相区别的审美社会性美学。文化治理性作为关于主体行为和品行的生产技术，是在阿诺德、泰勒和威廉斯的人类学文化的含义中被理解的，"文化贯穿我们全部的生活模式、我们的民族、我们的机构、我们的礼仪和常规，不仅解释我们的世界而且形成这个世界"②。文化治理性中的文化具有改革社会结构和塑造审美主体的实用主义功能，它"以一种积极建设性的方式来改善一般大众的特殊精神和行为品性，可以成为培养公民计划的一部分"③。

第二，文化治理性研究将英国文化马克思主义中的"新葛兰西派"出现的语言、符号学和表征、接合等语言实践重新拉回到国家意识形态机器的文化政治实践的轨道上来。文化治理理论正如文化唯物主义的理论诉求，"'文化'被构想成了一个原初的'构造'"过程，在形成各种社会问题和历史事件方面，其重要性不亚于经济和'物质'基础，它已不再单纯是事件发生以后对世界的反映"④，而是如同政治、经济、科技等其他物质性基础一样，参与构建全球化社会的协同发展的治理理论系统。

托尼·本尼特的《大众文化与转向葛兰西》是英国马克思主义的理

① 托尼·本尼特：《文化与社会》，王杰等译，广西师范大学出版社 2007 年版，第 23 页。

② 托尼·本尼特：《文化与社会》，王杰等译，广西师范大学出版社 2007 年版，第 196 页。

③ Tony Bennett. "Putting Policy into Cultural Studies". Lawrence Grossberg (eds.). *Cultural Studies*. London: Routledge, 1992: 23-27.

④ 霍尔：《表征——文化表征与意指实践》，徐亮、陆兴华译，商务印书馆 2013 年版，第 8 页。

论资源从阿尔都塞转向葛兰西的转型之作的代表。在解决结构主义与文化主义的“范式冲突”之后，英国文化研究涌现出富有本土特色的“新葛兰西”(Neo-Gramscian)研究。这些“新葛兰西”(Neo-Gramscian)文化研究在文化霸权主义范式下，更多地把文化马克思主义的理论诉求——文化和意义的生产理解为通过话语符号运行即表征和接合。“严肃的演说或声明，在系统化的表达中构成了福柯的‘话语’”①。他们将阶级斗争和政治经济学等马克思主义的核心概念，转化为语言学的象征世界里的表征(represent)接合(articulation)等概念，现实世界的抵抗和统治转化为话语想象界的颠覆和游戏。费斯克等文化民粹主义学者对大众文化的颠覆性和抵抗性能量过于乐观，拉克劳、墨菲等后马克思主义学者对大众文化坚持话语政治而否认阶级斗争的去政治化色彩，大众文化文本成为多义性和开放性的符号斗争场域，文化研究囿于话语论述中的政治、消费主义的符号民主从而失去了批判性和介入现实的力量，这是英国马克思主义学者在扩展文本的内涵和外延，将大众文化纳入学院化研究时始料未及的事情。大众文化文本研究的限度在哪里？如何限定文本政治和文本策略在文化研究中的运用范围，这成为文化研究进一步发展需要理清的问题，这促使托尼·本尼特将大众文化研究的目光投向了对大众文化的物质性要素——意识形态国家机器运作的机制和体制。文化政治的“文本之上的研究是放错了位置，其代价是文化机构和文化组织这些葛兰西和阿尔都塞的马克思主义者对于物质性政治因素未被考虑”②。

而一个显著的事实是，治理研究和政策科学已经变成显学，这是西方社会如何解决资本主义世界普遍面临的社会危机对学术界的提问。关于政策科学的理论研究和理论探索，最先是被当作解决社会危机的对策性工具和理论手段提出来的，同时也正由于这种探索和由此而形成的政策理论主张在解决相关社会危机过程中产生了积极的效果，于是“政治

① 斯科特·拉什：《后霸权时代的权力——变化中的文化研究》，程艳译，《江西社会科学》2009年第8期。

② Chris Barker. *Making Sense of Cultural Studies*. London: SAGE, 2002: 188.

求助于科学，官员求助于学者”便成为一种政策趋向，而成为西方国家改进公共政策系统的普遍愿望，在西方社会政治与管理生活中凸显出来。到了20世纪60年代，随着人类社会政治、经济、文化、科技的迅速发展，由此而带来的各种前所未有的社会危机和冲突也进一步增多，虽然各国政治家和政策学者都为解决这些问题做出了不少努力和理论探索，然而，同科学技术的现代成就相比，人类解决社会问题的能力仍然十分软弱无力。某一领域、局部、方面的危机爆发及处置不当都会引起社会系统甚或全球系统全面反应。如何在全球化下实现政治、经济、文化、科技和社会的协同发展，已经成为当代人类社会发展的重大战略问题。这些就成为整个政策科学研究的核心和建构科学的政策科学理论框架的基础。① 福柯的治理研究最初就是在这种背景下重新被发现的。托尼·本尼特文化治理理论的构设，正是发现政府不再使用权威而是需要用文化手段去解决“澳大利亚在20世纪60年代开始实施的多元文化政策/经济问题”②。现代国家越来越多的政治问题、科技问题、经济问题，都表现为与文化的密切相关性，很难具体剥离出全球化时代社会问题的复杂性，文化治理理论的研究和运用就产生了。中国学者郭灵凤总结欧盟文化政策实施正“从边缘走向中心”，不同民族国家“文化政策部门与其他政府部门之间互不关联、各自为政”走向“跨部门、跨领域、跨民族国家”的复杂网络的合作治理的趋势。③ 在现代，政治治理、经济治理和文化治理形成的三位一体综合治理模式已经被认为是国家管理的理想模式，实现从单一强权型的社会管治转向以文化治理为主体的综合柔性管理，实现多主体的文化参与与政治自觉。

第三，文化治理理论发挥了英国文化研究的实用主义功能，这正是文化唯物主义的文化构造社会和影响社会的文化马克思主义的自然延展，其中实践型知识分子就是文化研究学者实现“文化更多地拥有一种

① 胡惠林：《文化政策学》，上海交通大学出版社1999年版，第11页。

② John Frow and Morris Meaghan (eds.). *Australian Cultural Studies: A Reader*. Urbana and Chicago: University of Illinois System, 1993: vii-xxiii.

③ 郭灵凤：《欧盟文化政策与文化治理》，《欧洲研究》2007年第2期。

能动地塑造、组织(从内部构建)一系列经济、社会和政治的关系和实践的能力"①。在这里，文化不是经典马克思主义"经济基础—上层建筑"模式中具有能动性但依然是以经济为基础的从属性地位，而是与经济、政治一样具有构建社会的实践能力，这是马克思主义唯物主义的重要特征，所以文化唯物主义不是一种理论建设，更是一种唯物主义理论的实践运用，具体来说，这种实践的方式就是"将文化政策研究、文化机构研究引入到文化研究之中，相应地，从事文化研究的知识分子是一种集技术、实践与批判于一身的"实践型知识分子"(Practical Intellectual)，他们在文化机构中充当文化技术的代理人和行动者而与政府合作"②。

托尼·本尼特的实践型知识分子观点是对葛兰西的有机知识分子、福柯的特殊知识分子、布尔迪厄体制内的知识分子相关研究的融合和推进，托尼·本尼特批评哈贝马斯的公共空间理论、萨义德的知识分子理论和詹姆逊的政治无意识的观点中对知识分子的认知是一种普遍性的知识分子认知，这种观点忽视了知识分子与国家政府的关系，因为托尼·本尼特认为权力不是简单的权威压制型的，所以，托尼·本尼特认为，知识分子拥有某种特殊现代知识技术，在他的专业领域内，可以有限地与政府合作开展批判性的实践活动，知识分子因此就是"技术的、实践的和批判的"，而不是普遍知识分子的那种批判性，是批判性和有限的合作的实践型知识分子。这样的知识分子通过制定文化管理政策，通过"美术馆长和博物馆长与公共艺术工作者的专门知识，播音员和新闻工作者的专门知识，新闻审查员和媒体管理者"③。按照国家关于现代文明的管理计划通过知识转化为特定的技术形式，从而影响民众主体的信

① 托尼·本尼特:《文化、治理与社会——托尼·本尼特自选集》，王杰、强东红等译，东方出版中心2016年版，第258页。

② 参见拙著周海玲、张志强:《实践精神和文化批判的耦合——当代文化研究领军人物托尼·本尼特学术研究综述》,《南方职业教育学刊》2013年第5期。

③ 托尼·本尼特:《文化、治理与社会——托尼·本尼特自选集》，王杰、强东红等译，东方出版中心2016年版，第267页。

仰、价值和观念，也就是文化作为物质性可以构建社会的具体形式。

从另外一个角度看，文化实用主义的观点是英国马克思主义的大众文化研究辩证地反转了法兰克福学派对大众文化的批判立场，而积极发现大众文化作为工人阶级文化的新形式的文化革命意义。西方马克思主义者对大众文化研究有两种态度：一种是法兰克福学派将大众文化定位为文化工业而持批判态度；另一种就是汤普森、威廉斯、霍加特等人开拓的英国文化研究，他们认为大众文化中工人阶级的由文化而实现革命的方式，由此英国文化研究"实现西方马克思主义从批判模式向建设性模式的转变"①。英国文化研究对大众文化具有建设性的观点与法兰克福学派对大众文化的批判性研究应该具有同样的研究价值和地位。托尼·本尼特把文化视为自由主义政府实现管理的当代工具，同时文化、艺术和审美同时也是人类进化的机制和公民自身完善的主动性需要，具有积极的意义。与一般理论家不同的是，托尼·本尼特认为知识分子是既需要批判精神的，同时也需要从实用主义的角度出发与政府合作的"文化改革(治理)者"。托尼·本尼特在1987年创办了格里菲斯大学文化政策研究所，从他本人作为实践型知识分子的文化治理效果看，托尼·本尼特的文化政策研究获得了成功：文化政策研究成功地解释了政策研究与澳大利亚政治、经济、媒体与文化产业、新闻及相应规章制度的关联，澳大利亚文化研究因媒体研究关注性别和种族表征、美学与日常生活的关联、大众文化的用途、公众的政治、空间的实践等实践领域而取得了一系列引人注目的成果。

① 王杰：《漫长的革命：20世纪英国马克思主义文论的问题与理论立场》，《湖北大学学报》2008年第1期。

附录 2

群体记忆、审美仪式与治理性

——以侵华日军南京大屠杀遇难同胞纪念馆和渡江战役纪念馆新馆为例[①]

作为国民党政府的政治和军事中心，南京在中国近代史上的地位与战争密不可分，发生在第二次世界大战期间 1937 年 12 月 13 日开始的日军南京大屠杀，因为大屠杀的惨烈而成为中国民众深刻的历史记忆；而发生在 1949 年的渡江战役也是第三次国内革命战争中一次重大的事件，作为中国共产党与中国国民党的巅峰对决，这场战役直接改变了中国历史的方向，改变了中国民众的命运。战争的硝烟随着时间的流逝而烟消云散，但是战争留下的记忆却是不可湮灭的。作为战争记忆的物化遗存，侵华日军南京大屠杀遇难同胞纪念馆和渡江战役纪念馆以迥异的方式展示战争的文化记忆，并且记忆以文化的形式参与到参观者的自我认同中。如果将中国在近代史上经历的这两场战争（第二次世界大战和第三次国内革命战争）放在中国走向"现代性"的进程中考察的话，对战争的物化记忆形式——纪念馆或者纪念碑所叙述的空间美学意义的解读则是非常有意义的：现代化作为中华民族进入世界史系列中的重要历程，伴随着现代化过程，旧有的文化传统急剧消解，直接威胁着人们认同过程中的参照系。战争文化记忆创造出的新传统如何在现代化过程中成为自我认同的新机制？怎样体现了社会的新的整合和重构的能力？战

---

① 本文发表于《马克思主义美学研究》第 1 辑，并获邀请于 2010 年 8 月在北京大学举行的第 18 届美学大会上宣读，且在 2010 年广岛大学第二届中日美学论坛上宣读。

争文化记忆与民众审美习性塑造之间的关系是怎样的?

一、纪念馆的美学叙述与群体记忆

侵华日军南京大屠杀遇难同胞纪念馆和渡江战役纪念馆新馆标示着两种不同的战争记忆：侵华日军南京大屠杀遇难同胞纪念馆展示的是二战受害者的苦难、中华民族的被侵略和屈辱，警示战争的反人类非人道的性质，参观侵华日军南京大屠杀遇难同胞纪念馆因而被人们称为“黑色旅游”，我们将纪念馆带给参观者的记忆称为“黑色记忆”；渡江战役纪念馆新馆是纪念共产党摧毁国民党政权取得人民解放的伟大历史功绩，这就决定了渡江战役纪念馆新馆的“红色记忆”性质。它们都是以建筑的方式传递着某种美学的讯息，运用符号、象征、仿真、拟像等手段展示着对战争的记忆，以及缔造出新的意义以供参观者解读。

侵华日军南京大屠杀遇难同胞纪念馆位于中国南京城西江东门茶亭东街原日军大屠杀遗址之一的万人坑。1985 年 8 月 15 日落成开放，1995 年扩建。目前我们见到的是扩建后的纪念馆，共分为外景展区、遗骨陈列、史料陈列三个部分。从地面上来看，新展馆整体形状犹如一艘巨大的“和平之舟”，东部拔地而起的高大船头是史料陈列展厅，周边庄严肃穆的广场可容纳万人集会；中部是原馆的遗骨陈列区，西部大片开阔区域是外景展区树木葱茏的悼念广场。

外景展区是群雕、立雕、浮雕、标志碑、纪念碑、诗碑、赎罪碑、枯树、断垣残壁、遇难者名单墙、绿树草坪等景观，渲染着生命与死亡、悲缅与愤怒、绝望与救赎、伸张与申述、黑暗与光明等深入人性的解剖和反思战争、悼念死难者等主题。颇具意味的是，进入纪念馆地下陈列馆是一个延宕的过程，按照参观的流程，这是一种单线式的参观秩序：先参观纪念馆门外的群雕，它们是中国雕塑院院长、南京大学吴为山教授精心设计的大型雕塑“家破人亡”、群雕“市民逃难”、主题雕塑“冤魂呐喊”、“胜利之墙”。不像其他类型的展览馆有着醒目的大门，而是沿着一条窄窄的通道进入悼念广场，正面石壁上的馆名为邓小平亲笔题写，“1937.12.13—1938.1”一行黑色大字，标明了日军南京大屠杀的时间，中、英、日三种文字镌刻的一组黑色大字：“遇难者300000”，令人触目惊心。悼念广场有“警世钟亭”“兴华宝鼎”“《狂雪》诗碑”，有“历史的桥梁”“残破城墙”和“断裂的军刀”3组建筑。著名雕塑家、沈阳鲁迅美术学院孙家彬创作设计的高达30米、用汉白玉制作的《和平》雕塑，以一对手托和平鸽、展望未来的母子形象，生动地表达了人类对和平发展的期盼。由于铺陈了象征着30万受害者累累白骨的大量的鹅卵石，纪念馆管理员会提醒参观者沿着广场曲折的小路缓缓前行，而不是随意走动或者走直道直接走向地下展厅。

沿着一层层暗暗的地下通道，需要去静静地按照秩序地进入一个个的地下展区。前厅、通道以音像、光线、色彩及场景逐渐转暗的过渡氛围，“渐进式”地将观众引入序厅。进入外形为棺椁状的遗骨陈列室内，陈列着建馆时从“万人坑”中挖掘出的部分遇难者遗骨。呈墓穴形状且半地下的史料陈列大厅内，陈列着1000余件珍贵的历史照片、图表和见证资料，采用灯箱、沙盘、泥塑、油画、复原景观、多媒体触摸屏、电影电视等现代陈列手段原生态地呈现历史，整个地下室内的参观带给参观者的心灵感受是：(1)真实感。因为是在原址上发生的历史真实，复原景观的造设，参观者处在室内空间，往往有跨越时空、重返历史现场的令人震撼的真实感。(2)密匝感。多种视像、图片、仿真的密匝铺陈；分割的各个小展厅的视觉的不透视；图片陈列空间布局为上部为中国的，下部为日本侵略者的实物。(3)压抑感。地下展厅光线的昏暗，狭窄的地下空间，以战争进程设计的线性参观秩序，整个地下展厅的布局不是规则的，每个展览区也不是规则的，而是分为不同的主题，主题切换，按照抗日战争的整体历史进行，将大屠杀事件与整个二战侵略战争、中华民族的民族解放联系起来，突出展示大屠杀的反人道反人类特性，整个参观过程极少有人喧哗和高声说话。(4)抽象与具象的统一。展厅尾厅的“12秒”和“档案墙”的设计(观念而非实物)，我们可以称之为“观念景观”。“滴答、滴答……”，每隔12秒，就有一滴水从高空落下，侧面墙上贴有一个遇难者遗像的灯，随着灯的亮起，一位遇难者的遗像浮现眼前，随即，灯熄灭了，遗像也消失了……令人沉思和回味。

"档案墙"高不可攀，突破了一般档案的陈列方式，用前台式、仓储式、裸露式陈列证人的档案，参观者必须仰望才能看到每一份历史留下的证据。这种抽象的表达方式比具象更能启示着参观者的理性思考和内省。

南京渡江战役纪念馆新馆位于秦淮河、夹江、长江交汇处"三汊河河口公园"内，并选择于2009年4月23日渡江战役胜利暨南京解放60周年纪念日对外开放。设计师以渡江战役时解放军使用的木帆船为原型，将纪念馆设计成船体，广场主体雕塑设计成49根高度不一的风帆。新馆使用木结构的外立面，并做成"木船"形状，远看像一艘木船，寓意"驶向胜利之船"。胜利纪念广场49根红色钢柱组成"千帆竞渡"大型主题雕塑，中央部位的一组"风帆"最高达49.423米，寓意"1949年4月23日"南京解放日。"千帆竞渡"群雕，截面为五角星造型，涂上鲜艳的"金陵红"，以柱杆的排列组合构成风帆与桅杆，从地面看，群雕似红旗招展，晚上从空中看，49颗红五星闪烁在江边成为一道独特风景，"风帆'刺'苍穹、红星'耀'江滨"。馆前广场上，矗立着刘伯承、陈毅、邓小平、粟裕、谭震林五前委的群雕；广场中央，停泊着纪念馆的镇馆之宝——当年渡江第一船——满载渡江战役记忆"京电号"小火轮。展馆分三个展厅。步入展区大门，迎面是一组展现百万雄师过大江主题的巨型群雕。馆内陈列了四百多件展品，主题展览"天翻地覆慨而慷——渡江战役胜利展"以图文并茂的形式展现了当年渡江壮举。

如果将渡江战役纪念馆新馆与侵华日军南京大屠杀遇难同胞纪念馆的美学意义做比较，则是非常有意思的。侵华日军南京大屠杀遇难同胞纪念馆整体以黑和灰沉重的色彩，地下展厅的压抑、凝重，寄托对死难生命的哀思和警示战争反人类的残暴，具有沉郁的悲剧风格；渡江战役纪念馆新馆却以红色强调渡江战役中英雄前辈为建立中华人民共和国前赴后继、英勇奋斗的丰功伟绩，洋溢着革命豪迈色彩，展示的是解放战争摧枯拉朽、势如破竹的磅礴气势，是典型的社会主义的壮美的风格。侵华日军南京大屠杀遇难同胞纪念馆作为"黑色记忆"，巨大的象征符号的运用，以及不规则、不对称构形设计，地下展馆的压抑和曲折的展览空间，灰暗和幽深的色调，现代的视像光影效果，战争实物、侵略遗址原貌和拟真仿像的情景再现与“12 秒”“档案馆”等观念景观多重景观的并置，直接指向对侵略战争反人类特征的反思和警示，以及对于侵略行径的申讨，对和平、光明的向往，对普通民众生命的尊重。渡江战役纪念馆新馆作为“红色记忆”，地面纪念馆向天空延伸的开阔视野，简洁明快的设计和鲜明的色彩，浮雕虚拟浓缩的战争场景，国家领袖雕塑的乐观豪迈气质的展现，其战争意义展示的是革命乐观主义和领袖的精神象征意义，展示中华人民共和国成立 60 周年的繁荣富强的建设成就。

二、纪念馆里的审美“仪式”：新兴文化空间与身份认知

社会学提出社会群体记忆这个概念的重要意义在于建立个人记忆与群体记忆之间的关系，任何个体化的记忆都不可避免地带有“社会文本”的痕迹，群体的记忆绝对不是个人经验的堆砌，而是建立在每一个个人的共同认知和集体认同的叠合部分。共同的经历、集体活动、记忆活动都是形成群体记忆并且保存它、延续它的重要方式。关于历史这种以文字书写的群体记忆，它关涉的不仅是历史问题，而且包括极强的现实问题。如犹太人对二战的记忆、中国人对抗日战争的记忆、慰安妇对日本侵略军的记忆以及中国农民对地主的记忆等，都是值得研究的社会文化现象。因为它们不仅在暗示着人们对历史的看法，而且影响着人们当下的行为方式和处事态度。群体记忆对于一个民族，总是无比重要的一件事情。尽管这种群体记忆可能只是历史上某一时代针对某一特定人群而产生，但其结果却可能在很长一段时间内，在整个民族的范围内，以各种形态来进行传播。而这种群体记忆，有英雄的光辉史迹，也有耻辱的、罪恶的事件。关于英雄行为，后人常做的事情，是补充、完善、发扬这种英雄精神，进而形成民族的正面记忆。而关于耻辱，则复杂很多，或者吸取教训，或者警示后人，更多的是本能地选择逃避和遗忘，甚至无法正视。纪念馆成为任何社会不可或缺的群体想象的场所。侵华日军南京大屠杀遇难同胞纪念馆作为“黑色记忆”和渡江战役纪念馆新馆作为“红色记忆”共同缔造民族在现代化过程中不可磨灭的战争记忆。这两种不同的群体记忆对我们目前的文化生活产生了什么样的影响呢？

记忆与认同往往表现为：伴随着现代化过程中的“想象的共同体”出现，它是“一种与历史文化变迁相关，根植于人类深层意识的心理结构”①。侵华战争在某种意义上讲，对中华民族而言是被卷入世界史序列的现代化的一个过程，这个过程中的民族的屈辱经验是中华民族想象的共同体绕不过的群体记忆；而第三次国内革命战争同样可以在现代性的意义上来解读，第三次国内革命战争之后的中华人民共和国的成立以及中华人民共和国的建设成就带给中华民族的自豪感是进入世界史序列的现代化记忆。

作为物化记忆的纪念馆，特别是建立在历史事件原址上的纪念馆，因为地理关系，还发挥着一种奇妙的祖国的情感的认同。“通过将集体的记忆与特定的祖先领土联系起来形成祖国的观念，民族自然地团结起人民。……通过他们‘自己的民族’，个体以‘记忆的领土化’方式和对亲密的审美空间的珍爱将自己定位在时空之中。那就是，同一群体的一代又一代人通过对他们祖先的与特定民族地貌相连的行为和价值观所产生的共享的记忆相互联结了起来，并且通过这样的方式，民族的祖地为他们提供了情感上的安全和认同感”②。西奥多·阿多诺1967年在一篇文章中阐述这样一个观点：“德语单词museal(或者museum like)有着令人不快的弦外之音。这个词描述的事物与观众之间不再有至关重要的联系，并且正一步步走向死亡。”③museal意为“像博物馆”，博物馆里的器物一旦与产生、展示和阐释它的具体化的时间、地理位置等文化语境脱离关系的话，具体说就是博物馆的收集和展出活动将这些器物移到别处并改变了它们，就会使它们丧失了原始背景和文化内涵，这些器物的生命便会枯竭。那么从这个意义上讲，博物馆就像是这些器物的坟墓。

① 本尼迪克特·安德森：《想象的共同体》，吴叡人译，上海人民出版社2005年版，第17页。

② 安东尼·史密斯：《民族主义——理论，意识形态，历史》，叶江译，上海人民出版社2006年版，第2页。

③ Theodor W. Adorno. “Valéry, Proust, Museum”. Prisms. Samuel and Shierry Weber(trans.). Cambridge, MA: MIT Press, 1976: 179.

阿多诺关于记忆器物与原始的地理等物质背景和文化时空之间内在意义与生命的关联给我们的启示是，战争遗址上的战争纪念馆的建设，巧妙地运用了原址对民众的战争群体记忆缔造的孵化器和稳定器的作用。

社会文化记忆如果放在全球化和后殖民文化的理论框架下思考，则体现出民族认同和民族身份的重建意义。战争记忆作为一种新的传统，成为中国人在现代化过程中对战争的认知方式，它意图创造出的新的传统，体现了文化的整合和重构的能力。特别是对于后殖民国家而言，对历史文化的重新阐释是特别重要的，有国外学者在研究南非博物馆的重建中就认为，“重铸南非文化遗产，重新编写、重新审核社会记忆并且将它融入相应的历史背景，这些不仅仅是理论或者学术管理；应该说，收集历史、诠释文化是民主化与国家构建中的重大事件”①。作为第三世界博物馆学重要论坛的“博物馆国际联合会”（International Council of Museums）这样说明博物馆的作用：“博物馆必须在世界文化快速变化中加强自己的文化意识，在国际化的国家体系中加强民族身份认同，并在全球性发展中，发挥自己特定的社会教育作用。”②

威廉斯的文化唯物主义有两种观点是值得我们注意的：其一，就是将文化视为一种整体的生活方式，研究文化不仅可以是文学经验，还可以借鉴历史、建筑、绘画、音乐、哲学、神学、政治和社会理论、物理和自然科学，以及人类学，同样还可以借鉴以其他形式记录下来的经验例如习惯、礼仪、风俗和家族回忆、群体记忆。其二，就是威廉斯在《文化与社会》中对社会结构中共时存在的文化分为主流的（dominant）、剩余的（residual）和新生的（emergent）三种文化形式，并且这三种文化形式是根据社会生活的变化而产生转化和流动，也就是说，文化的三种形态是出于动态的。后来在《马克思主义与文学》一书中，威廉斯引入剩余文化概念并且将剩余与古董区分开来。尽管古董和剩余都是文化发

---

① 珍妮特·马斯汀：《新博物馆理论与实践导论》，钱春霞译，江苏美术出版社 2008 年版，第 209 页。

② Martin Prosler. “Museum and Globalization”. *Theorizing Museums*. Sharon MacDonald and Gordon Fyfe(eds.). Oxford: Blackwell, 1996: 22.

展早期阶段的遗留，但是剩余文化以某种方式延续在当前的文化生活中，而古董(文化)则仅仅与当时产生它的历史条件联系在一起，在当时的历史条件下才是可以理解的，也就是说它与当前的文化生活失去了内在的联系。如果它还存在的话，也是呈现为矫揉造作和非自然的形式：

> 我总是把那些称为古董，它们总体上被视为过去的元素，以一种精致的专业化的方式被感知、被审视，或者甚至偶尔还会被有意识地“复活”。而我用“剩余”这个词所指代的是完全不同的东西。从定义上来看，“剩余”是过去有效形成的，但在文化进程中仍然保持生机，它不仅经常根本不作为一种过去的元素，而且成为现在的有效元素。①

我对于纪念馆的考察就是源于威廉斯的这种观点。首先，我认为在现代文化的多样化的形式中，参观博物馆、纪念馆的审美行为本身是对于群体记忆的一种缔造方式，进入博物馆、纪念馆的行为本身是参与一种集体性的仪式行为。“作为圣地的博物馆是仪式化之所，深受教堂、宫殿以及古代庙宇建筑的影响……博物馆作为舞台背景的全部，它推动参观者扮演着某种既定的角色。”②博物馆、纪念馆“仪式和艺术是被括起来的，与现实或日常生活隔开。某种类型的一个场所——一个圆圈、一个划定的区域、一个博物馆或讲台——隔离了神圣与世俗、表演者与听众、超常与平常。仪式和艺术都明显使用象征：具有隐秘或深奥难解的意义的东西，在其明显的表层意义之外的无穷韵味”③。如果将参观

① Raymond Williams. *Marxism and Literature*. Oxford: Oxford University Press, 1977: 122.

② Duncan Cameron. *Civilized Ritual: In the Public Art Museum*. London: Routledge, 1995: 1-2.

③ 埃伦·迪萨纳亚克：《审美的人》，户晓辉译，商务印书馆2004年版，第81页。

纪念馆和纪念碑作为人们审美的一种行为仪式，纪念馆和纪念碑特定的场所有着不同于普通建筑空间的布局和设计：建筑的美学风格、展览什么样的展品，按照什么顺序或者逻辑展开展览，参观者的秩序，参观者的行为的引导，什么样的人来参观展览，参观者通过解读空间的美学意义而获得了什么样的审美经验，这些是需要我们去研究的。

其次，现代中国的文化形式是多样的，传统文化的危机、西方文化的冲击、主流意识形态文化的坚守、消费主义文化的新兴、日常生活审美化共同组合成为一种复杂的文化生态。日常生活审美化带来了感性解放，但是随之而来的是大量的消费主义意识形态，更重要的问题是，在这种泛审美的潮流中，个人化、私人化的倾向日益严重，造成公共空间的萎缩和民众对公共政治、伦理生活的冷漠。这个时候，什么可以形成我们的共同的审美经验？参观博物馆这样一种现代社会中的“仪式”，在仪式化的参观活动中，参观者具有“通常在以上庆典中把重要的事情从平常转化成超常以使其特殊的倾向；以及有体验一种转化的或自我超越的情绪状态的能力。我认为，所有这些都具有唤起自然的审美行为的一种潜力”①。在这种免费的，政府鼓励和引导的参观行为中，参观者以审美的方式完成自我的认同和共同文化的共享。“文化社群——文化上的‘我们’——是在获得意义过程中表现在共享的背景习俗、共享意义和共享的日常活动中的集体性。”②参观纪念馆恢复和唤醒有着共同来源的历史记忆，这种共同的文化行为在象征层面上将现代化认同和个体的自我认知融入情感性和仪式化的行为当中。

再次，主流文化对新兴文化的吸收。现代社会是离不开传统的，因为“传统为记忆印痕整合为记忆提供了稳定作用的框架。可以想见，随着传统的消解，‘印痕记忆’更加裸露，在身份建构和社会规范之意义

① 贝克、吉登斯、拉什：《自反性现代化》，赵文书译，商务印书馆 2001 年版，第 112 页。

② 贝克、吉登斯、拉什：《自反性现代化》，赵文书译，商务印书馆 2001 年版，第 183 页。

方面也变得更加不确定"①。这个时候，对传统的，也就是威廉斯所讲的剩余文化的"复活"特别重要。传统提供的对过去的重构变得更明显的个人责任——甚至是个人的迫切需要。弗洛伊德的无意识是现代性的自我认同中的一个绕不过的本我，那么传统，类似于这样的集体的无意识深层隐藏在我们思维的底层，所以，它以消解传统的方式，强迫我们去召询和创造出新的传统，以实现自我的认同。遗物和纪念碑这些传统成为人们重新去阐释认知世界的方式。"传统的完整不是源于简单的时间上延续，而是源于不断的阐释，这种阐释的目的在于发现连接过去的纽带。现代社会虽然是消解传统的，但是传统以创造性的方式维系着意义世界，即使在不同的现代化程度地区传统的创造性方式和传统的作用有不同。现代性是没有传统的传统，它表现为强迫症在后传统社会中，人们的认同和本体性的安全感还是来自于已经变化了的传统，亦即风俗、习惯、遗物、纪念碑和对话主义(而不是个人主义)"。② 侵华日军南京大屠杀遇难同胞纪念馆和渡江战役纪念馆新馆展示的战争记忆明显地体现出主流文化、剩余文化和新兴文化的转化关系：纪念馆的凝固的历史传递着作为一种战争记忆的传统，这种传统在主流文化的组织下以新兴的文化形式(参观侵华日军南京大屠杀遇难同胞纪念馆作为一种免费的旅游、渡江战役纪念馆广场周围喧闹的市民文化生活)复活了。

三、纪念馆的治理性：空间美学与知识运作

将纪念馆放在现代性的过程中来解读，只是展示了纪念馆作为文化记忆在当下文化生活中产生了什么意义及其实现了什么功能。但是，这种功能和意义是如何转化出来的呢？它是如何运作的呢？纪念馆作为一种空间，它是如何运用知识，让参观者在集体性的审美经验中自动地识别空间产生的美学意义，自动地按照意识形态的生产方式改造自己呢？

① 贝克、吉登斯、拉什：《自反性现代化》，赵文书译，商务印书馆2001年版，第86页。

② 贝克、吉登斯、拉什：《自反性现代化》，赵文书译，商务印书馆2001年版，第81页。

凝聚和展示历史记忆的纪念场馆特别是遗址博物馆，对公众有着巨大的教育和启迪作用。二战后，波兰奥斯维辛集中营犹太殉难者纪念馆、耶路撒冷以色列大屠杀纪念馆、法国犹太大屠杀纪念馆、美国夏威夷珍珠港亚利桑那纪念馆，都及时保留了战争遗址和大量史料，每年有成千上万的参观者。如果将纪念馆里展示的知识和知识的接受者——参观者之间联系起来考虑，那么，纪念馆(博物馆)是空间美学生产出意义实现民众的审美教育和政府的治理性。这种新型的审美教育方式，却是政府针对当下审美泛化过程中个人化、私人化的日益严重的倾向和公共空间的萎缩以及民众对公共政治、伦理生活的冷漠的现象的一种唤醒公众、训导民众的方式。所以，对于空间、知识、审美主体、政府治理性之间关系的考察也是很有价值的。

列斐伏尔关于空间的叙述中就认为，社会空间不同于物理空间在于它是生产性的，“列斐伏尔的‘生产’概念不仅具有经济学的意味——事物的生产，更是一个更宽泛的哲学概念——知识的生产、体制的生产等”①。它生产出来的“既是客观的又是主观的，既是实在的又是隐喻的，既是社会生活的媒质又是它的产物，既是活跃的当下环境又是创造性的先决条件，既是经验的又是理论化的，既是工具性的、策略性的又是本质性的”②。社会空间是生产意义和价值的场域。它生产的工具就是知识，“它代表了知识的政治用途。记住知识在这一体系下，是多多少少被‘直接’整合进了各种生产力，且通过‘中介’，整合进了生产的社会关系”③。这个观念是从福柯那里生发出来的，“通过书写监狱、医院和军营的历史，福柯确认了三种独特的知识形态或知识体系。……这三种知识——文艺复兴、古典主义和现代时期——构成了机构的形态和

① Stuard Elden. *Understanding Lefebver: Theory and the Possible*. London: Continuum Press, 2003: 44.

② 陆扬：《空间何以生产》，《马克思主义美学研究》第 11 辑，中央编译出版社 2008 年版。

③ Henri Lefebvre. *The Production of Space*. Oxford: Blackwell, 1991: 8.

特性。……福柯的三种知识形态是与博物馆历史之间有联系的"①。福柯的《事物的秩序：人文科学考古学》《知识考古学与关于语言的话语》《临床医学的诞生：医疗检查的考古学》《规训与惩罚》四本书系统地将现代性的过程展现为：现代性的过程是三种知识型渗透和构建相应的国家机构(也即空间)的过程，监狱、医院、军营是现代知识的产物。权力的"战略和战术通过对领土的移植、分配、分界、控制，以及对区域的组织来运行，这样就构成了某种地理政治学"②，因此，福柯的权力理论被称为"权力的地理学"，权力—知识生产出了空间，并且这个空间是政治性的，不是客观中立的。

以这种观点来看那些展示在这两座战争纪念馆里的各种图像、史料、文物，它们好像是没有声音的，但是这种实证式的史料却证实着并且起着隐蔽的意识形态的功能，"它意味着发明一种用以控制那一用途的意识形态，同时意指知识高度功利性使用中的种种内在矛盾，虽然表面上看知识是非功利的。这一意识形态没有标记，对于接受其实践的人来说，它就是知识难分难解的一个组成部分"③。巧妙的地方在于，无声的史料，让文物(含原版图片、文献等)唱主角，也包括参观者在欣赏雕塑过程中运用美学方面的知识，同时掺杂着其他社会文本上的互文性记忆和审美经验，这些知识无声地引导着我们对纪念馆的各种美学意义的解读。许多博物馆学家一致认为，当今的博物馆通过景观而引导参观者在历史情境中引起审美经验和创造学习潜能，但是，这些"景观并非意象的集合；相反，它是由意象思考人与人之间的社会关系……在内容和形式上，景观都作为现行制度的状况和目标的全部正当理由而存在

① Eilean Hooper-Greenhill. *Museum and the Shaping of Knowledge*. London and New York: Routledge, 1992: 23.

② 福柯：《权力的眼睛——福柯访谈录》，严锋译，上海人民出版社 1997 年版，第 213 页。

③ Henri Lefebvre. *The Production of Space*. Oxford: Blackwell, 1991: 8-9.

着”①。博物馆的各种知识是具有强烈的表征功能的：各种知识“被嵌入时间的流动之中，根据进化系列中授予它们的位置而区分开来。我认为，正式这种转变能最好地说明公共博物馆的话语空间。博物馆的诞生与一系列知识的出现相一致，并给后者的出现提供了重要的条件。“这些知识(地理学、生物学、考古学、人类学、历史学和艺术史)的每一种在其博物馆学的运用，将课堂安排为进化序列的部分……在它们的相互作用中，进化序列形成了一个被彻底历史化的物与人的总体化秩序”②。展示什么知识和怎样展示知识是博物馆学的关键问题，它实际上引导参观者获取知识和实现它预设的审美效果。“博物馆是展现和讲述，因此民众可以参观学习。……让民众认识到，它们被当作知识的主体而不是管理的客体；不是让老百姓清清楚楚地看到权力，而是把权力清清楚楚地给予民众。”③由博物馆实现的政治理性的玄妙之处在于，它让参观者自主自动自愿地去参观，是在审美过程中进行的。

托尼·本尼特用博物馆的温和的训导功能代替了福柯描述现代性过程中出现的监狱的强权式压制功能，这是政府治理性功能随着现代化进程延伸出的新形式。换言之，博物馆是代替监狱实施国家治理的新型机构。他在《博物馆的诞生》中比较了强制性的权力展示空间——监狱与训导型的权力空间——博物馆后认为，监狱是一种建立规则和规训身体的全景敞视式的治理，而博物馆却是在控制展示什么、展示顺序、展示的秩序和参观要求、谁在看博物馆、展示的空间布局等，向参观者提供权力，不是展示权力，不是驯服身体，而是塑造主体；不是封闭性的，而是融合所有的公众。博物馆以这种方式，通过提供“规训顺从”的空间，提供了一种语境，使新的行为方式可能内在地成为自我行为的规则。“这些仅仅形成博物馆的空间与视觉之间的关系的组织化的一个方面，它给公众提供了一个自我监视的位置，是它自己本身直接构建和维

① Guy Debord. *The Society of the Spectacle*. Danald Nicholson- Smith (trans.). New York: Zone Books, 1994: 12-13.

② Tony Bennett. *The Birth of Museum*. London: Routledge, 1995: 96.

③ Tony Bennett. *The Birth of Museum*. London: Routledge, 1995: 98.

持公众行为规范。"①博物馆诞生于19世纪之初，与中世纪的私人博物馆相比，它从贵族权力的展示，变成了公民参与民主的形式，利用空间和视觉艺术形式，抹平了贵族和公民之间的区隔，却形成了新的区隔，那就是去看博物馆和不看博物馆，粗俗和高雅之间的区别。博物馆是有政治理性的，它成为教育公民、培养主体而不是被动地接受知识的场域。有趣的是，安德森在《想象的共同体》中也认为博物馆与政府的治理术是紧密相连的，"博物馆和博物馆化的想象（museumizing imagination）都具有深刻的政治性"②，"人口调查、地图和博物馆就如此相互关联的共同阐明了晚期殖民地政府思考其统治领地的方式"③。

侵华日军南京大屠杀遇难同胞纪念馆和渡江战役纪念馆新馆作为战争的记忆，可能并不完全体现出博物馆的政治性的特征，但是它的运作规则：作为史料和文物的知识以及这些知识的展示方式，对参观者审美经验的缔造，对参观者的审美教育却有着明显的治理性特征。参观侵华日军南京大屠杀遇难同胞纪念馆和渡江战役纪念馆新馆无疑是一种集体性的文化体验，这种文化现象是值得我们去研究的。民众在参观博物馆、纪念馆的过程中关于战争的记忆被唤醒，博物馆、纪念馆提供的美学意义在参观过程中被解读，国民的爱国主义和政治认同、身份认知、历史阐释等作为一种文化被创造，国民作为文化和审美意义上的主体被塑造，战争博物馆和纪念馆以无声的方式，召唤着现代主体温和的习性的改造，实现审美的教育和政治的认同。

---

① Tony Bennett. *The Birth of the Museum*. London: Routledge, 1995: 101.

② 本尼迪克特·安德森：《想象的共同体》，吴叡人译，上海人民出版社2005年版，第167页。

③ 本尼迪克特·安德森：《想象的共同体》，上海人民出版社2005年版，第171页。